De consequenties

W0300365

Grote Lijsters 2024

Lees ook van Niña Weijers:
Cassandra
Kamers antikamers
Zelf doen

Bekroond met de Anton Wachterprijs 2014, de Gouden Boekenuil Publieksprijs 2015, de Opzij Literatuurprijs 2015 en de Lucy B. en C.W. van der Hoogtprijs 2016. Genomineerd voor de Libris Literatuur Prijs 2015, de ANV Debutantenprijs 2015, de Gouden Boekenuil en de International Dublin Literary Award 2018.

Niña Weijers

De consequenties

2024
Noordhoff Uitgevers BV, Groningen

Eventuele op- en aanmerkingen over deze of andere uitgaven kunt u richten aan: Noordhoff Uitgevers bv, Afdeling Voortgezet onderwijs, Antwoordnummer 13, 9700 VB Groningen of via het contactformulier op www.mijnnoordhoff.nl.

FSC
www.fsc.org
MIX
Papier | Ondersteunt verantwoord bosbeheer
FSC® C118189

Copyright © 2014 Niña Weijers en Uitgeverij Atlas Contact

Uitgegeven met een licentie van Atlas Contact

ISBN 978 9001 05594 3

I really like that moment when the performance
becomes life itself.

MARINA ABRAMOVIĆ

PROLOOG

OP DE DAG dat Minnie Panis voor de derde keer uit haar eigen leven verdween stond de zon laag en de maan hoog aan de hemel. Het was 11 februari 2012, de dag was helder en koud, maar niet koud genoeg: al vroeg in de ochtend had ze de warmte van de zon kunnen voelen op de bleke, ruwe huid van haar gezicht. Het was zaterdag.

Dagen achtereen had het stevig gevroren. De sluizen in de binnenstad van Amsterdam waren gesloten en voor het eerst in jaren werd er geschaatst op de grachten. Er werden tochten georganiseerd en afgelast, er werd gespeculeerd over een Elfstedentocht, wel, niet, een winterse cadans die het land in zijn greep hield alsof het koersen betrof en iedereen aandelen bezat. Toen nam de vorst af. De lucht werd grijs en vochtig, en ze leek niet zachter maar harder en leger. Gelige ijsschotsen staken uit de Herengracht, blikjes bier en chipsverpakkingen kwamen bovendrijven en het was alsof iedereen nu pas de kou begon te voelen, en de zwaarte van de winter.

Het menselijk lichaam heeft een merkwaardige kortzichtigheid waar het verliefdheid en weersomstandigheden betreft: het denkt dat de huidige toestand altijd zal blijven voortbestaan en steekt niets, maar dan ook niets op van het verleden, dat misschien wel iets roept, maar dan toch recht tegen de wind in. Toen dus op die zaterdagochtend in februari de zon doorbrak, had niemand meer rekening gehouden met deze mogelijkheid. Duizenden ogen knipperden verbaasd bij het zien van het onwaarschijnlijke, grootse licht dat plotseling over de wereld was neergedaald en alle moleculen in de atmosfeer blauw kleurde. Op zulke dagen is er weinig keuze. Je kunt de gordijnen dichthouden, maar daarbuiten heeft de wereld zich uitgerekt en alle dingen rekken mee, opwaarts en opwaarts richting de zon.

Je kunt je afvragen waarom Minnie rond twee uur 's middags moedwillig op het te dunne ijs ging staan en bleef staan terwijl het scheurde, alleen maar lichtelijk verbaasd toen dit zich onder haar voeten voltrok, deze transformatie van vast naar vloeibaar. Waarom ze de bomen niet alleen zag maar naar ze kéék en zeker wist dat het platanen waren. Waarom ze in een reflex met haar armen zwiepte als een persiflage op een koorddanser, en waarom het allemaal in hemelsnaam geen enkel geluid maakte.

2012

MINNIE ZAT TEGENOVER haar moeder in een groot lunchcafé aan het water. Het was een rumoerige plek met een voorspelbare en te dure kaart, een onuitgesproken interieur en bedienend personeel dat bestellingen invoerde op apparaten die van oogcontact een relikwie uit het verleden hadden gemaakt. Het was hun vaste ontmoetingsplek.

Die ochtend had haar moeder haar in alle vroegte opgebeld. Een zeldzame gebeurtenis, niet alleen vanwege het tijdstip maar ook omdat hun contact voornamelijk verliep per e-mail en erop was gericht zonder al te veel omwegen tot hun driemaandelijkse lunchafspraak te komen, tijdens welke ze elkaar in zo grof mogelijke pennenstreken op de hoogte brachten van de stand van zaken. Haar moeder begreep weinig van Minnies leven en Minnie al net zomin van het hare. Dat twee mensen die zo van elkaar verschilden toch bloedverwanten waren had haar al verbaasd toen ze nog maar een klein meisje was en staarde naar de waardeloze glow-in-the-dark-sterren op haar plafond, zich afvragend of je ook per ongeluk in iemands buik terecht kon komen.

'Gelukkig,' had haar moeder zonder omhaal gezegd toen Minnie de telefoon die ochtend opnam. 'Je leeft nog.'

'Natuurlijk leef ik nog,' zei Minnie. 'Waarom zou ik niet leven?' Het bleef even stil.

'Ik droomde net over je,' zei haar moeder. 'In mijn droom liep ik je slaapkamer binnen, het was je kinderkamer, maar jij was gewoon volwassen. Je lag naast je bed, van top tot teen gewikkeld in een laken, strak, mummieachtig. Vlug liep ik naar je toe om het laken van je gezicht te halen, maar het was al te laat, je lippen en oogleden waren blauw en je huid lag wit en strak over je botten heen. Hoewel ik dat helemaal niet wilde, raakte ik je gezicht aan met mijn vingertop. Het was hard en koud, als, weet ik het, een pak vissticks in het vriesvak. Het was zo, zo vreselijk... realistisch.'

Met verbazing had Minnie naar haar moeders relaas geluisterd. Ze kende niemand die zo nuchter was als zij, zo wars van alles wat niet behoorde tot de meest concrete, zichtbare werkelijkheid. Haar moeder was bovendien volstrekt onsentimenteel.

Nog nooit had Minnie haar uitbundig zien lachen, of huilen, of schreeuwen van woede; haar emoties werden afgemeten in minimale doseringen die ze nooit overschreed. Het leven van haar moeder, dacht Minnie wel eens, voltrok zich langs de lijnen van een Mondriaanschilderij: horizontaal en verticaal, en absoluut zonder frivoliteiten. Ze was, kortom, wel de laatste van wie je zou verwachten betekenis te hechten aan iets geheimzinnigs als een dróóm.

'Ik weet niet waarom ik je eigenlijk bel,' zei haar moeder, die zich hoorbaar herstelde. 'Nu ik het hardop uitspreek klinkt het ronduit belachelijk, en al helemaal niet realistisch.'

'Nou ja,' zei Minnie. In een impuls, misschien om haar moeders ongemak op te heffen, had ze haar voorgesteld die middag samen te lunchen, en nu zaten ze hier. Eigenlijk was het ontroerend, dacht ze, een droom die zomaar door haar moeders pantser van rationaliteit was gebroken.

Het was de eerste dag van februari en zelfs voor de tijd van het jaar was het extreem koud. Tijdens een schaatstocht de dag daarvoor had Minnie een lelijke blauwe plek opgelopen op haar heup, die om de paar uur van kleur veranderde en waar ze dwangmatig op drukte om te voelen of het nog zeer deed – wat het deed.

'Excuses voor dat geraaskal aan de telefoon,' zei haar moeder nog voordat ze goed en wel haar jas had uitgetrokken. Ze klonk weer als zichzelf, helder en zakelijk. 'Ik was pas net wakker, ik dacht niet na.'

Minnie keek naar de routineuze manier waarop ze zich van de jas ontdeed, haar sjaal netjes door de mouw haalde, haar rok gladstreek, ging zitten. Ze was mooi, haar moeder, op een onopvallende maar goed geconserveerde manier. Een professional. Minnie herinnerde zich hoe haar moeder haar vroeger opwachtte wanneer ze uit school kwam, hoe anders ze was dan de andere moeders, die simpelweg in die rol geboren leken te zijn en op een volstrekt natuurlijke manier samenvloeiden met het schoolplein, hun kinderen, de andere moeders. Haar eigen moeder leek iedere keer weer verbaasd daar te staan, alsof ze een blokje om was gegaan en per ongeluk op het schoolplein was terechtgekomen.

Al dertig jaar werkte haar moeder bij het KWF, waar ze zich onvervangbaar maakte als rechterhand van iedere directeur die de revue passeerde. Over kankerbestrijding praatte ze met iets wat in de buurt kwam van passie, al was het Minnie nooit helemaal duidelijk of die passie werd aangewakkerd door het idee een ziekte te bestrijden of omdat het haar moeder geregeld lukte grote sommen geld voor het fonds binnen te harken.

Eenmaal geïnstalleerd keek ze haar dochter een moment peilend aan. 'Je ziet er anders uit. Niet slechter, maar anders,' zei ze. 'Ben je aangekomen?'

Minnie begreep dat ze dit moest interpreteren als een compliment. Vanaf haar geboorte was ze te klein geweest voor haar leeftijd, en een echte groeispurt had nooit plaatsgevonden. Als volwassene was ze nog altijd op een bijna kinderlijke manier tenger, wat haar voor een bepaald type man oneindig aantrekkelijk maakte. Dat, en haar asymmetrische gezicht waarin alles net uit het lood stond. Mensen, mannen, zagen daar graag iets wilds en ontembaars in. Misschien was het niet onwaar. Misschien ging je leven naar het gezicht dat je had gekregen.

'Hoe gaat het met de kanker?' vroeg ze, en drukte hard op de blauwe plek. Alles was een herhaling van hetzelfde, eeuwige vragen, eeuwige antwoorden.

'Niet geweldig,' zei haar moeder. 'Steeds meer mensen worden ziek. Ze roken te veel en eten troep, daar komt het op neer. Ondertussen is er de ene na de andere baanbrekende behandelmethode, maar ja, als mensen zichzelf eerst zowat de dood in jagen met al die slechte gewoontes... Soms denk ik dat er een direct verband bestaat tussen de crisis en het woekeren van die ziekte. Een maatschappij die aan alle kanten óp begint te raken, zoiets... enfin. Mijn collega zag je laatst in een tijdschrift staan, ik weet niet meer welk.'

Een serveerster met een apparaat nam hun bestelling op door wild op het scherm te rammen. 'Sorry hoor,' mompelde ze, zonder op te kijken, en toen nog eens, terwijl ze al wegliep, 'sorry hoor.'

Nu zou haar moeder vragen hoe het met háár werk was. Minnie zou iets vaags vertellen, haar moeder zou afwezig mompelen en dan over iets anders beginnen. Daarna zouden ze hun soep eten en ieder op hun eigen manier zwijgen.

Als tiener had Minnie zich een tijdlang beziggehouden met speculaties omtrent haar vader. Minutenlang kon ze in de spiegel staren, op zoek naar een gezicht achter haar gezicht, een uitleg die ze niet van haar moeder kreeg en waar ze zelf ook niet op aandrong. Dat was van voorbijgaande aard geweest.

'Ben je nog samen met, hoe heet hij, die kunstenaar?'

'Nee, mama,' zei Minnie. 'Al een halfjaar niet meer.' Ik heb hem belazerd, wilde ze eraan toevoegen, ik heb hem belazerd zonder daar het kleinste beetje schuldgevoel aan over te houden, blijkbaar ben ik iemand die dat heel goed kan. Ze dacht aan de fotograaf. Om precies te zijn was hij voortdurend als een zoemende grondtoon in haar gedachten aanwezig, dat had meerdere oorzaken, die niet allemaal van even groot belang waren. Voor nu was het zaak vooral projectmatig aan hem te denken, besloot ze, voor zover zoiets bestond.

Naar haar moeders liefdesleven vroeg Minnie nooit. Bij haar weten had ze al in geen decennium een vriend gehad, en ze vermoedde niet dat daar verandering in zou komen. Haar moeder droeg iets hards met zich mee, als een kiezelsteentje dat in haar lichaam was genaaid. Misschien was het ooit zacht geweest, maar met de tijd simpelweg gestold. Misschien was liefde iets wat je op een gegeven moment kon wegstoppen in een la, samen met andere dingen uit het verleden die je niet meer nodig had.

'En je werk?' vroeg haar moeder.

'Niks nieuws,' zei Minnie. 'Een bezinningsperiode.'

'Ik las laatst iets over een Amerikaanse kunstenares die gekleurde vloeistoffen doorslikt om ze uit te kotsen over een doek. Die doeken worden voor veel geld verkocht. Ik begrijp niet dat ze zoiets kunst noemen. Dat mensen daar duizenden dollars voor betalen.'

'Nee,' zei Minnie, 'dat klinkt inderdaad niet echt als kunst.'

Ze herinnerde zich hoe haar moeder alleen maar in stilte had geknikt toen ze op haar achttiende aankondigde naar de kunstacademie te willen. Ook in de weken erop had ze er niets over gezegd, wat Minnie razend en alleen maar vastbeslotener had gemaakt. Op een avond, een paar dagen voordat de lessen begonnen en Minnie zou verhuizen naar een piepklein zolderkamertje in Amsterdam-West, trof ze haar moeder aan de keukentafel met een glas wijn. Ze schoof een envelop over de tafel met daarin vijfhonderd euro, vreemde nieuwe valuta die leek op speelgoedgeld. 'Voor je materialen,' had ze gezegd, en dat was het. In de jaren erna was ze trouw naar alle vernissages gekomen, en hoewel Minnie haar nooit een woord over de kunst zelf had horen zeggen, leek ze op haar eigen ondoorgrondelijke manier trots, of toch op z'n minst niet al te onwelwillend.

Op de stoep voor het café namen ze afscheid. Minnie verlangde altijd naar het moment vlak daarna, wanneer ze allebei een andere kant uit liepen, hun eigen levens tegemoet. Juist toen ze zich wilde omdraaien, legde haar moeder een hand op haar schouder.

'Minnie,' zei ze, opnieuw met die peilende blik. 'Je moet weten dat ik het altijd zo goed mogelijk heb willen doen, met jou. Je was zo klein, vroeger... soms was ik bang dat de wereld je gewoon zou opslokken, om je niet meer terug te geven. Ik wilde je daar weerbaar voor maken. Die droom vannacht was natuurlijk onzin maar... nou ja, pas goed op jezelf.' Ze leek nog iets te willen zeggen, maar bedacht zich toen.

Vlug gaf Minnie haar moeder een kus op haar wang, de zachte huid van een vrouw die al lang niet jong meer is. Terwijl ze van haar wegliep, voelde ze hoe haar moeder daar bleef staan en toekeek hoe haar dochter de straat uit liep, krimpend, krimpend, totdat ze de hoek omsloeg en ophield te bestaan.

HET WAS EEN precaire onderneming, een project dat op talloze manieren kon mislukken, en dat was waarschijnlijk precies waarom ze eraan waren begonnen. Minnie mocht hem dan in feite nauwelijks kennen, ze had een sterk en bovendien empirisch onderlegd vermoeden dat ze van hetzelfde laken een pak waren, zij en de fotograaf.

Een jaar eerder waren ze aan elkaar voorgesteld bij de opening van een expositie van een gemeenschappelijke kennis, die zijn doeken in baden met chemicaliën legde en daarmee een belangrijke prijs had gewonnen. Wonderlijke doeken waren het, met olieachtige vlekken die van vorm veranderden als je erlangs liep. 'Een horizon, een venster,' zei een galeriehouder met een glas witte wijn in zijn hand tegen Minnie, 'en tegelijkertijd het onrustbarende schijnsel van een lantaren op de binnenkant van de ziel.'

Ze ontmoetten elkaar de keren daarop in het appartement van de fotograaf, waar geen enkele foto aan de muur hing. Dit was een eigenaardigheid naar Minnies smaak, net zoals het feit dat hij zeventien jaar ouder was dan zij, nooit getrouwd was geweest, geen kinderen had, geen koophuis, geen inboedelverzekering en geen etenswaren in zijn koelkast.

Een man zonder schaduw.

De afspraken verliepen volgens een min of meer vast stramien: Minnie belde hem, ze kwam op de afgesproken tijd naar zijn appartement, ze hadden seks en daarna bestelden ze Thais of aten een halve liter Ben & Jerry's Chunky Monkey, afhankelijk van het tijdstip en hun behoefte.

De gesprekken die ze voerden waren op zichzelf niet significant en weinig verrassend, maar ze maakten deel uit van het ritme en daarom deden ze ertoe. Later, toen alles achter de rug was, moest Minnie concluderen dat het praten in feite de meest fysieke herinnering was die ze had aan de maanden met de fotograaf. Alsof dat de eigenlijke reden was geweest van hun samenzijn: kabbelend converseren, niets zeggen op een manier die alleen in heel specifieke omstandigheden mogelijk is, woorden die iets betekenen omdat ze niets betekenen en op die manier, vrij van substantie, overblijven in het gebied tussen borst en onderbuik waar het lichaam aanrakingen opslaat.

Het was een stille overeenkomst dat ze niet bleef slapen. Minnie wist dat evengoed voor de fotograaf gold dat de ontmoetingen onderbrekingen van hun bestaan waren en geen voortzettingen daarvan. Reclameblokken op *mute* die de excessen van de consumptiemaatschappij in een stille karavaan voorbij lieten trekken.

De fotograaf was een interessante bedpartner, die zachtjes gromde terwijl hij in Minnies nek beet en zeer opgewonden raakte als zij een vingertopje in zijn anus stak. 'Ik zou me niets beters kunnen voorstellen dan een dobermann te zijn,' verzuchtte hij eens terwijl hij op zijn buik naast haar neerplofte. 'De hele dag met je staart omhoog en je gat in de wind.' Ze hield van de feilloze intuïtie waarmee hij zijn eigen lichaam en dat van haar kon inschatten. Van de schaamteloze gretigheid waarmee hij haar oksels kuste, haar rug, de binnenkant van haar dijen. Hoe hij zijn neus begroef tussen haar schaamlippen en langs haar bilspleet likte alsof het een envelop was die hij zorgvuldig moest sluiten. Sommige mannen bleven uitsluitend mens als ze neukten, omdat ze het grootste gedeelte ervan met hun hoofd deden. Deze viel niet in die categorie.

'Je hebt zeldzame en waardevolle dierlijke trekken,' zei ze op een middag tegen hem terwijl ze op haar buik lag en hij haar niet erg zachtzinnig, hoewel ook niet precies ruw, van achteren bij haar heupen beetpakte.

'O ja?' zei hij, en maakte een grommend geluid, waarop hij haar tamelijk hard in haar schouder beet.

Ze was zich maar al te bewust van de hoge clichématigheid van deze toestand en er waren momenten dat ze zich plotseling diep schaamde voor dat potsierlijke gebijt en gehijg, de vingers, de tongen, om over de bakken ijs achteraf nog maar te zwijgen. Toch had ze zich geen moment schuldig gevoeld, en tot haar eigen verbazing was liegen (verzuimen de waarheid te spreken) zo eenvoudig dat ze zichzelf kon wijsmaken dat er überhaupt niets was wat verzwegen diende te worden. Het was een verslaving. Dat was een conclusie die voorlopig geen vraagtekens nodig had.

De hele affaire had zich waarschijnlijk in stilte verder voltrokken, om langzaam uit te doven zoals de meeste dingen uitdoven, als Minnie zich strikt aan haar eigen regels had gehouden. Het probleem met regels is dat mensen zichzelf graag voorhouden dat ze rekbaar zijn. Dit geldt nog het meest voor zelf opgelegde regels, waarbij de regulerende macht hopeloos verstrikt raakt met degene die ze dient na te leven. Daar komen geen goede dingen van, al is dat ook maar een kwestie van perceptie.

Minnie brak de hare op een van die dagen tussen hoogzomer en nazomer, dat uiterste topje zomer, zo verzadigd van hitte dat het contrast tussen schaduw en zon het enige was dat er nog toe deed. In de avond had alles nog heter geleken, of misschien niet heter maar dan toch drukkender, het donker zwaarder dan het licht.

Minnie en de fotograaf hadden zich suf gezweet, zompige lichamen die elkaars vocht absorbeerden en rood-wit gevlekt achterbleven, uitgewrongen als vaatdoekjes, opgerekt tot hun uiterste lichamelijkheid, en daar lagen ze. Misschien, dacht Minnie, waren het deze paar minuten tussen seks en opstaan die het verlangen rechtvaardigden, die alles de moeite waard maakten. Die paar minuten van perfecte uitputting waarin het lichaam precies samenvalt met de wereld en je zeker weet dat de zwaartekracht sterk genoeg is om alles op zijn plek te houden.

Toen ze even later druipend onder een koude douche vandaan kwam vroeg hij of ze bleef slapen, waarop hij haar een ragfijn zijden slaapjurkje toewierp.

'Gewoon een gift, *kiddo*. Niets bijzonders.'

Ze wist dat hij loog. Hij had met de oude spelregels gebroken en deed nu de openingszet van een nieuw spel. Maar welk?

'Weet je waarom ik zo gek op jou ben?' zei hij, zonder op haar antwoord te wachten. 'Die blik, precies die blik. Ik kan die radertjes in dat hoofd bijna hóren draaien.'

Waarom was ze gebleven? Misschien om het gevoel van de gladde zijde tussen haar vingers, de onvoorstelbare lichtheid van het ding, het koele cyaan. Misschien om de warmte, die als een deksel over alles heen lag en de zuurstof uit de lucht trok zoals je de smaak uit een waterijsje kon zuigen, de tijd die er zo traag en lusteloos van was geworden dat zelfs het gerinkel van de trams beneden in de straat alleen bestond als een zwakke echo van ongeduld dat al lang zijn urgentie had verloren. Of misschien simpelweg om dat woord, gift, waar altijd iets tegenover stond, omdat alle woorden een geheime agenda kennen en sommige nog iets meer dan andere.

Zeker, er zijn momenten dat ja zeggen geen vlucht is van nee zeggen. Dat het met moed te maken heeft en niet met lafheid, met confirmatie, met vastberadenheid, een groot innerlijk ja-zeggen, maar dit behoorde niet tot die zeldzame momenten. Zeker niet als je in overweging neemt dat Minnie oké zei, en oké is, dat weet iedereen, slechts een andere manier van niets zeggen.

Ze had meteen geweten dat het geen goed idee was. Het huis van de fotograaf was niet bedoeld om in te slapen, of te ontbijten, of wat dan ook wat met wonen te maken had. Het huis van de fotograaf was een plek om te verlaten.

Een eigenschap van verkeerde beslissingen is dat ze, eenmaal genomen, al onomkeerbaar zijn geworden op het moment dat ze nog omkeerbaar zijn. Dus daar lag Minnie, een hond in de tropen, niet in staat zich te verroeren. De lucht drukte haar stil en zwaar het matras in en de openstaande ramen hadden niets te transporteren. Ik word verpletterd, dacht ze, ik word verpletterd en het is mijn eigen schuld.

De volgende ochtend werd ze onbegrijpelijk laat wakker uit een diepe slaap. Er lag een briefje naast haar kussen. *Ben even naar de studio. Zo terug. Blijf.* Vlug had ze haar kleren bijeengeraapt. Het zijden slaapjurkje, Lanvin, zag ze in het label, propte ze in haar handtas. Toen ze de straat overstak keek ze nog één keer om, en dacht: Ik kijk nog één keer om. Het gebouw vibreerde in de hitte alsof het nu prijsgaf dat het al die tijd een luchtspiegeling was geweest.

Wat wist ze van de fotograaf, op die laatste, bloedhete ochtend van augustus 2011, toen ze omkeek naar het hologram van zijn huis en begreep dat ze er niet naar terug zou gaan? Hoegenaamd niets. Ja, dat hij modereportages maakte. Dat hij Gauloises rookte, en dat dit haar herinnerde aan haar allereerste vriendje, dat ook Gauloises rookte en die steevast Gallewases noemde, 'een pakje Gallewases graag'. Dat hij zijn mond wijd opensperde als hij klaarkwam, geluidloos, een schreeuw in een stomme film. Dat hij haar ergens had ingeluisd, al wist ze niet waarin, en dat het haar nooit zou lukken genoeg weerstand aan hem te bieden. Dat hij een man was die Lanvin kocht voor zijn minnares, allejezus.

Ze fietste direct door naar het huis van haar geliefde, een tamelijk gekwelde kunstenaar die zichzelf al tien jaar in de markt probeerde te zetten als belofte, deed verslag van de affaire, kreeg een kwast naar haar hoofd gegooid, en dat was het. Drie dagen kwam ze haar bed niet uit. Ze was iets verloren, en ze wist dat het niet de gekwelde kunstenaar was.

IN **2006**, NIET lang na haar afstuderen, had Minnie in een interview voor een weekblad gezegd dat ze kunstenaar was omdat men haar zo noemde. 'Kunstenaar tegen wil en dank,' luidde de kop. Daaronder een grofkorrelig portret dat haar gezicht terugbracht tot een schets in zwart-wit, een kop als een zwerfkei, ruw, trots en verstoken van iedere vorm van opsmuk. Het leek haar een beetje overdreven, zo stellig had ze het nu ook weer niet bedoeld, maar haar agent had haar juichend opgebeld.

'*This is it, baby!* Dit wordt je doorbraak. Een kunstenaar die geen kunstenaar wil zijn, dat is godverdomme briljant.'

Ze had de agent een aantal maanden daarvoor ontmoet bij de opening van een groepsexpositie getiteld *Shared history: decolonising the image* in het oude Post CS-gebouw aan de Oosterdokskade. De curator van de expositie had haar afstudeerwerk *Bestaat Minnie Panis?* gezien en was van mening dat het perfect paste bij het thema. Minnie vroeg zich af wat het thema überhaupt inhield, maar vermoedde dat haar werk net zo goed perfect had gepast wanneer het thema 'Kippen en andere boerderijdieren' had geluid. Vijf minuten voor de officiële start van de opening kwam de agent in een rechte lijn op Minnies werk afgelopen. Hij schudde haar hand en had toen minutenlang naar het werk staan kijken, peinzend, alsof hij zijn volgende zet bij een schaakspel overwoog. Het was een magere man met een fijn, scherp gezicht, glanzend zwart haar en een licht getinte huid. Een mengeling van iets, al kon Minnie niet zeggen waarvan precies. Het opvallendst aan hem waren zijn ogen, die extreem ver uit elkaar stonden, slordig bijna, alsof ze zomaar op zijn gezicht waren geplakt.

'Dit is aardig,' zei hij. 'Maar je acte de présence is waardeloos. Je staat hier verdomme alsof je je verontschuldigt. Verontschuldig je je voor je werk?'

Hij had zijn blik niet van haar werk afgewend terwijl hij tegen haar sprak. Dat was niet nodig, dacht Minnie, want ze was er zeker van dat hij met die ogen van hem driehonderdzestig graden in de rondte kon kijken.

'Nee,' antwoordde ze, uit het veld geslagen, 'niet per se.'

Toen ze het had gezegd wist ze dat het niet waar was. Haar eigen voltooide werk had in haar ogen altijd iets belachelijks, alsof het een tekort en een surplus tegelijkertijd was, en zijzelf, *de kunstenaar*, op een onmogelijke manier gelijktijdig iets moest opvullen en uitwissen.

'Bestaat Minnie Panis?'

'Daar ben ik nog niet over uit.'

'Dat is wat ik bedoel. Luister. Jij hebt mij nodig. Dit kan wel wat worden. De beeldtaal is interessant en ik waardeer de onbeschaamdheid. Nu even rechtop gaan staan en doen alsof je een, wat is het, *decolonised image* hebt gemaakt, oké?'

Drie jaar later was haar werk tentoongesteld in onder andere het Museum der bildenden Künste Leipzig, het MACBA in Barcelona, de Kunsthalle Fridericianum in Kassel en het Louisiana in Humlebaek, Denemarken. Met haar werk *Nothing Personal* won ze de Prix de Rome 2008, waarop ze door een correspondent bij *Art Review* werd uitgeroepen tot 'one of the most promising Dutch artists of her generation', wat haar min of meer direct haar eerste internationale solo-expositie opleverde, bij Arndt & Partner in Berlijn. Daar, in Berlijn, lunchte ze op een regenachtige middag met Sophie Calle, die (toevallig, niet toevallig) de tentoonstelling had gezien en Matthias Arndt had gebeld of de kunstenares nog in de buurt was. Het was Calle die haar, Engels dat klonk als Frans, vroeg of ze zichzelf als een kunstenaar beschouwde, waarop Minnie had geantwoord: *je ne sais pas, je ne sais vraiment pas*, een pathetisch antwoord maar het enige wat niet klonk als een regelrechte leugen.

De waarheid was dat Minnie niet zozeer samenviel met haar kunstenaarschap als wel met haar kunst: met de dingen die ze maakte, de dingen die kwamen te bestaan als kunst omdat ze anders geen bestaansrecht zouden hebben. Het kunstenaarschap was Minnies paspoort, een persoonsbewijs dat haar een plaats gaf in een wereld waar alles gelegitimeerd diende te worden. Het was haar aangereikt door een tekendocent op de middelbare school, daarna volgden de docenten aan de kunstacademie, de verzamelaars, de journalisten, de conservatoren, de galeriehouders. Ze hadden in Minnie een kunstenaar gezien omdat zij hun eigen persoonsbewijzen bezaten, die hen in staat stelden, hen zelfs verplichtten díégene te zijn, de pashouders van de academies, de instituten, de stichtingen, de fondsen, de kunstbijlagen, de talkshows, de musea, de galeries, de vernissages, de tijdschriften, de bedrijfscollecties.

In het begin had Minnie met verbazing geluisterd naar wat men te zeggen had over haar werk (dát men iets te zeggen had over haar werk), maar gaandeweg begreep ze dat iedere vorm van legitimatie zijn eigen vocabulaire had, en dat de taal van het kunstenaarschap was opgebouwd uit woorden als *identiteit*, *engagement*, *visie* en *onbehagen*. Zonder de woorden zou het bouwwerk in elkaar storten, de kunstenaar een staatloze burger, illegaal en idioot.

Op een beurs had Minnie eens twee kunstenaressen ontmoet, tweelingzussen, beiden zo mager dat ze grijskleurig waren geworden. De zussen maakten video-installaties van de eetstoornis die ze bij elkaar in stand hielden. Ze waren wereldberoemd en rijk geworden met de installaties, die de uitwassen van het vrouwelijk schoonheidsideaal toonden, kritiek leverden op de consumptiemaatschappij, vraagtekens plaatsten bij zowel individualisme als collectiviteit, et cetera. In werkelijkheid, dacht Minnie, kon voor sommige gektes geen andere term worden bedacht dan kunst.

Dat ze haar kunstenaarspaspoort had verkregen door het te verwerpen, sterker nog, dat iedere verwerping van haar zijde een nieuwe bevestiging van haar status als kunstenaar leek te zijn, was een discrepantie die haar nog altijd interesseerde. Niet zelden had ze, bij het zien van haar eigen werk in een galerie of het in ontvangst nemen van een prijs, de sensatie zich over zichzelf heen te buigen als een lijkschouwer over zijn eigen lijk: de witte ruis van oorzaken gereduceerd tot gevolgen die niet minder banaal waren dan een botbreuk hier en een blauwe plek daar. Kunst als dood, maar ja, wie kwam daar nog mee aanzetten?

IN HAAR VOORLAATSTE jaar aan de kunstacademie begon Minnie bij toeval aan wat zou uitmonden in het omvangrijke afstudeerwerk dat later in het Post CS-gebouw zou worden tentoongesteld, en het eerste en enige dat zonder bemiddeling en voor een belachelijk laag bedrag werd verkocht aan een half dove kunstverzamelaar die van zijn Siebermannhoorn een statussymbool had gemaakt.

Het toeval bestond uit een vervallen pand aan de Kinkerstraat, waarin de sushi-afhaalzaak Hiroshima Sushi was gevestigd. Minnie was er misschien al honderd keer langsgefietst zonder de zaak op te merken, maar op een middag landde ze ongeveer voor de ingang op het trottoir toen ze had geprobeerd al fietsend haar zoemende telefoon uit haar rugzak te halen en met haar voorwiel in de geul van de tramrail terechtkwam. De val zelf was weinig spectaculair, maar omdat haar rugzak openstond waaiden er tientallen losse tekenvellen de straat op, een wonderlijk beeld dat een enkele bevroren seconde lang opmerkelijke gelijkenis vertoonde met Jeff Walls *A Sudden Gust of Wind*, al viel het te betwijfelen of iemand daar oog voor had.

Direct kwam een kleine Japanner met een wit kapje op zijn hoofd het smalle pand uit gerend, die behendig door de verkeersdrukte laveerde en niet zonder gevaar voor eigen veiligheid Minnies tekenvellen bijeen begon te rapen. Ze had hem willen tegenhouden, er stonden alleen een paar obligate schetsen op die ze had gemaakt bij een sessie modeltekenen eerder die dag. (Bijna een uur lang had een mollig model haast onbeweeglijk op een houten klapstoel gezeten, rechterarm bungelend over de achterleuning. Minnie had zich voorgesteld hoe het hout steeds diepere sporen in het vlees naliet, strakke, rode geulen waar de bloedbanen bekneld raakten. Toen de tijd om was had de vrouw vlug een badjas om zich heen geslagen, haar naakte lichaam plotseling vreemd en kwetsbaar nu het geen doel meer diende.)

Nu Minnie de kleine man zo ijverig bezig zag haar waardeloze tekeningen van de ondergang te redden werd ze overvallen door een stekend verdriet ergens ter hoogte van haar borstbeen. Sinds ze zich kon herinneren maakte andermans mededogen een specifiek soort treurnis bij haar los. Als kind was ze eens in tranen uitgebarsten omdat een juf haar met eindeloos geduld had geprobeerd uit te leggen waarom 1/4 + 1/5 niet 2/9 opleverde. De juf had gedacht dat ze huilde om haar eigen onbegrip en Minnie kon niet uitleggen dat haar hete tranen voor de juf bedoeld waren, voor het feit dat haar geduld niet in verhouding stond tot hetgeen waarvoor ze het uitoefende. Toen ze op haar achttiende in Camus' *Mythe de Sisyphe* las over de absurde held Sisyphus die werd veroordeeld tot het einde der dagen een zware steen een berg op te hijsen die vervolgens door zijn eigen gewicht vanaf de top weer naar beneden rolde, was het alsof ze eindelijk een bodem had gevonden voor de diepe, woordloze mismoedigheid waar ze als kind zo vaak aan werd blootgesteld.

Ze wilde roepen dat het allemaal niet hoefde, maar daar was het te laat voor en ineens kwam het in haar op dat het misschien allemaal wél hoefde, niet omdat die tekeningen gered moesten worden, maar om iets anders. Ze keek naar de rust en de efficientie waarmee de man zijn missie uitvoerde en wenste dat ze het in zich had met dezelfde toewijding aan iets te werken waarvan het doel ogenschijnlijk banaal was. Misschien, dacht Minnie, was dit wat ze verlichting noemden. Ze bloosde. De week ervoor nog had ze een gastcollege over oriëntalisme bijgewoond, en nu zag ze een zogenaamd diepe oosterse wijsheid geprojecteerd in de eerste de beste sushiverkoper aan de Kinkerstraat. Ze raapte haar fiets van de straat en beschaamd staarde ze naar de geschaafde huid van haar handpalmen. Witte velletjes met talloze minuscule rode bloedpuntjes, de handen van een kind. Pas toen de kleine Japanner haar de tekenvellen overhandigde sloeg ze haar ogen weer op, en tot haar eigen verbazing hoorde ze zichzelf zeggen dat ze graag een doos sushi wilde bestellen. Soms wakkert iets hardop uitspreken een onverwacht verlangen aan. Zo was het ook in dit geval: ze wist plotseling met zekerheid dat dit was wat ze wilde, een doos sushi, de toekomst die zich openbaarde, helder als water.

Edward Saïd kan de pot op, dacht ze, en met de vellen papier als een baby in haar armen liep ze achter hem aan het pand in.

Binnen in Hiroshima Sushi hingen verweerde luchtfoto's van de atoomramp uit 1945, zwart-witbeelden van de platgebombardeerde spookstad en, achter de toonbank, een jonge Emmanuelle

Riva, oneindig droevig in haar Japanse kimono. Zonder op verdere instructies te wachten verdween de kleine man naar achter, om tien minuten later terug te keren met een plastic doos waarin een keur aan sushi haast obsceen lag te glanzen van versheid.

'Bedankt nog voor de tekeningen.'

Minnie overhandigde hem een briefje van tien euro.

'Ja,' zei de man. Hij keek haar aan zonder een echte uitdrukking, alsof hij eigenlijk niet naar haar keek maar naar iets wat alleen in zijn eigen hoofd bestond.

'Dat had echt niet gehoeven, ik bedoel, dat was erg vriendelijk van u.'

'Ja,' zei de man.

Minnie vroeg zich af of hij meer Nederlands sprak dan 'ja'. Ze voelde een vaag onbehagen, de ogen van de man en Emmanuelle Riva op haar gericht als de blinde ogen van dode vissen.

'Oké dan,' zei ze. 'Bedankt nogmaals.'

'Ja.'

Minnie glimlachte en wilde zich omdraaien, toen de man met zijn vinger naar de doos wees. 'Ik heb er een extra portie gember bij gedaan. Ter verhoging van de concentratie. De hele dag lang razen er fietsers, auto's en trams langs mijn raam en iedereen heeft zo'n telefoon aan zijn oor hangen.'

'Ja,' zei Minnie. Ze voelde hoe het bloed naar haar gezicht steeg.

'De mensheid is zo praatziek geworden dat ze niet meer ziet wat er vlak onder haar neus gebeurt. Waar ben je nu? vragen ze aan degene aan de andere kant van de lijn. Steeds maar weer, waar ben je nu, waar ben je nu, waar ben je nu. Terwijl niemand meer ergens anders is dan *aan de telefoon*. Dat is althans hoe ik het zie. U moet voorzichtiger zijn, want een gebroken nek is nog altijd een gebroken nek. Bent u kunstenaar?' De man knikte in de richting van de tekenvellen.

'Niet echt,' zei Minnie.

'U moet hoe dan ook voorzichtig zijn,' zei de man. 'We moeten ons weerbaar maken.'

Hierop keek hij peinzend naar de deur achter Minnie, alsof zich daar ieder moment iets kon manifesteren wat het daglicht niet zou verdragen.

Thuisgekomen zette Minnie de doos voor zich op tafel, en wat er gebeurde was onverwacht en toch volkomen logisch: ze moest er niet aan denken die stukken rauwe vis in haar mond te stoppen. De afkeer die ze voelde was nog acuter dan het verlangen van even daarvoor, en ze verwonderde zich over dit feit, de totale omkering die had plaatsgevonden, de glanzende stukken sushi die nu in de vuilnisbak lagen. 's Avonds laat viste ze de stukken voorzichtig weer uit de vuilniszak, legde ze op een wit vel papier, en fotografeerde ze van bovenaf met haar Canon 450D. In een leeg cahier noteerde ze:

25 januari 2005. Bestaat Minnie Panis?

Dit was het begin van een project dat anderhalf jaar in beslag zou nemen en op de kop af 2095 foto's van haar eigen afval opleverde, wat neerkwam op een gemiddelde van 3,8 foto's per dag. In het begin probeerde ze zich wijs te maken dat ze bezig was aan een project over de consumptiemaatschappij, overproductie, overschot, beperkte houdbaarheid, maar ze moest algauw concluderen dat deze onderwerpen haar niet werkelijk interesseerden, althans, niet op het metaniveau waarop de kunstenaar werd geacht een maatschappelijke positie in te nemen.

Nee, haar ware motief was veel eenvoudiger: ze raakte zozeer gehecht aan de eenvoud van het ritueel dat de dagelijkse herhaling ervan een haast religieuze urgentie kreeg. Toen ze na een aantal weken eens drie dagen oversloeg omdat ze haar camera had vergeten mee te nemen op een studiereisje naar het Ruhrgebied voelde ze zo'n sterk fysiek gemis dat ze op het punt had gestaan eerder naar huis terug te keren. Dit had haar volledig verrast. Temeer omdat ze in de veronderstelling verkeerde dat het project haar niet al te lang meer zou interesseren (bijster origineel of provocerend was het nu ook weer niet te noemen), maar ze koesterde de sensatie van het gemis en de extreme opluchting die volgde toen ze thuiskwam, de vuilnisbak opende, er een drie dagen oude boterham uit haalde, deze op een wit vel papier legde en het diafragma van de camera zo ver openzette dat de foto een tikje overbelicht raakte, precies genoeg om het contrast tussen object en achtergrond te vervagen.

Hoe meer foto's ze maakte, hoe meer ze ervan overtuigd raakte dat het nog maar weinig met 'kunst maken' van doen had. Voor het eerst in haar volwassen leven deed ze iets wat absoluut geen ander doel diende dan de handeling zelf. De gedachte om er wél iets anders mee te doen raakte op de achtergrond en verdween vervolgens helemaal. De foto's waren niet mooi en ook niet anti-mooi, hun enige kwaliteit was dat ze in steeds groteren getale bestonden. Maar dat kon van zoveel dingen gezegd worden.

De andere projecten waar Minnie gedurende dit anderhalf jaar aan werkte – het min of meer verplichte curriculum van de kunstacademie – smolten in haar herinnering samen tot een vaag geheel van half geslaagde en geheel mislukte pogingen om haar docenten tevreden te houden. Toen ze haar medestudenten aan de start van het laatste semester in de stress zag schieten vanwege het naderende afstuderen, realiseerde ze zich dat ze alleen maar een hoop volkomen inwisselbaar onzinwerk had gemaakt dat niets uitdrukte en linea recta op de immer groeiende berg grofvuil van kunstacademietroep kon worden geflikkerd. Met een schok besefte ze dat ze geen kunstenaar was en ook nooit zou worden. De tweede schok was dat dit haar volledig koud liet. Sterker, zelden had ze zich ergens zo van bevrijd gevoeld.

En dus kondigde ze bij de opleidingscoördinator aan per direct te zullen stoppen.

'Dat is het domste wat ik in lange tijd heb gehoord,' zei deze simpelweg. 'Dat papiertje maakt geen zak uit, maar als je nu stopt zul je nooit weten wat het is. Ik neem aan dat je de mythe van Sisyphus kent? Jij' – hierop plantte hij zijn wijsvinger met onverhuld misprijzen op Minnies borst – 'zit nu ergens halverwege de berg met die zware steen en je hebt er geen zin meer in. Als een jengelend kind wil je alles uit je handen laten vallen, maar weet je wat het is: daar heb je geen enkel recht op. Je bent verantwoordelijk voor die verdomde steen en hij moet naar de top. Het doet er niet toe dat hij daarna weer naar beneden rolt. Dat is het leven. Als je daarvoor wegloopt kun je net zo goed meteen dood neervallen.'

De daaropvolgende weken ploegde Minnie voor het eerst door alle afvalfoto's die ze had gemaakt in het afgelopen anderhalf jaar. Honderden plastic verpakkingen passeerden de revue, klokhuizen, geknakte bloemen, melkpakken, ansichtkaarten, rottende groenten, rottend vlees, visgraten, pasta, tomatensaus, flesjes, tubes, doosjes, blikjes, scheermessen, onderbroeken, maandverband, condooms, haarballen, cd's, bloempotten, paperclips, pleisters, lucifers, sigaretten, zonnebrand, sinaasappelschillen, paraplu's, glasscherven, tijdschriften, een televisie. De kwantiteit overweldigde haar: zonder dat ze het werkelijk in de gaten had gehad was er een parallel universum van afval ontstaan. Het was fantastisch en gruwelijk, en boven alles onweerstaanbaar.

Met een koortsachtige manie ging ze aan de slag. Ze sliep wanneer haar ogen dichtvielen en werkte zodra ze weer opengingen. Hele dagen vergat ze te eten. De honger die haar licht in het hoofd maakte leek een omstandigheid die buiten haar lichaam plaatsvond. Toen het af was voelde ze haar botten vlak onder de oppervlakte van haar huid, scherp en hard, de fundamenten van een gebouw dat voor de rest volledig is gestript.

Ze was uitgeput en tegelijk op een radicale manier in leven. Ze had geen flauw idee wat ze had gemaakt, en al helemaal niet wat het betékende, maar een gelukzalig moment lang balanceerde ze met haar steen op het topje van de berg.

Eindelijk begreep ze dat zwaartekracht een allesbepalend principe is.

Een paar jaar later zou een journalist van *De Groene Amsterdammer* in een artikel over Minnies vroege werk beargumenteren dat het met de Prix de Rome bekroonde *Nothing Personal* (2008) in feite het diapositief was van haar afstudeerwerk uit 2006. Voor beide werken gebruikte hij de definitie 'zelfportret in negatief', een term die jaren later opnieuw zou opduiken bij een overzichtstentoonstelling in de Deichtorhallen in Hamburg, getiteld *Minnie Panis: negative selves*.

> In *Bestaat Minnie Panis?* zien we de eerste contouren van Panis' fascinatie met wat ik het 'zelfportret in negatief' wil noemen. De zeventien minuten durende stomme 'film' bestaat uit 2095 beelden van afval die in wisselend tempo worden opgevoerd. De *grande finale* vindt plaats in de laatste minuten, wanneer de beelden elkaar een tijdlang in zo'n hoog tempo opvolgen dat het een haast stroboscopisch effect geeft. Sporadisch wordt een beeld (een lege pillenstrip, een boterham) plotseling

enkele seconden vastgehouden, om daarna weer op te gaan in de draaikolk van afval.

Aan de hand van je afval onderzoeken of je bestaat is in meerdere opzichten natuurlijk een dubbelzinnige aangelegenheid. Als hier 'je bent wat je weggooit' opgaat, is dat 'zijn' allerminst onproblematisch: het is in essentie wegwerpbaar, sterker nog, het is er eigenlijk al niet meer. Iedere bevestiging van identiteit is ook een negatie, ieder vinden ook verliezen. Dit effect wordt versterkt door de fletsheid van de beelden, waarop het contrast tussen de achtergrond en het gefotografeerde object is vervaagd.

Omdat de hallucinatoire film de toeschouwer in de eerste plaats uitnodigt zich te verliezen in de beelden, wordt dat vinden/verliezen van het 'zelf' een thema dat niet alleen de kunstenaar betreft – bestaat Minnie Panis? – maar iedereen die zich verhoudt tot het kunstwerk. De beelden zijn weliswaar intiem (ondergoed, fragmenten van persoonlijke notities) maar ze zijn óók generiek, en het gevoel groeit dat ze meer verhullen dan dat ze ónthullen.

Als een duivelskunstenaar verdwijnt Panis van het podium, om op onvermoede plekken weer tevoorschijn te komen, maar nooit voor lang.

Dat 'duivelskunstenaar' had Minnie wel aangestaan; niets zo goed voor de reputatie van een kunstenaar als een beetje mystificatie. Zo was ze eens op het spoor gekomen van de Cubaans-Amerikaanse Ana Mendieta, die in de jaren zeventig en tachtig op bescheiden schaal furore maakte met haar ritualistische bloed- en modderkunstwerken. Deze Mendieta had niet alleen een grote fascinatie voor het occulte, maar ook voor subversieve zelfportretten waarin ze zichzelf toetakelde, snorren en baarden op haar wangen plakte, haar gezicht achter een glasplaat klemde en haar naakte lichaam door kippenbloed en veren rolde om levensgrote afdrukken achter te laten op allerhande oppervlakken, als lugubere varianten van de Lijkwade van Turijn. Juist toen Mendieta, zevenendertig jaar oud, zo'n beetje begon door te breken, was ze van vierendertig hoog uit het raam van haar New Yorkse appartement gevallen. Het lichaam had zich met zo'n snelheid in het plaveisel geboord dat de contouren erin werden gestanst. Nog altijd wist niemand met zekerheid te zeggen of het een ongeluk was geweest, zelfmoord, of moord, maar dat laatste raadselachtige silhouet in het trottoir verweefde definitief haar leven met haar sterven, en haar sterven met haar kunst.

Zoals Mendieta waren er natuurlijk nog velen. Banksy kwam niet alleen al jaren weg met een in nevelen gehulde identiteit, zijn hele roem was gebaseerd op dit zorgvuldig in stand gehouden mysterie. Er bestonden schrijvers van wie geen enkele foto circuleerde, maar die desalniettemin miljoenen exemplaren van hun boeken verkochten; dandy's die gemaskerde soirees organiseerden in Franse chateaus, met uitnodigingen in spiegelschrift en gastenlijsten zo exclusief als het topje van de Mount Everest. Genieëen die voor altijd bleven zweven in het limbo van hun belofte, omdat ze te vroeg stierven, of gek werden, of religieus.

Nee, er was niets mis met een beetje mystificatie. Zolang ze zelf niet ging geloven in haar rol als orakel stond ze aan de veilige kant.

IN NOVEMBER 2011, drie maanden nadat Minnie binnen een uur tijd zowel haar officiële geliefde als haar minnaar had verloren en net voorbij de fase was dat ze meende die laatste in iedere donkerharige man op straat te herkennen, namen de zaken een onverwachte wending. Het begon met een telefoontje van een kennis met een eigen modelabel en een cokeprobleem.

'Darling!' schreeuwde hij. 'Wat de fuck!'

Minnie haalde de telefoon een paar centimeter van haar oor vandaan.

'Wat de fuck wat?'

'De *Vogue*. De Vie-o-djie-joe-ie.'

'De *Vogue*?'

'De *Vogue* U.K., baby! Hysterisch!'

Minnie vroeg zich af of hij refereerde aan het modeblad of aan zijn eigen gemoedstoestand. Het was ontluisterend hoe weinig moeite mensen hadden precies te benoemen hoe ze zich voelden. 'Bij schrijven gaat één principe boven alle andere principes,' had ze een relatief beroemde schrijver eens horen verkondigen tegenover een groepje jonge volgelingen. 'Drie woorden: show, don't tell. Als iemand depressief is, schrijf je niet "hij is depressief". Je laat het zíén.' Dat moest dan iets specifieks voor literatuur zijn, dacht Minnie, want in het echte leven was iedereen depressief, verdrietig, boos of hysterisch omdat ze zeiden dat ze dat waren.

'Foto's... echt... nieuwe richting... maar echt.'

'Je valt weg,' schreeuwde Minnie terug. 'Waar ben je in godsnaam?'

Ze hoorde een pulserend gedreun, alsof hij in een gigantisch hart stond dat tonnen met bloed rondpompte.

'Wacht. Kun je me nu verstaan? Kun je me horen? Hoor je me?'

Iets viel met een klap dicht. Toen was het plotseling stil.

'Berlijn, baby, Berlijn. *Crazy shit*.'

'Het is elf uur 's ochtends,' zei Minnie. 'Het is dinsdag.'

'Als jij het zegt. Een paar uur geleden liep ik even naar buiten, vitamine B pakken begrijp je, zonlicht op mijn huidcellen.'

'D,' zei Minnie. 'Vitamine D.'

'Je realiseert je pas hoe groots en schitterend daglicht is als je uit een Berlijnse club komt gestrompeld. Zelfs als het bewolkt is, of nee, juist als het bewolkt is. Omdat je het niet verwacht. Maar daar gaat het niet om, daar gaat het nu niet om, daar gaat het nu niet om.'

Ze hoorde hem hard zijn neus ophalen. Witte randjes bij zijn neusvleugels, vinger erlangs.

'Ik liep dus als een pasgeborene door dat zonlicht, nou ja, ik bedoel meer, een hérborene, maar anyway, ik had een pakje sigaretten nodig dus ik liep zo'n Duitse kiosk in...'

'Zo'n Duitse kiosk?'

'Ja, weet ik veel, anders dan Nederlandse kiosken. Duits. Ik liep hoe dan ook die kiosk in en ik stond daar wat uit te rusten van al het licht dat op me was afgevuurd, toen mijn oog viel op de Britse *Vogue*, en wat zag ik toen!'

Het bleef stil.

'Wat zag je toen?'

'Minnie. Panis.'

'Mijn naam?' Dit gesprek werd nu wel erg ongewoon.

'Bingo!' Er klonk geritsel aan de andere kant van de lijn. Een tweede stem. '*Nein*,' fluisterde de kennis, '*nein, wart! Moment*', en toen weer luid: 'Minnie? Ben je er nog, Minnie? Luister, ik moet ervandoor, oké. Ik wilde je alleen feliciteren. *That's all*. Dus gefeliciteerd, baby. En onthou...'

De rest van de zin werd opgeslokt door het gedreun aan de andere kant van de deur, monotoon als golven die kapotsloegen tegen een betonnen kustlijn. Hoe dansten die mensen daarop?

Minnie trok haar jas aan en spoedde zich naar de tijdschriftenwinkel aan het Spui. Haar naam was haar naam. Ze kon zich althans niet voorstellen dat er andere mensen op de wereld bestonden die op het onzalige idee waren gekomen hun kind zo te noemen.

*

Het was een ronduit bizarre ervaring om de *Vogue* open te slaan en daar zichzelf aan te treffen op pagina 82-92. Het was niet bizar omdat ze het niet van tevoren wist, en ook niet omdat het de *Vogue* was of omdat ze nauwelijks kleren aanhad. Het was bizar om een bijgeloof dat ze niet in zichzelf had vermoed en dat ze ook niet als zodanig wilde erkennen. En dus drukte ze het weg toen het aan de randen van haar bewustzijn begon te tikken en zich manifesteerde als een volwaardige gedachte: de sluitertijd had een stukje van haar ziel verplaatst, en dat stukje was nu voorgoed verdwenen. Er was een persoon die de *Vogue* vasthield en er was een persoon op de pagina's van de *Vogue*, en ergens tussen die twee was iets onherroepelijk verloren gegaan.

MINNIE, SLEEPING, stond in grote letters uitgesmeerd over een spread van twee pagina's, met op de achtergrond een foto van het bed van de fotograaf, daarin Minnie, op haar buik, één been gebogen, de vorm van haar billen door de stof van haar slaapjurkje. Ze leek op iets wat was aangespoeld, een geknakte vrouw uit een storm op zee. Deze indruk werd versterkt door een meedogenloos felle belichting die niets aan het zicht onttrok. Niet het kleinste donkere haartje tussen haar schouderbladen, niet de kreukels in het laken, niet de vuile asbak op het nachtkastje. Het leek, al met al, op een behoorlijk goed gelukte modefoto: rauw, niets verhullend, hyperrealistisch en tot in detail geënsceneerd.

De tien foto's op de pagina's die volgden hadden titels als 'Minnie, 03:24 AM' en 'Minnie, 05:46 AM'. Aan de chronologie was te zien dat ze zich in de loop van de nacht steeds een fractie verder naar de rand van het matras had bewogen, totdat uiteindelijk haar rechterarm in het luchtledige hing, vingers die net de grond niet raakten, *oh, the beauty of it*.

Op de laatste foto, 'Minnie, 08:08 AM', bedekte het laken alleen nog haar linkerkuit. Het jurkje was haast tot onder haar oksels omhooggekropen. Naakt en kwetsbaar lag ze in het ochtendlicht, wit lichaam tegen wit laken. De vormen waren ontegenzeggelijk de hare: de manier waarop het ene been opgetrokken was, de ruggenwervel die een tikje naar links afweek, de kleine billen. Dat is mijn lichaam, dacht ze, en tegelijkertijd wist ze dat ook het tegenovergestelde waar was: dat is niet mijn lichaam.

*

Je kunt je allerlei sentimenten voorstellen bij iemand die drie maanden na dato wordt geconfronteerd met foto's van zichzelf op het type dik, glanzend papier dat doet denken aan champagne en Chanel en kaviaarfeesten aan de Côte d'Azur (Je ne fais pas la mode, je suis la mode).

Woede, ten eerste, om de grove privacyschending, het opportunisme, de schaamteloosheid waarmee, de laaghartige manier waarop. Woede, ten tweede, om je eigen onwetendheid, je diepe, droomloze slaap, je zwakte, klik, de vinger van de fotograaf op het topje van je tepel, op het knopje van zijn spiegelreflex, klak: *ben even naar de studio.*

Minnie dacht al deze dingen, zei hardop godverdomme toen ze zag (witte letters tegen donkere foto) wat het Lanvinjurkje kostte, maar wist ondertussen dat de boosheid al uit haar wegvloeide en plaatsmaakte voor iets anders, groter en hardnekkiger dan elke theoretische weerstand.

Bewondering.

Voor de eenvoud van het plan, de nonchalance waarmee hij haar dat jurkje had toegeworpen, zijn rücksichtslose overtreding van iedere fatsoensnorm. Hij had geweten dat ze niet voor hem zou poseren. Hij had het geweten omdat hij het haar had gevraagd, een paar weken na hun eerste ontmoeting. 'Geen denken aan,' had ze geantwoord. 'Ik ben nog liever de moeder van je kind dan je model.'

Hij had gelachen en met zijn vinger een restje Chunky Monkey uit haar mondhoek geveegd. De donkere haartjes van zijn onderarm, zijn vinger in haar mond. Twee vreemden die intimiteit veinsden.

*

Die middag werd Minnie gebeld door haar agent.

'Mijn telefoon staat verdomme roodgloeiend,' zei hij. 'Waarom heb je me godverdomme niet ingelicht over dit project. Ik ben je vertegenwoordiger.'

'Het spijt me,' zei Minnie. Moesten al haar telefoongesprekken zo hysterisch verlopen?

'Jezus christus.'

'Het spijt me.'

'Never mind. Morgen doen we een paar interviews voor de bladen. NRC *Handelsblad* wil er een stuk over in het Cultureel Supplement, of hoe heet dat tegenwoordig, iets met luxe. Radio

1 vanavond heb ik afgewimpeld, misschien komt er nog een tv-programma.'

'Ik wil Radio 1,' zei Minnie, tot haar eigen verbazing.

Aan de andere kant van de lijn hoorde ze haar agent zuchten.

'Oké,' zei hij. 'Never mind.'

Toen ze die avond naar de opnamestudio werd gebracht had ze geen idee wat ze zou zeggen. Wat viel er überhaupt te zeggen? En toch. Ondanks alles voelde ze een zeldzame kalmte over zich komen, die ze kende van vlak voor de start van een nieuw project, wanneer alles nog mogelijk was en haar ideeën nog ongerealiseerd in haar hoofd zaten, alleen in haar hoofd, en de versmalling van de werkelijkheid nog niet was ingetreden.

Toen Minnie de taxi uitstapte, zich meldde bij de portier en een slok van de lauwe automaatkoffie nam die haar werd aangeboden door een blozende productieassistent, wist ze nog altijd niet wat ze daar deed. Ze wist het niet, maar ze wist dat het vanzelf zou komen, iets wat in haar geprogrammeerd was, ergens, onder de oppervlakte van haar bewustzijn. Project, dacht ze toen ze met haar tong even langs het scherpe randje van de plastic cup ging, *waarom heb je me godverdomme niet ingelicht over dit project.*

MINNIE ZAT NET in de taxi van de radiostudio terug naar huis toen de fotograaf belde. Ze had het verwacht en toch was het vreemd om zijn naam in het display van haar telefoon te zien. Hij had haar, besefte ze, nog nooit gebeld. Heel even stelde ze zich voor hoe het zou zijn als hij haar iedere dag zou bellen, ze samen in dat lege huis van hem zouden wonen, hij haar stevig zou vasthouden wanneer ze daarom vroeg.

'Ik ben onder de indruk,' zei hij. Ze hoorde dat hij luchtig probeerde te klinken. 'Chapeau.'

Een paar minuten voor de uitzending had ze plotseling geweten wat ze moest zeggen, en toen ze begon te praten had het allemaal precies juist geklonken, puzzelstukjes die op geen enkele manier anders in elkaar hadden gepast.

Hoe ze op het idee was gekomen voor dit project? Zij en de fotograaf, een goede bekende van haar, hadden eens een avond bij een fles wijn zitten filosoferen over een gezamenlijk project. Ze was een groot bewonderaar van zijn werk en had al heel lang de wens eens met hem te werken. De manier waarop hij zijn foto's in extreme mate ensceneerde om een gevoel van spontaniteit te creëren was verbluffend. Echt waar, wat haar betreft kon hij zich meten met fotografen als Erwin Olaf, Gregory Crewdson, Jeff Wall.

Afijn, toen de fotograaf een paar maanden later door de Britse *Vogue* werd benaderd voor een modereportage had hij Minnie meteen gebeld. Tot haar verrassing was hij bereid geweest haar carte blanche te geven voor het concept. De enige voorwaarde die *Vogue* had gesteld was dat het blauwzijden Lanvinjurkje een centrale rol moest krijgen.

In eerste instantie was het niet de bedoeling geweest dat Minnie zelf model zou staan. Ja, haar werk werd vaak omschreven als 'een worsteling met het zelfportret', maar ze had nog nooit letterlijk geposeerd voor een portret. De omslag kwam, vertelde ze de interviewer geanimeerd, toen ze begon na te denken over de rol van het model in de modefotografie.

Die was in essentie dienstbaar: aan de kleding, aan de fotograaf, op een bepaalde manier zelfs aan het eigen lichaam. Om nog maar te zwijgen over de torenhoge geldbedragen die dat lichaam moest omzetten, de spiegel die het moest zijn voor alle mogelijke levens die een mens kon leven. Zou het mogelijk zijn, had ze gedacht, om die rol radicaal te ondermijnen, en wel binnen het discours van de modewereld zélf? Zo ontstond het idee voor modefoto's waarbij niet alleen de kleding naar de achtergrond verdween, maar ook het hele idee van poseren. Het allerliefst had ze de fotograaf lege ruimtes laten fotograferen, maar dan ook echt leeg: zonder model, zonder kleding, zonder alle dingen die je je in een ruimte kunt voorstellen. Productloos. En dan wel met het klassieke onderschrift, natuurlijk, *this and this model wears Lanvin*. Dat was in elk geval háár idee van carte blanche geweest, een ultieme poging om de grenzen van de verbeeldingskracht op te rekken, de pijlers onder de modefotografie vandaan te schoppen, het omgekeerde van een illusie te creëren – of juist de ultieme illusie, zo je wilt. Maar goed, de *Vogue* bleef natuurlijk *world's leading fashion magazine*, het was, om met de woorden van de fotoredactie te spreken, 'geen obscuur forum voor conceptuele kunst'.

Minnie was ermee akkoord gegaan dat er een model in de serie terecht zou komen, maar dan moest het wel een onwillig model zijn. Omdat ze niemand kende die zo goed was in niet-poseren als zijzelf (haha), en omdat het idee van 'de artiest als muze' haar en de fotograaf direct aanstond, werd het algauw duidelijk dat niemand anders dan zij model kon staan voor deze shoot.

Slapen – Minnie was goed op dreef nu – was natuurlijk de ultieme vorm van niet-poseren. Zoals je op de foto's kunt zien, is er een spanning tussen de enerzijds extreem geënsceneerde setting en, anderzijds, de grilligheid van de poses. Ja, ze had wel degelijk echt geslapen tijdens de shoot, dat was een belangrijke voorwaarde geweest voor het welslagen. Uit voorzorg had ze een slaappil genomen en die had haar tot aan de volgende ochtend koest gehouden. Of, nou ja, koest...

Of ze het ermee eens was dat dit tot haar intiemere werken behoorde? Nee, daar was ze het niet mee eens. Jezelf slapend laten fotograferen maakt in zekere zin kwetsbaar, ja, maar aan de andere kant was het een commerciële opdracht: in feite hadden ze gewoon reclame gemaakt voor een modemerk en daar een smak geld voor gekregen.

'Een reclame,' zei Minnie, de woorden kwamen vanzelf nu, 'is geslaagd als hij de illusie van intimiteit creëert.' Waarom? Simpel: de meeste van onze verlangens zijn te herleiden tot het verlangen om werkelijk dicht bij een ander mens te zijn. Als mensen wilden geloven haar hier naakt en kwetsbaar te zien, en daarmee dichter bij haar waren, haar nu op de een of andere manier beter kenden, dan waren de foto's in die zin in elk geval geslaagd.

Was dat niet een beetje cynisch? Nee hoor, nee, geenszins. Ze wilde alleen maar zeggen dat illusies en kunstmatigheid een elementair deel van ons bestaan vormen. Dit interview was toch ook een manipulatie van de werkelijkheid? Een privégesprek tussen hen beiden had er heel anders uitgezien. Nu moesten ze zich aan bepaalde regels houden, met het doel dat de luisteraar het idee kreeg 'echt iets' over Minnie te weten te komen.

'Ons leven lang zoeken we naar echtheid,' concludeerde ze, de grote greep in het geheel niet meer schuwend, 'maar we vergeten graag dat zelfs de grond onder onze voeten een constructie is.'

Juist toen ze vreesde uit de bocht te vliegen, was het interview ten einde. De jingle van het journaal werd ingezet. Italië had zijn hoop gevestigd op Mario Monti en Damascus was veranderd in een hellepoort.

'"Een interview is ook een manipulatie van de werkelijkheid"? Jezus, Minnie. Als ouwehoeren pudding was, ben jij Dokter Oetker.'

'Dokter Oetker?'

'De fabrikant. Dokter Oetker.'

'Hoeveel heb je er eigenlijk aan verdiend?'

Het bleef even stil aan de andere kant van de lijn.

'Luister, kiddo,' zei de fotograaf.

'Ik ben niet echt een kiddo.'

'Oké, maar luister. Het was misschien niet fraai van me dit zo aan te pakken, maar het diende zich aan. Ik wist dat het heel goed ging worden en ik wist ook dat je je niet zou laten fotograferen. Jij moet dat begrijpen, *of all people*.'

'Hoeveel heb je eraan verdiend?'

'Gaat het je echt om geld?'

'Goed,' zei Minnie, 'andere vraag: heb je me gedrogeerd die nacht?'

Ze hoorde hem zuchten, of verbeeldde zich dit.

'We delen de winst, oké? Jij de helft, ik de helft.'

Hij noemde een bedrag waarvan het bloed haar naar het gezicht steeg. Ze was blij dat er een telefoon tussen haar en de fotograaf zat. Koel blijven nu, zei ze tegen zichzelf. Cool blijven.

'Uitstekend,' zei ze. 'Met mijn helft wil ik je dan graag drie weken inhuren, begin volgend jaar, om precies te zijn ergens tussen 1 februari en 21 maart 2012, zou dat uitkomen?'

Een halfuur later waren ze tot een overeenkomst gekomen. Vanaf een door hem te bepalen datum in februari zou de fotograaf Minnie drie weken volgen en fotograferen. Hij zou met de grootst mogelijke discretie opereren en hij zou onder geen beding ingrijpen in welke situatie dan ook. Evenmin zou een van beiden tijdens deze periode contact opnemen met de ander. Mochten ze elkaar onverhoopt tegen het lijf lopen, dan zou er geen uitwisseling plaatsvinden, zelfs niet het geringste teken van herkenning. Tussen 20 en 21 maart zou de fotograaf zijn foto's afleveren bij het kantoor van Specht & Vink Notarissen, Prinsengracht 997, waar Minnie ze op de avond van 21 maart zou ophalen. Dit alles zou Minnie laten opstellen in een authentieke akte, die ze begin januari gezamenlijk zouden tekenen.

De fotograaf had aanvankelijk tegengesputterd (het voorstel was idioot, hij had er geen tijd voor, dit was niet zijn werk) maar zijn weerstand verminderde aanzienlijk naarmate Minnie de woorden 'avontuur', 'spionage' en 'private eye' vaker gebruikte.

'Dus eigenlijk vraag je me om drie weken lang voor privédetective te spelen?'

'Zo zou je het kunnen zien, ja.'

'En ik bespied mijn opdrachtgever?'

'Correct.'

'Je bent een rare.'

'Daar gaat het niet om,' zei Minnie.

'Waarom dan wel?'

'Wederzijdse verplichting. Om het feit dat we verantwoordelijk zijn voor B als we A zeggen. Implicaties.'

'Implicaties?'

'Ken je het verhaal van de Tacoma Narrows Bridge?' vroeg ze, zonder op een antwoord te wachten. Ze hield van deze anekdote. De analogie was beeldend, en bovendien bruikbaar in uiteenlopende situaties, afhankelijk van waar je de klemtoon legde. 'De Tacoma Narrows Bridge was in 1940 de op twee na langste brug ter wereld, maar vier maanden nadat hij was geopend stortte hij in. Iets in die brug was verkeerd gebouwd, waardoor hij bij een bepaalde windkracht begon te deinen. Toen het op een dag echt hard begon te waaien veranderde het hele wegdek in een golfbeweging. Er is een filmopname van gemaakt. Steeds woester gaat die brug tekeer, aangewakkerd door zijn eigen beweging. Stel je voor: asfalt en beton, vloeibaar als water. Uiteindelijk stort die brug natuurlijk in elkaar. Zoiets kan niet vrijblijvend blijven zwiepen.'

'Aero-elasticiteit,' zei de fotograaf. 'Ik heb een blauwe maandag werktuigbouwkunde gestudeerd.'

'Mijn punt is,' zei Minnie, 'dat die brug eigenlijk al ingestort was op het moment dat de bouwkundige een rekenfout maakte, zie je? De consequenties waren verankerd in het ontwerp. Daar was al niets meer aan te doen voordat de eerste aannemer begon te bouwen.'

Ze moest denken aan de vernissage waar ze de fotograaf voor het eerst had ontmoet. Ze hadden voor een groot, abstract schilderij gestaan dat horizontaal van dieprood in zwartblauw veranderde. De fotograaf vroeg haar wat ze erin zag en ze had geantwoord dat ze de fysieke arbeid van de kunstenaar kon zien, de kracht die nodig was om de kleur over het doek te verplaatsen. Ze hadden nog een tijdje zwijgend voor het doek gestaan. '*All is falling*,' zei Minnie, zonder zich te herinneren waar die uitdrukking vandaan kwam en zonder precies te weten waarom hij van toepassing was op dat schilderij, maar de fotograaf knikte en had haar toen aangekeken alsof hij iets van haar begreep wat maar weinig mensen begrepen. Iets wat ze zelf niet eens echt begreep.

'Dat lijkt me wat fatalistisch,' zei hij.

'Maar die brug is toch glorieus ten onder gegaan,' zei Minnie. 'Dansend zijn eigen vernietiging tegemoet. Dat is een keuze, en dat niet alleen. Je zou het een voorstel aan de werkelijkheid kunnen noemen. Was het daarvóór denkbaar dat zoiets zou kunnen gebeuren? Asfalt dat golft? Nee.'

'En nu wil jij ook een voorstel aan de werkelijkheid doen.'

'*Basically*, ja.'

'De artiest als muze.'

'Mooi gezegd.'

'Klinkt... interessant.' Iets in zijn stem leek het te menen.

De taxi reed Minnies straat in.

'Waarom vraag je mij hiervoor, buiten het overduidelijke motief dat je me wilt terugpakken voor deze *Vogue*-aangelegenheid?'

'Ik had al heel lang de wens eens met je samen te werken,' zei ze, terwijl ze uitstapte en het portier achter zich dichtgooide. 'Zoals je weet ben ik een groot bewonderaar van je werk.'

'Grappig, kiddo.'

Minnie dacht aan hoe de fotograaf er nu uitzag, met de telefoon in zijn hand, leunend tegen een kale muur van zijn lege appartement. Het was uitgesloten dat ze dit project met iemand anders zou uitvoeren.

'Je bent de meest geruisloze persoon die ik ken.'

Hij lachte: há, één keer, kort en hard, als een klapband.

'Hoe gaat het verder met je? Ik hoorde ineens niets meer van je en ik dacht... ik sprak Cleo laatst en die zei dat jij en... nou ja, dat jullie uit elkaar zijn, en ik dacht... nou ja. Misschien kunnen we...'

'Niet slecht,' zei Minnie. 'Het gaat lang niet slecht. Ik zie je in januari bij de notaris. Fijne feestdagen alvast.'

Haar hand trilde toen ze de sleutel in de deur stak, maar dat gaf niet. Het was een spel, en zij was zojuist degene geweest die de regels had herschreven.

VLAK VOOR DE jaarwisseling liet Minnie de akte opstellen bij Specht & Vink Notarissen.

Specht was een man die niet paste bij zijn naam. Als hij met een dier vergeleken kon worden, dacht Minnie, dan eerder met een teckel dan met een vogel. Zijn ledematen waren uiterst kort, terwijl zijn bovenlijf relatief lang was. In elk geval lag zijn totale lengte, de lange rug ten spijt, ver onder het gemiddelde.

Minnie, die zelf ook nooit helemaal van ondermaats naar gemiddeld was doorgeschoten, had meteen een sympathie opgevat voor deze kleine hondenman en de formele omgangsvormen die zijn beroep leken te vereisen. Over zichzelf sprak hij in de derde persoon enkelvoud, wat het kunstmatige karakter van de hele onderneming benadrukte.

'Deze overeenkomst wordt door de notaris verleden,' sprak Specht toen ze tegenover hem had plaatsgenomen aan een zware eikenhouten tafel in een kleine kamer die tot de nok gevuld was met archiefkasten. 'Hij zal worden opgemaakt als een procesverbaal, dus in de eerste persoon enkelvoud van de belanghebbende. Wat had u precies willen vastleggen?'

Als Specht al verbaasd was geweest over Minnies inhoudelijke wensen, dan liet hij dit nergens uit blijken. Toen de spelregels op papier stonden had hij haar hand geschud als een zakenpartner.

'Zeer goed,' zei hij. 'Dan zal de notaris op 3 januari 2012, om 15.00 uur, in het bijzijn van alle belanghebbende partijen, de akte passeren. Hij zal zich ervan vergewissen dat alle aanwezigen de voorwaarden hebben begrepen alvorens zij de akte ondertekenen. De bewijskracht is gelegen in het origineel dat de notaris tot in de eeuwigheid in zijn kluis bewaart.'

'Tot in de eeuwigheid,' zei Minnie. 'Dat is vast een begin.'

*

Het was ruim vier maanden geleden dat ze op die hete augustusochtend wakker was geworden in het huis van de fotograaf en bijna twee maanden sinds de fotoserie in de *Vogue* (de '*Vogue*-gate', zoals haar agent de affaire noemde nadat Minnie hem de avond na het radio-interview, aangeschoten en euforisch, had opgebeld om hem de werkelijke versie van het verhaal te vertellen. Hij was in lachen uitgebarsten. 'Die mannen zouden moeten worden gewaarschuwd,' hikte hij, '*better think twice before you screw an artist!*').

De foto's werden al vlug verspreid via websites, kunst- en modeblogs over de hele wereld. Naast de Nederlandse kranten hadden onder andere *The Guardian, The New York Times* en *Le Monde* er artikelen aan gewijd. De meningen varieerden van lyrisch ('Panis toont zich een volstrekt eigenzinnige antikunstenares die de gehele notie van subversiviteit ontstijgt en precies dáár, in het hart van de commercie, een "derde ruimte" van verzet vindt') tot ronduit kritisch ('De modewereld is per definitie vluchtig en oppervlakkig van aard. Kunst, échte kunst, moet boven zichzelf uitstijgen en mag daarbij nooit gehinderd worden door de noodzaak om handtassen en jurkjes aan de man te brengen').

De tientallen interviewverzoeken die waren binnengekomen had ze allemaal afgewezen, op één na: een meisje van zestien dat voor 'kunstbeschouwing' een eindwerkstuk schreef over Minnies werk. Het verzoek had haar meer gevleid dan enig ander verzoek, maar het was niet alleen dat. In haar mail had het meisje een opmerking gemaakt die scherpzinniger was dan iedere opmerking die ze tot dan toe had gehoord over *Minnie, sleeping*: dat dit in bijna niets leek op haar eerdere werk, en dat ze dit merkwaardig vond.

Het meisje was op een namiddag naar haar atelier gekomen met een pen en een notitieblok en een lichaam dat ze nog minstens twee jaar lang als een vreemd kledingstuk zou moeten dragen voordat alles op zijn plek zou vallen. Minnie herinnerde zich haar eigen opluchting toen ze twintig werd en zich realiseerde dat ze nooit meer een tiener zou zijn, en ze had een vage aandrang gevoeld het meisje vast te houden, ledematen stevig bij elkaar, handen over haar gezicht om alle gelaatstrekken te kalmeren. Het meisje, watergrijze ogen, golvend oranjeachtig haar (henna?) dat te pluizig was geborsteld, had slimme vragen gesteld, en voor het eerst in lange tijd was het Minnie gelukt over haar werk te praten zonder alleen maar in de automatische antwoorden te vervallen die haar altijd van zichzelf deden walgen; niet omdat ze per se onwaarachtig waren, maar omdat ze met terugwerkende kracht van haar werk iets onwaarachtigs maakten. Na afloop van zulke gesprekken kon ze zich nooit aan de indruk onttrekken dat ze haar werk met dat automatische praten op een bepaalde manier had verminderd; alsof ieder woord het een stukje verder deed afbrokkelen en ze op een dag alleen nog ruïnes zou aantreffen.

Normaal gesproken had Minnie grote moeite zich te verhouden tot kinderen, laat staan tieners. Ze wist niet of je ze op een andere toon moest aanspreken dan volwassenen en eindigde altijd in een hopeloos tussenland. Tijdens zulke interacties probeerde ze zich te herinneren hoe zij zelf was geweest als zevenjarige, als tienjarige, als vijftienjarige, maar het was onmogelijk al die verschillende leeftijden van elkaar te onderscheiden. Konden andere mensen dat wel? Misschien was het een inherente eigenschap van ieders jeugd dat er niet veel méér van overbleef dan een wat zompige modderpoel, waaruit zo af en toe een luchtbel omhoogkwam die wel deed vermoeden dat daaronder iets gaande was, maar daarover toch niet echt iets prijsgaf.

Waarom haar gebruikelijke ongemak tegenover dit meisje uitbleef, wist Minnie ook niet precies. Het meisje was ongemakkelijk genoeg. Ze zat zo kaarsrecht op het puntje van haar stoel dat ze er met het minste zetje van af zou tuimelen. Ze pulkte aan de randen van haar notitieblok en voelde om de tien seconden even aan haar kruin, niet krabbend of haar kapsel herschikkend, maar alleen tastend, een gebaar – net als dat pulken – als om zichzelf ervan te vergewissen dat tot dáár haar ongemak reikte en niet verder. Toch had ze ook iets onverschrokkens, dat het steeds op het nippertje won van haar schaamte. Misschien was dat het, dacht Minnie, misschien wilde ze het meisje van zichzelf laten winnen en kon dat alleen maar door ernstig en afgewogen op haar vragen in te gaan.

Dus sprak ze over het evenwicht tussen toeval en noodzaak, de eeuwige twijfel en de momenten van zekerheid, de niet-aflatende angst ergens aan te beginnen, kunst als gecultiveerde waanzin (de rest was bijeffect), de wens, bij vlagen, om op te lossen in het niets, wat dat niets ook mocht zijn. Het meisje zoog de informatie op als een spons, lippen die meebewogen met haar pen, en toen had ze plotseling opgekeken. Met een frons, zo oprecht en zo totaal onbewust van zichzelf dat het bijna schokkend was, had ze het gevraagd: Bent u eigenlijk gelukkig?

Geen enkele interviewer had dit Minnie ooit gevraagd. Misschien had wel niemand het ooit gevraagd. Ze vroeg zich af of het de meest irrelevante vraag was die er bestond of de enige die ertoe deed.

'Ik ontmoette eens een oude kunstenaar,' zei ze, tot haar eigen verrassing. Ze had al jaren niet meer aan de man gedacht en had tot enkele seconden geleden niet het minste vermoeden dat de herinnering nog altijd in haar was opgeslagen, helder zelfs, onaangetast door de tijd. 'Naar eigen zeggen heeft hij in zijn leven twee geluksmomenten gekend: twee keer op een willekeurig bankje aan de Route 66. Er was niets, en midden in het niets voelde hij zich ineens gelukkig. Verder was hij nooit gelukkig geweest, maar niet op een ongelukkige manier.'

Het meisje schreef iets op, kraste het weer door en staarde vervolgens naar het notitieblok alsof er een ingewikkelde formule stond die ze niet opgelost kreeg.

'Ik bedoel,' zei Minnie, die niet zeker wist wat ze nu eigenlijk bedoelde, 'geluk deed voor hem simpelweg niet ter zake. Zijn kunst was dwang, zie je, hij maakte zijn werken omdat hij niet anders kon. Op een dag is zijn atelier met honderden schilderijen tot aan de grond afgebrand, het was op de nationale en internationale televisie, maar het kon hem niet veel schelen.'

'Jee,' zei het meisje, 'dat is echt lomp.'

Het was onduidelijk waar het 'lomp' op doelde: de verwoeste werken of de onverschilligheid van de kunstenaar, maar het gezicht van het meisje kleurde dieprood, ze kon het niet helpen, haar lichaam was onverbiddelijk.

'Hij was niet sentimenteel,' zei Minnie vlug. 'En al helemaal niet ten aanzien van zijn eigen werk. Hij heeft in de loop der jaren bij elkaar waarschijnlijk méér doeken met opzet vernietigd dan wat die ongelukkige brand verwoestte. Hij vond het een bevrijding om ervan af te zijn. De ruimte terug te winnen, het luchtledige waarin alles weer mogelijk is.'

Het meisje knikte een paar keer langzaam met haar hoofd, alsof ze daarmee de mechanismen in haar brein aanstuurde.

'Zoals met *Nothing Personal* dus,' zei ze.

'Ja,' zei Minnie, verrast, wat was dit meisje, een psychoanalyticus? 'Eigenlijk precies zo.'

Dat was bijna vijf jaar geleden. Het project had haar doorbraak betekend. Alles waarop ze had gehoopt gebeurde: voorheen dichte deuren vlogen wagenwijd open, musea van over de hele wereld wilden haar werken tentoonstellen, op feestjes werd ze aangeklampt door kunsthandelaars en wannabe's. De eerste maanden was ze ervan overtuigd dat ze vroeg of laat ontmaskerd zou worden, en het stelde haar min of meer teleur toen dat niet gebeurde. Hoe verder haar succes als kunstenaar nadien toenam, hoe meer ze het begon te wantrouwen. Eigenlijk bestond het niet, dacht ze wel eens, of althans niet op een manier die correspondeerde met wat ze zich daar ooit bij had voorgesteld, toen ze net begon en zich niets hogers en rechtvaardigers kon voorstellen dan erkenning. De som was simpelweg minder dan de delen. Banaler, platter. Oninteressant ook.

Misschien was het decadent om zoiets te beweren, of zelfs maar te denken, maar sinds het succes van *Nothing Personal* wist ze dat wat ze tot die tijd als vanzelfsprekend had beschouwd in feite van wezenlijker belang was dan welke mate van waardering voor haar werk dan ook. Dus begon ze het werken zelf te koesteren, de momenten dat het uit haar leek te vloeien, de waanzin, de dagen dat ze niet meer aan slapen dacht, niet meer aan eten, niet meer aan welk lichamelijk ongemak dan ook. Ja, te werken zonder angst of verlangen naar iets anders: dát was het hoogst haalbare. Hoewel de twijfel en verlamming altijd terugkeerden, was er een stukje dat daar nooit door werd aangetast, een heel klein eilandje dat ternauwernood boven de zeespiegel uit stak. Ze vond het steeds opnieuw, en altijd wist ze weer dat dít het was, dit minuscule stukje land waar leven en kunst samenkwamen en naadloos in elkaar overliepen.

'Met *Nothing Personal* zette ik voor het eerst echt iets op het spel,' zei ze tegen het meisje, dat nog altijd die langzame knikbeweging maakte met haar hoofd. Zo'n hondje, dacht Minnie, zo'n dashboardhondje. 'Het voelde alsof iedereen recht bij me naar binnen kon kijken. Alsof ik letterlijk een stukje van mezelf had weggegeven aan de wereld. Na de opening van die expositie was ik een week ziek. Kotsen, koorts, alles. Ik herinner me dat ik me, rillend tussen twee ijldromen door, afvroeg of het me niet te veel had gekost. Die gedachte was vreemd genoeg bemoedigend. Misschien komt deze staat van totale uitputting nog wel het dichtst in de buurt van puur geluk, dacht ik. En daarna kotste ik weer in de emmer naast mijn bed. Dat was minder verheven.'

Het meisje keek haar aan met een uitdrukking die het midden hield tussen verwarring en ongeloof. God, wat zat ze nu toch allemaal te verkondigen? Ze was niet eens een week ziek geweest, hooguit een paar dagen, en ijldromen bestonden voor zover ze wist alleen in negentiende-eeuwse romans die werden bevolkt door neurotische vrouwen met een onderdrukte seksuele drift. Ze was zich verschrikkelijk aan het aanstellen. 'Kunstenaartje spelen,' noemde ze het als anderen dit deden. Ze had er een hekel aan, dat gekoketteer met ellende, en nu hoorde ze zichzelf precies zo praten.

'Dus u bent eigenlijk alleen gelukkig als u zich niet goed voelt.'

'Nou ja,' zei Minnie. Nu was het haar beurt voor een rood hoofd, niet alleen om de situatie waar ze zich geheel eigenhandig in had gemanoeuvreerd, maar omdat ze zich afvroeg of er een kern van waarheid in zat. Als ze eerlijk was moest ze toegeven dat ze die oude kunstenaar met zijn afgebrande schilderijen best begreep. De ongelukkigste mensen die ze kende, en dat waren er nogal wat, waren voor zover ze het kon overzien ongelukkig omdat ze werden geterroriseerd door tamelijk oppervlakkige ideeën van geluk en, vooral, gelukt zíjn. Ze wilden een geliefde, een carrière, een huis, een kind, maar vergaten dat het allemaal abstracties waren; vage ideeën van vervolmaking die nooit zouden stroken met de grillige werkelijkheid.

Een van de dingen uit haar jeugd die ze zich haarscherp herinnerde was hoe schooljuffen, oppassen en de mannen die haar moeder mee uitnamen haar voortdurend hadden gevraagd wat ze later wilde worden. Dan kreeg ze het gloeiendheet, en hoewel ze ogenschijnlijk makkelijk iets had kunnen verzinnen om ervan af te zijn, schoof er altijd alleen maar een blanco vel papier voor haar geestesoog, zo wit dat het haast zeer deed aan haar ogen, alsof er een licht doorheen scheen dat alle duidelijke vormen uitvaagde. Hierover had ze zich als kind behoorlijke zorgen gemaakt. Ze koppelde het aan alle andere dingen die haar afwijkend aan zichzelf leken – de knik in haar ruggenwervel, waardoor ze altijd een tikje naar links helde, het plakkerige spul tussen haar benen, dat rook naar kaaskoekjes, haar linkshandigheid, de inhalator waarmee ze 's ochtends fijn poeder in haar longen moest zuigen, de traagheid waarmee ze leerde klokkijken, rekenen, veters strikken, en, toen ze iets ouder was: de masochistische neiging om expres aan schoenen met hondenpoep te ruiken en citroenen uit te zuigen – en zo kwam het dat ze als kind met enige regelmaat werd overvallen door de peilloze angst om *helemaal niemand* te worden wanneer ze groot was. Er zou alleen een gat in de vorm van haar lichaam achterblijven, zo stelde ze zich voor, zoals bij Coyote uit *The Looney Tunes* wanneer die voor de zoveelste keer een ravijn in was gestort. Pas toen ze veel ouder was begreep ze dat de meeste mensen in feite zulke gaten waren, netjes uitgesneden in de vorm van zichzelf, niet ingevuld door een toekomst maar erdoor uitgespaard.

'Mensen maken zichzelf ongelukkig door de hele tijd andere versies van zichzelf te willen zijn,' zei ze, 'geslaagdere versies. Ze vergeten dat ze zichzelf niet kunnen weglaten uit de balans die ze in hun hoofd maken. Ze vergeten hun gebreken. En dus' – ze verbaasde zich over de vanzelfsprekendheid waarmee de woorden uit haar mond kwamen, alsof het inderdaad zo was gegaan, alsof een leven kon worden gestructureerd aan de hand van een paar betekenisvolle momenten waarop je bewust een richting in slaat: hier links, daar rechts, geen omwegen – 'heb ik besloten om dat soort geluk maar niet na te jagen. Ik werk gewoon door, en als ik er ziek van word is het misschien de moeite waard geweest.'

Ze wees naar de foto uit 2006, die nog altijd boven haar werktafel hing.

'Kunstenaar tegen wil en dank,' las het meisje hardop.

'Ja,' zei Minnie. '"All that matters is work." Dat zei Andy Warhol tegen Lou Reed en John Cale als ze rondhingen in de Factory en niks uitvoerden. Daar kon hij niet tegen. Warhol was misschien een ijdeltuit, ja, maar wel een hardwerkende ijdeltuit.'

Toen ze het had gezegd betwijfelde ze het of meisjes van zestien in 2011 nog wisten wie Lou Reed en John Cale waren, en plotseling had ze zich oud en vervelend gevoeld, haar stem net zo autoritair als die van haar theoriedocent aan de kunstacademie, die de revolutie predikte onder zijn studenten en hen om de oren had geslagen met Slavoj Žižek en Zygmunt Bauman.

In stilte keek ze toe hoe het meisje driftig het citaat van

Warhol in haar schrift noteerde, *Andy Warhol*, woorden die wijsheden werden omdat iemand ze steeds opnieuw opschreef. Een vermoeidheid overviel haar, alles leek scherpomlijnd en tegelijk wazig, de ernstige blik van het meisje een felle lamp waar ze zwarte vlekken van op haar ogen kreeg.

'Sorry,' zei ze, 'mijn tijd is nu op.'

De rest van de middag had ze geslapen op de sofa in haar atelier. Toen ze tegen de avond wakker schrok, had ze zich een vreselijk moment lang niet herinnerd wie ze was, waar ze was, wat ze daar deed. In de uren daarna was er een residu van verlies in haar achtergebleven, alsof ze net zo goed niet had kunnen bestaan, of op heel andere manieren.

EIND 2007 HAD Minnie, min of meer van de ene op de andere dag, besloten al haar bezittingen te koop te zetten. Het was begonnen met haar imitatie-Versacebank; een gruwelijk ding – blauw satijn met een opdruk van Franse lelies – van onwaarschijnlijke omvang dat ze eens in een opwelling op eBay had gekocht. Ze was er dol op geweest, de protserige decadentie ervan, de uitgesproken lelijkheid die hoorde bij de smaak van een bepaalde klasse die snel rijk was geworden en voor wie die nieuwverworven rijkdom synchroon liep met alles wat groot, glanzend en zacht was – en snel, natuurlijk, waar het voertuigen betrof. De bank was, al met al, een door en door ironisch object. Iedereen had om het ding moeten grinniken; men begreep hoe de lelijkheid werd opgeheven door de context, zodat er nu zelfs schoonheid van uitging, al was het dan de pretentieloze schoonheid van een logge oude hond.

Het wegdoen van de bank was een direct gevolg geweest van banaal maar daarom niet minder wanhopig liefdesverdriet, van het soort dat de meeste mensen misschien één of hooguit twee keer in hun leven ondergaan, en dat nauwelijks in verhouding tot het verlorene staat – al is dat natuurlijk iets wat pas kan worden vastgesteld wanneer het verdriet is gereduceerd tot een compacte herinnering die in niets meer lijkt op het verdriet zelf, zoals het navertellen van een boek in de verste verte niet de sfeer van dat boek kan oproepen.

De verloren geliefde in kwestie was een documentairemaker die zichzelf en andere filmmakers steevast 'makers' noemde, en de filmacademie waar hij ooit was afgestudeerd aanduidde als 'De Academie' alsof dat het enige was wat je zou kunnen doen: films maken. Hij had een fascinatie opgevat voor 'verdwijnende gemeenschappen' en verdween zodoende vaak maandenlang van de radar, op zoek naar authentieke mensen met door zon en kou gelooide gezichten, die ondanks een leven vol verlies en armoede, en ondanks het onvermijdelijke binnendenderen van de moderne wereld, taai hun bestaan voortzetten of daartoe althans moedige pogingen ondernamen. In de bergen van Bosnië had hij zichzelf een winter lang laten insneeuwen met tien dorpsbewoners en een kudde schapen; boven de poolcirkel trof hij een handjevol Siberische Toendra-Joekagieren met een ternauwernood uitgestorven taal, en in de Belgische Ardennen stuitte hij bij toeval op een dorp van zulke fenomenale *tristesse* dat hij na terugkomst bijna verzoop in de meer dan honderd uur film die hij bij elkaar had geschoten. Zijn grote voorbeelden waren Victor Kossakovsky en de gebroeders Dardenne (het vroege werk, niet de latere kitsch), en buiten dat was hij een romanticus die binnen een minuut verliefd kon worden op een vrouw maar zijn interesse algauw verloor wanneer zijn verliefdheid werd beantwoord en de vrouw in kwestie onbenullig genoeg was om te veronderstellen dat zíj degene was naar wie hij zou terugkeren. Dit alles overkwam Minnie, juist toen ze haar eerste bescheiden succes boekte als zelfstandig kunstenaar en in de veronderstelling verkeerde eindelijk over een min of meer compleet zelfbeeld te beschikken, genoeg althans om een globale inschatting te kunnen maken van wat ze zich wel en niet zou laten welgevallen. Och, hoe ze het mis had gehad!

Extase kon elk moment omslaan in angst, die zichzelf voedde met nog meer angst tot het volgende moment van extase. Ze zweefde, wetend dat de zwaartekracht haar ieder moment naar beneden kon trekken, wetend, ook, dat het geen zachte landing zou worden. Godverdomme, dacht ze, wanneer ze haar neus diep in het matras stak om te ruiken wat van zijn geur was achtergebleven: alle clichés waren zo teleurstellend wáár. Als hij op reis was miste ze hem zo erg dat haar leven werd opgesplitst in een buitenkant die voortleefde terwijl ze vanbinnen alleen maar kon wachten op zijn terugkomst. Het tragische was natuurlijk dat zijn terugkomst nooit genoeg was; zijn aanwezigheid woog simpelweg niet op tegen het missen, en als hij naast haar in bed lag te slapen terwijl zij klaarwakker was, verlangde ze ernaar weer alleen te zijn, zodat het missen opnieuw kon beginnen en ze tenminste de illusie in stand kon houden dat het idee van liefhebben strookte met iets wat in het echt bestond.

Waar ze al die tijd bang voor was geweest gebeurde: op een gegeven moment raakte het uitgeput, zoals iets met heel kleine hapjes uitlepelen ook niet tegengaat dat er uiteindelijk niets meer uit te lepelen valt. Ze zaten in een groot, licht Amsterdams restaurant – een van de vele omgebouwde fabriekshallen die de stad rijk was, en waar men een hernieuwd respect had voor mens, dier en seizoen – en Minnie had geen hap door haar keel gekregen, terwijl hij praatte over de laaiend enthousiaste ontvangst van zijn laatste film op diverse festivals en ondertussen smakelijk van zijn piepkuiken at, om vervolgens ook de nagenoeg onaangeraakte varkensprocureur van haar bord te eten. (Hij was een echte bourgondiër, net iets te zwaar ook, en dit had Minnie mateloos gecharmeerd, althans, tot dit moment, waarop ze er ineens een hekel aan kreeg.)

Hoe meer hij praatte, hoe verder Minnie verdween. Ze had net zo goed de stoel kunnen zijn, dacht ze – niet zonder gevoel voor pathetiek –, of de pijpleidingen die over de ruwe bakstenen muur liepen.

Na het eten was hij naar buiten gelopen om zijn producent te bellen. Als hij langer dan tien minuten wegbleef, beloofde ze zichzelf, zou ze zich uit de voeten maken. Ze staarde naar de wijzers van de grote stationsklok aan de muur en bedacht dat ze het geld op tafel zou leggen, alleen haar eigen deel of juist alles, en rustig zou weglopen, het drama in het ontbreken ervan. Toen hij na zeven minuten terugkwam, een espresso bestelde en voorstelde bij haar te gaan slapen, haatte ze hem, maar boven alles zichzelf, omdat ze dwars door hem heen prikte (dit was schokkend eenvoudig) en alsnog geen verweer had, alsof ze verdomme Stephen Hawking was of die man uit *My Left Foot* of welke verlamde idioot dan ook.

Twee dagen later belde hij bij haar aan om haar mede te delen dat hij wegging, hij hield, dacht hij, niet genóég van haar, het was niets persoonlijks, eigenlijk hield hij niet al te veel van mensen, of althans niet in die zin dat ze iets van hem moesten verwachten. Hij was van plan om binnen afzienbare tijd te vertrekken naar het plaatsje Point Hope in Alaska, een schiereiland in feite, waar een gemeenschap van Inuit leefde die éëns per jaar een walvis ving die hen voorzag van, nou ja, alles eigenlijk. Fascinerend genoeg verdween het schiereiland steeds verder onder water, de hele Arctische kustlijn erodeerde door de smeltende ijskappen bij de Noordpool, zodat die bewoners steeds gedwongen werden zich naar een ander punt van het eiland te verplaatsen. Omdat alle jonge Eskimo's met een studiebeurs naar de bewoonde wereld vertrokken, kampte de gemeenschap ook nog eens met een acuut vergrijzingsprobleem. Daarbij moest je optellen dat de hele walvisvangst natuurlijk überhaupt een taboe was geworden, kortom, als hij nu niet zou gaan kreeg hij de kans waarschijnlijk nooit meer. Op dit punt had Minnie hem verzocht dan ook maar meteen háár huis te verlaten, ze zag hem wel weer eens, of niet natuurlijk, mocht het toevallig net heel rap gaan met dat verdrinkende eiland.

Ze keek hoe hij in het trapgat verdween. Benen, schouders, hoofd. Pas toen was haar het doorzichtige plastic tasje in zijn hand opgevallen. Een zwembroek en een handdoek. Hij had van tevoren bedacht dat hij hierna zou gaan zwemmen, vlug nog, voordat het banentrekuurtje voorbij zou zijn. Dit simpele feit was zo ontluisterend dat ze nog minutenlang in de deuropening bleef staan, zonder dat ze in staat was, zonder dat het zelfs maar in haar opkwam, zich te verplaatsen. Vijftig baantjes, dacht ze, een halfuur. Meer had hij niet nodig om haar van zich af te spoelen. Het was niets persoonlijks.

De volgende ochtend had ze de bank te koop gezet. Het liefdesverdriet duldde geen ironie en ook geen zachtheid, het was een ondubbelzinnige en tamelijk humorloze gemoedstoestand die zichzelf het liefst in de hele wereld geprojecteerd zag.

Binnen een dag werd het ding gekocht door een middelbaar homostel uit Amstelveen, dat het kwam ophalen in een oude Mercedesbus die overduidelijk niet van hen was. Ze leken op elkaar en op Woody Allen, dacht Minnie, en in een impuls maakte ze een foto van het stel met haar bank. Toen de mannen ermee wegreden voelde ze voor het eerst in dagen helemaal niets, en een paar uur lang was het haar gelukt adem te halen zonder dat het leek alsof ze iets groots en hoekigs had ingeslikt dat was blijven steken in haar slokdarm.

Het contante geld dat de mannen hadden betaald zat in keurige briefjes van twintig en vijftig in haar portemonnee. Het kwam Minnie voor dat de bank zichzelf op een mysterieuze manier had getransformeerd tot dit briefgeld, een klein wonder dat haar deed denken aan de allereerste keer dat ze haar eigen geld had verdiend, in de benauwde keuken van een tapasrestaurant. Ze was vijftien geweest, maar omdat ze met haar één meter drieënvijftig en haar spichtige lichaam nog altijd door kon gaan voor een twaalfjarige hadden ze haar niet willen aannemen in de bediening. Wel als afwasser. Twee avonden per week, direct uit school, schraapte ze aangekoekte aioliresten van borden, viste ze slappe calamaresringen uit de frituur en luisterde ze naar een cd van de Buena Vista Social Club die op *repeat* stond en steeds op hetzelfde punt haperde, zodat de serveersters in hun rode zweetblousejes zich eens per uur naar de cd-speler moesten haasten om de boel weer in beweging te zetten. Iedere week kreeg ze een gevuld envelopje met haar naam erop overhandigd, en wanneer ze naar huis fietste, stinkend naar gamba's en frituurvet, voelde ze hoe de vorm van de envelop in haar broekzak bijna obsceen tegen haar dijbeen drukte.

Het was haar eerste kennismaking geweest met een wereld die uitsluitend volwassenen toebehoorde, en het mysterie van arbeid, geld en erotiek trok haar aan als een machtige magneet. Hoewel het nog ruim een jaar zou duren voordat ze een eerste halfslachtige poging tot seks ondernam – en daarna nog een hele poos voordat ze begreep dat het méér kon inhouden dan een beverig voorspel resulterend in trillende jongenshanden die een condoomverpakking openscheurden – wist ze sinds die eerste salarisenvelopjes dat het spel der volwassenen een economisch spel was, waarin alles een kwestie was van grootheden die tegenover elkaar werden gezet, geruild, gespiegeld, getransformeerd tot iets met meer waarde.

In de dagen na de verkoop van de bank zette ze nog een aantal dingen te koop: een staande lamp, een glazen salontafeltje, de twee Pastoestoelen die ze had gekocht van de opbrengst van *Bestaat Minnie Panis?* Dat ze met íéts bezig was had ze pas in de gaten toen een bevriende videokunstenaar verbaasd had rondgekeken in haar woonkamer en vroeg waar haar meubels waren gebleven. Ze probeerde de woonkamer door zijn ogen te zien. Een tafel zonder stoelen, een gat op de plek waar de bank had gestaan. Meer nog dan de meubels ontbrak er iets anders, iets wat minder met de spullen zelf te maken had dan met een gebrek aan logica, een schakel in de keten van oorzaak en gevolg. *Wat is er in godsnaam met haar aan de hand?* Zijn verontrusting beviel haar, en de gedachte die in haar opkwam was zo dwingend dat ze haar hartslag voelde accelereren in haar borst. Zou het haar lukken álles te verkopen wat ze bezat? Had iemand dat ooit geprobeerd?

Het project nam maanden in beslag. Ze zette haar spullen op diverse websites, voerde correspondenties met de meest uiteenlopende mensen en documenteerde alles met de precisie van een rechercheur die een moordonderzoek leidt. Sommige spullen waren haast onverkoopbaar – ondergoed, boeken, cd's, halfvolle tubes en potjes dag- en nachtcrème, voetenzalf, shampoo, haarspray – maar uiteindelijk verkocht ze alles behalve haar bed, een deken, een paar kledingstukken en een tandenborstel. Ze verbaasde zich erover hoe weinig moeite het kostte zich los te maken van de meest persoonlijke objecten die ze bezat. De gesigneerde zeefdruk van Ger van Elk, zeldzame kunstboeken, een zilveren bekertje met daarin haar eerste gewisselde melktandje: alles ging zonder omhaal de markt op, al die opgelegde nostalgie in ruil voor heldere cash. Het leek haar een uitstekende deal. Toen ze als laatste daad van onthechting haar paspoort verkocht aan een Roemeen in een woonwagenkamp aan de rand van de stad (aan de ketting van zijn kar een grauwe hond en in zijn mond de glinstering van een gouden hoektand, omdat de werkelijkheid zichzelf vaker modelleert naar de fictie dan andersom), lag het liefdesverdriet eindelijk achter haar. Het was alsof ze haar hele leven in een grote kuil had gegooid die ze nu alleen nog maar hoefde dicht te maken en aan te harken.

Deze illusie hield zichzelf niet al te lang in stand, zo makkelijk kom je nu ook weer niet van jezelf af, maar toch ving ze een glimp op van de absolute vrijheid die zich ontvouwt aan degenen die niets te verliezen noch te verlangen hebben.

Ze maakte een selectie uit de honderden foto's van haar spullen, e-mails en notities die ze in de loop der maanden had opgetekend. Achter de korte stop-motionfilm van haar steeds leger rakende huis plakte ze de voice-over van een film over de verdwijnende kustlijn van Zuid-Louisiana en de gevolgen van orkaan Katrina. ('Southern Louisiana is one of the fastest disappearing land masses on the globe. A football field of land disappears every 45 minutes. An area the size of Delaware has eroded since the 1930's...') Het resultaat hield het midden tussen een dagboek, een proces-verbaal, een natuurdocumentaire en een veilingcatalogus. Dit kon wel wat worden, dacht ze, al had ze zoals altijd geen idee waarmee dat 'wat' gespecificeerd zou moeten worden.

'IK WEET NIET wat dit is,' zei haar agent, wijzend naar het materiaal dat voor hem lag uitgespreid over de vloer van haar atelier.

Het was een van de eerste lentedagen van 2008, vroeg in april, van de ene op de andere dag had je het kunnen ruiken in de lucht, subtiel maar onmiskenbaar: voorjaar. Drie nachten daarvoor was Minnie wakker geschrokken uit een nachtmerrie waarvan ze zeker wist dat ze hem eerder had gehad, misschien als kind, de angst had in elk geval kinderlijk aangevoeld, groots en allesomvattend. In de droom was ze een visachtig wezen dat onder water zwom, met glanzende schubben en vinnen en zwarte ogen aan weerszijden van haar kop. Plotseling kwam ze erachter dat ze helemaal geen kieuwen had. Hoelang had ze al geen zuurstof binnengekregen? In paniek was ze naar boven gezwommen om lucht te happen, maar stootte met haar vissenkop tegen een dikke laag ijs die over het water lag. Keer op keer ramde ze met haar schedel tegen de massa, die geen sjoege gaf en steeds dikker werd, om haar heen groeide, nee, dwars dóór haar heen groeide, zodat al het vocht in haar lichaam langzaam bevroor en ze stijf en hard werd als een zalmfilet uit het vriesvak. Vlak voordat ze wakker werd was er iets door haar harde vissenlijf heen geflitst, de aanzet van een gedachte, iets wat belangrijk leek maar vervloog toen ze het probeerde vast te houden. Zweetdruppeltjes parelden tussen haar borsten, de zure lucht van speeksel op haar hoofdkussen. Gedesoriënteerd stapte ze uit bed. In de badkamer gooide ze een plens water in haar gezicht. Had ze nog een spiegel gehad, dan had ze zichzelf waarschijnlijk een tijdlang aangestaard, maar het punt was dat ze niets meer had, alles was weg, verkocht, opgemaakt. Haar huis was hol als een walvissenkarkas van honderd vierkante meter. De gordijnloze ramen waren veranderd in zwarte gaten waar de nacht meedogenloos door naar binnen viel, ogen die haar van alle kanten aanstaarden. *Waar ben je in godsnaam mee bezig?* In allerijl was ze naar haar atelier gefietst, waar ze zich twee dagen lang opsloot zonder zich zelfs maar op de binnenplaats te vertonen. Als een dolle hond rende ze eerst een tijdje rond, zigzaggend tussen al het materiaal. Vervolgens had ze urenlang op een stoel in de hoek van de ruimte gezeten, hoofd in haar handen, te bang om op te kijken. Ze had zeker geweten dat het allemaal voor niets was geweest, dat het onzin was, incoherent en – *the horror* – pathetisch knutselwerk. De fik erin, dacht ze bij zichzelf, en voor het eerst had ze zich er daadwerkelijk toe in staat geacht.

Alsof hij het aanvoelde had toen haar agent gebeld. Minnie drukte hem twee keer weg, maar had bij de derde keer opgenomen, zoals hij wist dat ze zou doen. Ze vertelde hem rustig dat alles helaas op een mislukking was uitgelopen, het zij zo, hij hoefde voorlopig niets te verwachten, waarop hij had geantwoord dat hij binnen een kwartier ter plekke zou zijn. Anderhalf uur later bonsde hij op haar deur.

Nu nam hij een slok van de Sancerre die hij gekoeld en al had meegebracht. Zorgvuldig liet hij de wijn rondgaan in zijn mond. Door zijn tanden zoog hij een teug lucht naar binnen.

'Uitstekende wijn, sodeju. Hoogstpersoonlijk tien dozen bij die Franse boer vandaan gehaald, schandalig goedkoop natuurlijk. Hij gaf me nog een extra fles in de hand mee, wijn zat. Zag eruit als een arme sloeber met een drankneus en een bierbuik, maar dat type had mooi een villa, een twintig jaar jongere vrouw en een schitterende kleindochter van drie. Die man leefde als een god in Frankrijk, ha! Wat dit betreft,' hij maakte een wapperende handbeweging in de ruimte, 'dit is absoluut fantastisch. Je beste werk tot nu toe. *No kidding.*'

Hij nam nog een flinke slok van de wijn, ogen gesloten in een kwart waarachtige en drie kwart gespeelde extase. Bij het openen maakte hij een luide 'ah'.

'Iedereen weet dat de kunstwereld ziek is,' vervolgde hij, de wijn een steeds wildere kolk in zijn glas. 'Kunstenaars sluiten zich op in muffe kelders zonder ramen, waar het stinkt naar hun eigen oudbakken, gerecyclede zweet. Zweet waarvan? *Hard labour*? Niks daarvan. Gewoon ordinair koortszweet. De koorts van hun eigen overbodigheid, die ze overigens geheel en al aan zichzelf te wijten hebben. Wat moet het publiek met de zoveelste veel te dure *rip-off* van Beuys, Hirst, Koons, Ofili, Andres fucking Serrano? Wat moet het publiek met de ingekakte Biënnale van Venetië? Wat moeten mensen die geen Jay-Z of Beyoncé heten op de Art Basel Miami? Ga toch weg met je gemuteerde maagd Maria, je bloed, je pis, je olifantenschijt, je dooie kat en je opgedroogd sperma! Het is een fucking *disgrace*, je krijgt al het schaamrood op je kaken bij de gedachte dat je aan de hardwerkende middenstand moet uitleggen dat dáár hun belastinggeld heen gaat, naar dat stelletje middelmatige grappenmakers dat zijn eigen laatste stuiptrekking nog voor provocatie durft te houden. Kunst is het nieuwe vastgoed, een belegging voor Russische oligarchen, hiphoppers en kindsterretjes. Kijk Charles Saatchi aan de zijlijn staan te lachen in zijn vuistje! Het is te triest voor woorden, Panis, maar dit hier, dít,' hij raapte een willekeurig vel van de grond, een foto van een dikke vrouw uit Amsterdam-Noord die Minnies complete dvd-collectie had opgekocht, 'is geen natte scheet die wordt toegevoegd aan de toch al bedompte kelderlucht, nee, dit is ten minste een windvlaag die de luiken doet piepen in hun scharnieren. *Fresh air!*'

Hierop gooide hij het vel in de lucht, dat langzaam als een veertje naar beneden dwarrelde. Hij barstte uit in een volle lach. Minnie had hem nog nooit zo meegemaakt. Ze had geen flauw idee of hij haar in de maling nam, met zijn windvlaag, maar veel tijd om daarover na te denken kreeg ze niet want hij was alweer voortgeraasd. De stoom kwam nog net niet uit zijn oren, al scheelde het niet veel.

'Ik meen het, Panis. Dit hier is ironie van een hogere orde, en verwar het verdomme niet met cynisme. Cynisme is de bloedkanker van de kunst, de ouwelijkenlucht die opstijgt uit de poriën van een organisme dat zichzelf voorhoudt nog in leven te zijn. Het is toch niet te harden, zeg.'

Van bedompte kelderlucht naar ouwe lijken, het ging met de minuut slechter met de kunst. Het glas had hij inmiddels in Minnies hand geduwd en nu beende hij druk gesticulerend door de ruimte, alsof hij bezig was van de lucht zelf een sculptuur te maken.

'En dan bedoel ik dus óók niet dat lamlendige sarcasme dat men te pas en te onpas in de mond neemt alsof het de lul van de eerste de beste pornoacteur is' (een verrassend gedetailleerd beeld van een pornoactrice die door twee mannen tegelijk werd genomen en ondertussen haast kokhalsde van een derde penis die in haar keel werd geschoven drong zich aan Minnie op. Porno als bio-industrie en de mens als plofkip) 'terwijl ironie het kloppende hart, of liever gezegd: het kloppende lid van alle kunsten zou moeten zijn. Wel eens van de uitdrukking "oprecht veinzen" gehoord?'

Minnie begreep dat de vraag retorisch was en zweeg.

'Komt van een dooie schrijver. "We doen net alsof we weten waar we het over hebben, en we vergeten geen moment dat we maar doen alsof." Slimme vent. De onwetendheid moet oprecht zijn, dáár gaat het om. Je kunt daarna veinzen zoveel je wilt, maar het glas moet wel beslagen raken, zie je?'

Hij trok zijn glas weer uit Minnies hand, dronk er de laatste slok uit en begon er als een bezetene in te hijgen. Buiten adem stak hij zijn trofee de lucht in.

'Het glas?'

'Het glas, de ruit, het venster, whatever. De kunst moet laten zien dat het kunst is. Ze moet zichzelf binnenstebuiten keren. Weg met de coulissen, het voyeurisme, de methodacting. De riolen moeten onder het plaveisel vandaan komen.'

'Ik dacht dat je net zei dat het juist te erg stonk,' zei Minnie, wetend dat ze hem hiermee irriteerde. Natuurlijk begreep ze wat hij bedoelde, ze begreep precies wat hij bedoelde. De naïviteit die ze veinsde was een pleziertje dat ze zichzelf vaker gunde wanneer mensen – mannen – fulmineerden tegen de wereld alsof ze de eerste mens in de geschiedenis waren die zich ergens over opwonden.

'Godsamme, Panis,' hapte hij, 'er is een verschil tussen de metastank van kunst en de hoogstnoodzakelijke stank van elk individueel kunstwerk. Een drol hoort te stinken, een toilet niet. En dus ook niet naar luchtverfrisser. Anyway, ik probeer je hier te complimenteren, als je dat nog niet doorhad. Mensen emmeren voortdurend maar over gevaarlijke kunst, maar wat is gevaarlijke kunst?'

De vraag was opnieuw retorisch. Op dramatische wijze greep hij haar beide schouders beet en bracht zijn gezicht vlak bij het hare. Ze zag de afzonderlijke poriën in zijn neus, een vettig maanlandschap in close-up. Ze had zin erin te drukken met haar vingers. Dunne sliertjes vet die eruit omhoog zouden kruipen als maden uit een kadaver.

'Dít hier is gevaarlijke kunst! Niet omdat ze iemand in gevaar brengt, maar omdat de kunstenaar zichzelf verdomme in gevaar brengt. Omdat het werk kwetsbaar is en niet onaantastbaar als een met pis overgoten Christus of, weet ik veel, een platina schedel met zesentachtighonderd-nog-wat diamanten.'

'Daar was anders best veel ophef over destijds, meen ik me te herinneren.'

'Ophef! Wat heeft dat met kwetsbaarheid te maken? Nada! Het is de grootste misvatting van de twintigste eeuw, en trouwens ook van de eenentwintigste *so far*, dat kunst altijd maar alles moet ontmaskeren. Een religieus icoon ondergedompeld in urine ontmaskert het geloof als kitsch en een schedel van vijftien miljoen laat zien dat we met z'n allen proberen onze sterfelijkheid af te kopen. Vind jij dat interessant? Schei toch uit, als kunst tot één zo'n lullige uitspraak gereduceerd kan worden is het toch godverdomme geen gevaarlijke kunst. Al die zogenaamde ontmaskering is niets meer dan plichtmatige ambitie, aangeleerd op kunstacademies vol docenten die cynisme tot religie hebben verheven en deconstructie verkondigen alsof ze de apostelen van een nieuwe wereld zijn, geen seconde beseffend dat ze niet alleen op een zinkend schip zitten maar dat ze het zelf aan het zinken hebben gebracht. Mijn god, gelukkig wordt er nog goede wijn gemaakt.'

Hij trok de koelkast open en schonk zijn glas tot ver boven de geijkte hoeveelheid vol. Deze man was in maar weinig opzichten gematigd, dacht Minnie. Ze keek hoe zijn adamsappel op- en neerging bij het slikken, alsof hij het leven zelf probeerde op te drinken. Iets in de beweging ontroerde haar. Misschien was het de onwillekeurigheid van de lichaamsfunctie.

'Hetzelfde geldt trouwens voor al die politieke post-9/11-kunst,' vervolgde hij, rustiger nu, leunend tegen de deur van de koelkast. 'Uitzonderingen daargelaten is engagement zo verschrikkelijk sáái geworden. Een invuloefening voor politicologiestudenten, en soms nog minder dan dat, omdat de betekenis met rode letters en loeiende sirenes over het kunstwerk is gekwakt. Een muur van jerrycans getiteld *Israel & Palestina*? Hou toch op, zeg. Laatst hoorde ik iemand in alle ernst praten over *feelgood idealisme*. Kunstenaars die staan te koken in musea voor 'de ander', dat werk. Het zou me niet verbazen als ze straks condooms gaan punniken voor Ethiopië of, weet ik veel, een eiland in de Noordzee aanleggen voor alle uitgeprocedeerde asielzoekers. Gezellig! Enfin, mijn punt is: kunst zou weer een maskerade moeten zijn. Geheimzinnig, verhullend en per definitie niet te reduceren tot een of andere elevatorpitch, of welke infantiele term er tegenwoordig ook uit de reclamewereld is overgewaaid. Ik wil niet ongemakkelijk worden omdat de wereld wordt ontmaskerd, maar omdat ik met mijn eigen ongemak iets aan moet. Omdat ik naar een kunstwerk kijk dat zelf óók niet precies weet wat het is, en zich daarmee voor de verandering eens oprécht tot de wereld verhoudt. De kunst die ik wil zien is jóúw kunst, Panis. Dit hier' – hij zwierde met het glas door de ruimte, de wijn klotste alle kanten op, een spoor van druppels achterlatend op de vloer en zijn eigen schoenen – '... is een verdomd vreemde botsing van idioot persoonlijke troep met beelden die net zo droog zijn als een drie dagen oude boterham, kortom, het klopt allemaal totaal niet, maar dan wel op een kloppende manier. Hoe zullen we het noemen?'

Nothing Personal werd een tentoonstelling in het Gemeentemuseum Den Haag, met bijbehorend boek. Minnie, die nooit had begrepen waarom conceptuele kunst altijd gepaard moest gaan met lappen onleesbaar jargon, hield de begeleidende tekst summier.

> Op 3 november 2007 werd Minnie Panis verlaten door haar geliefde. Hij vertrok naar een zinkend eiland boven de poolcirkel en zij zette haar bankstel te koop. Vijf maanden later had ze alleen nog een bed, een paar kledingstukken en een tandenborstel over. Bij haar weten zit haar ex nog altijd op het eiland, al dan niet met natte voeten.

'*This kid is a genius*,' zei haar agent tijdens de opening tegen iedereen die het maar horen wilde, '*a fucking genius*.'

Het succes was onverwacht, maar – zoals altijd alleen achteraf over zulke dingen kan worden gezegd – ook volkomen vanzelfsprekend. Iedereen leek iets van zichzelf terug te vinden in het werk, dat volgens bezoekers en kunstcritici het particuliere van haar liefdesleven ontsteeg en 'een universele boodschap van menselijke bevrijding' in zich droeg.

In een interview met een toonaangevend kunsttijdschrift

vertelde Minnie dat de échte ontdekking van dit project niet die van vrijheid was geweest, maar eerder van onvrijheid, namelijk de onvrijheid die is verankerd in de mens zelf. Toen de journalist haar had gevraagd waarááan de mens dan volgens haar was vastgeketend, had ze haar antwoord kort, bondig en bij nader inzien wat pompeus geformuleerd, zodat het in vette letters boven het artikel kwam te staan: het leven en de zwaartekracht.

'*Nothing Personal* intrigeert op meerdere niveaus,' stelde een bejaarde museumdirecteur vast in zijn wekelijkse en tamelijk chaotische krantenrubriek over kunst:

> In de eerste plaats is het een extreem intiem en rauw zelfportret van een vrouw op zoek naar de uiterste consequenties van haar liefdesverdriet. Daags na het vertrek van haar geliefde vraagt ze zich af of het zou lukken haar 'hele leven te koop te zetten', teneinde 'in de gespiegelde leegte de hele teringzooi maar gelijk op te heffen'. De lezer van deze dagboekachtige notities voelt zich een voyeur van andermans leven, een heimelijke gluurder, totdat hem (m/v) het ongemakkelijke gevoel bekruipt dat hij net zo zichtbaar is als de kunstenares zelf, en bovendien schoorvoetend moet toegeven dat hij ongecensureerd bij zichzélf naar binnen staat te kijken.
>
> Aan de hand van haar spullen reconstrueert en deconstrueert Panis haar leven. Het bezoek aan de tentoonstelling en het bladeren door bijbehorend boek voelt een beetje alsof je het forensisch rapport doorspit van een patholoog-anatoom: bewijsstukken die min of meer toevallig aanwezig zijn, maar niettemin uiterst zorgvuldig en objectief gedocumenteerd dienen te worden. Dáár is het waar Panis zich een meester toont: haar kunst lijkt persoonlijk, op het exhibitionistische af, maar uiteindelijk moet je concluderen dat je niets wezenlijks over haar te weten bent gekomen. Wat overblijft is een leeg huis, en een paar melktandjes die van iedereen hadden kunnen zijn. De kunstenares is verdwenen, uitgevlakt tegen de witte achtergrond van haar gestripte huis.

GROF GEZEGD, DACHT Minnie, kon je de mensheid opdelen in twee categorieën, waarvan de eerste structureel een kwartier later kwam dan de afgesproken tijd, en de tweede standaard een halfuur uittrok voor een reis die onmogelijk langer dan tien minuten in beslag kon nemen. Dit algehele gebrek aan inschattingsvermogen had ze altijd iets tragisch gevonden, niet omdat punctualiteit haar zo'n belangrijke deugd leek, maar vanwege het volstrekte onvermogen van de mens om tijdsbeleving te synchroniseren met werkelijke tijd. Ze had eens gelezen over een Fransman die zich meerdere keren maandenlang had schuilgehouden in grotten diep onder het aardoppervlak. In naam der wetenschap en met steun van de NASA onderzocht hij of zijn biologische klok klopte met de werkelijke tijd, maar telkens had hij daarin jammerlijk gefaald. Tegen het einde van een zesmaands experiment in een Texaanse grot maakte hij compleet willekeurige 'dagen' door, variërend van achttien tot tweeënvijftig uur, en toen hij per ongeluk zijn enige vriend, een kleine muis die zo af en toe door zijn spullen kwam snuffelen, had doodgedrukt in een poging hem tot zijn huisdier te maken, overwoog hij zichzelf van het leven te beroven.

Toen Minnie dus die derde januari opnieuw bij het kantoor van Specht & Vink aankwam, op haar telefoon keek en zag dat ze meer dan tien minuten te vroeg ter plekke was, had ze dit een wat treurige constatering gevonden: alsof ze na bijna dertig jaar leven nog altijd iets elementairs niet onder de knie had, en faalde namens de gehele mensheid.

Onder de goudbeletterde gevel van het kantoor rookte ze een sigaret, en toen nog een. Ze staarde naar de overkant van de gracht, waar de bestrating was weggehaald en mensen langzaam tegen de wind in over geïmproviseerde vlonders in het zand hobbelden. Een dag eerder had een storm met windkracht negen over de stad geraasd. Fietsen hingen met geknakte wielen in rekken, takken zo groot als halve bomen versperden de weg en iedere straathoek lag bezaaid met afval dat was onttrokken aan stadsprullenbakken en vuilcontainers. Iemand – of íéts? hoe werkte zoiets? – had vergeten de straatlampen uit te zetten die, gespannen aan kabels boven de tramlijn, heen en weer zwiepten in de wind. Het licht van de lampen liet de lucht grijs en zwaar achter, alsof ze het daglicht zélf hadden geabsorbeerd en dat nu weer probeerden uit te zenden. Ze kon niet inschatten of het een goed of slecht teken was voor het nieuwe jaar, maar besloot dat het met onstuimigheid beide kanten op kon.

Ze dacht erover een derde sigaret op te steken, nu ze daar toch stond, starend in het water van een gracht in een stad die verward was, een wereld die verward was, mensen die maandenlang in tentenkampen sliepen op Wall Street en het Beursplein, dromen van democratie en gratis Ben & Jerry's. *We are the 99 %.*

Drie januari, drie sigaretten. Wie op zoek was naar symmetrie vond die altijd.

Ze was nerveus.

Sinds die nacht in augustus had ze de fotograaf niet meer gezien. Alles wat er in de aanloop te bespreken was geweest had telefonisch gekund.

Een week daarvoor, in de vroege ochtend van oudejaarsdag, had hij haar gebeld met de mededeling dat hij zich terugtrok. Hij kon er niet aan beginnen, het zou hem belachelijk veel tijd kosten, hij kon toch niet dag en nacht in de gaten houden waar ze was, als hij dat had gewild was hij wel bij de paparazzi gegaan. Ze liet hem praten, wierp geen enkel tegenargument op, en aan het einde van zijn monoloog had ze hem diep horen zuchten. 'Oké,' zei hij, 'ik doe het, maar vraag me niet waarom. Vraag me in godsnaam niet waarom.'

De volgende dag had ze hem teruggebeld. Er stond een studio leeg verderop in haar straat, een buurman die tonnen verdiende met managementboeken en afwisselend in Amsterdam en op Bali woonde. Ze kon zijn studio in februari en maart huren. 'Dan hoef je niet in je auto te slapen,' zei ze. 'Vanuit het raam kun je mijn raam zien. In theorie zou je me kunnen neerschieten, als zo'n scherpschutter die een terrorist neerschiet, of de president. Gerechtigheid is natuurlijk vanaf verschillende kanten te benaderen.'

'Een sluipschutter,' zei de fotograaf. 'Scherpschutters opereren in groepen. Wist je dat ze geweren gebruiken waarbij je elk patroon handmatig moet herladen? Dat is stabieler wanneer je de trekker overhaalt.'

'Dan moet je goed mikken,' zei Minnie.

'Volgens mij ben jij net zo dodelijk als Ljudmila Pavličenko, kiddo. Wie zegt dat jij mij niet eerst beschiet?'

Ze was er de afgelopen dagen zeker van geweest dat hij zou komen opdagen bij de notaris, maar nu het vijf minuten voor de afgesproken tijd was leek het haar ineens onwaarschijnlijk. Niet om een specifieke reden (hoewel er redenen te over waren), maar omdat ze het zich niet kon voorstellen dat hij ook nog als iets anders bestond dan een serie herinnerde indrukken en een stem aan de telefoon.

Ze stak een derde sigaret op en deed haar best lange, rustige halen te nemen. Ze was het niet gewend zoveel achter elkaar te roken en de koolmonoxide maakte haar benauwd. Hoewel ze als kind officieel over haar astma was heen gegroeid, leek het haar longen nog altijd moeite te kosten bij elke ademhaling genoeg zuurstof uit de lucht te filteren. Adem, dacht ze vaak, adem, adem, adem. Waarom ging dit zo automatisch bij anderen?

'Minnie.'

Een hand op haar schouder, zijn gezicht voor het hare.

Hij bestond dus nog altijd in het echt. Een levend mens dat eet en poept en slikt en slaapt. Ze kon hem ruiken, een huidgeur en iets anders, donkers, wat haar deed denken aan zijn beroep. Hij droeg een jas van zwart vilt, een te dunne broek voor het seizoen, All Stars. Minnie herinnerde zich de nagels van zijn grote tenen, die hij goud kleurde omdat ze verkalkt waren. Iedereen had een eigen oorlog te voeren.

Hij keek haar lang aan, onderzoekend, alsof hij een waarheid over haar zou vinden in haar gelaatstrekken. Ze wist nooit of het een fotografenblik was of een pose. Misschien was het wel allebei, was hij wel allebei: een echt mens en een parodie op een echt mens. Hij had een baard van een paar dagen en de absoluut donkere ogen van iemand die kan verdwijnen in de nacht. Zijn hand lag zwaar op haar schouder. Door de hand heen voelde ze de vormen van de rest van zijn lichaam, en ineens wist ze weer wat het was met deze man. Onwillekeurig schudde ze met haar hoofd. Tegenwicht.

'Ben je klaar om het wurgcontract te tekenen?' vroeg ze hem op een toon waarvan ze hoopte dat die nonchalant was.

Ze gooide de half opgerookte sigaret op de stoep en drukte hem uit met het puntje van haar schoen. Vlak voor ze zich omdraaide zag ze een goudkleurige fonkeling in het water. Ze keek omhoog naar de gouden letters op de gevel van het kantoor. *De weerspiegeling van gouden letters in het water.* Dit had ze al eens meegemaakt. Niet iets soortgelijks, maar precies dít. Ze keek terug naar het water, maar de fonkeling was weg, en toen ze achter Specht aan liepen door het smalle trappenhuis was het alweer uit haar gedachten verdwenen.

Specht was er de man niet naar de tijd op te vullen met smalltalk over het weer en de actualiteiten, en binnen een kwartier was de akte doorgenomen, getekend en opgeborgen in de kluis.

'Waar is Vink eigenlijk?' vroeg Minnie in een opwelling.

'Vink is ons helaas ontvallen,' zei Specht. 'Hij zat in het vliegtuig dat anderhalf jaar geleden crashte bij Tripoli. Een tragisch en onwaarschijnlijk ongeluk. Zijn dochter laat zich momenteel omscholen tot notaris. Die was voorheen stewardess.'

Hierop opende hij met een tamelijk zwierig gebaar de deur van zijn kantoor.

'De notaris wenst u alle geluk,' zei hij ten afscheid, alsof ze zojuist hun huwelijkse voorwaarden hadden opgesteld. Wat in zekere zin natuurlijk ook zo was. De voorwaarden van een bepaald kort en ongetwijfeld merkwaardig huwelijk. In voor- en tegenspoed, ja, dat wel.

Die avond, na een borrel, een diner en twee flessen Pouilly-Fumé, waren ze naar een donkere bar aan het Rembrandtplein gelopen, waar ze plaatsnamen op twee roodfluwelen barkrukken.

De fotograaf bestelde zonder te overleggen twee shots chartreuse bij een barvrouw met rood gestifte lippen en een decolleté waar een schoolklas in zou kunnen verdwijnen. Geroutineerd zette ze twee smalle glaasjes op de bar, draaide zich om en pakte blindelings de juiste fles van een plank. Bij het inschenken helde haar bovenlichaam licht over de bar. Het had iets intiems, door die borsten, maar ook door haar manier van bewegen. En haar blik. Goede barvrouwen staan altijd op het punt je een geheim te vertellen.

'Chartreuse,' zei ze dan ook, toen ze de fles weer terug op de plank had gezet. '*The only liqueur so good they named a color after it.*'

'Tarantino,' zei de fotograaf. Hij roffelde met zijn vingers op de bar. '*From Dusk till Dawn.*'

De barvrouw glimlachte. Ze was halverwege de dertig, schatte Minnie. Goeie kop, vooral vanwege het linkeroog, dat loenste.

'With a pint of green chartreuse ain't nothing seems right,' reciteerde de fotograaf met een ondefinieerbare, grommende imitatie van een stem. De barvrouw luisterde geamuseerd. Kenden die twee elkaar? Was dit een soort ritueel, elkaar aftroeven met citaten? '... You buy the Sunday paper on a Saturday night.'

De barvrouw knipoogde naar Minnie met het loensende oog en liep toen zonder iets te zeggen naar het andere uiteinde van de bar, waar twee mannen in pak zwijgend uit reusachtige pullen bier dronken. Het korte moment van die knipoog was haar gezicht anders geweest. Alledaags. Alsof ze met het dichtknijpen van dat loensende oog ook een ander scherm liet vallen.

Minnie had eens een kunstenares uit New York ontmoet die bij wijze van performance een jaar lang fulltime in een restaurant was gaan werken. In het begin speelde de kunstenares nadrukkelijk een rol. Ze nam bestellingen op, schonk drank in, serveerde eten uit, herhaalde steeds dezelfde standaardfrasen. Het meest wonderlijke eraan was dat iedereen het accepteerde. Niemand keek ervan op, integendeel: de gasten, de koks, haar medeserveersters, iedereen sprak in dezelfde codetaal, avond aan avond, steeds opnieuw, onvermoeibare mens-machines. Na een paar maanden begon de kunstenares eraan te wennen, en nog een paar maanden later merkte ze tot haar verbazing dat de rol steeds meer samenvloeide met wie ze was. Haar blik op de wereld veranderde. Ze zag beroepen die haar nooit eerder waren opgevallen. Verkeersregelaars, schoonmakers, suppoosten, callcentermedewerkers, controleurs in de metro, noem maar op. Al deze mensen hielden een ontzagwekkend dienstensysteem in stand waar zij nu voor het eerst deel van uitmaakte. Ze had een extra werkelijkheidslaag aangeboord, vertelde ze Minnie, uiterst artificieel en tegelijkertijd echter dan echt. Zelfs buiten het restaurant voelde ze zich nu meer serveerster dan kunstenaar, en ze begon iets te begrijpen dat ze aan de start van de performance nog niet had vermoed: om het kunstproject te laten slagen moest ze zichzelf uitwissen als kunstenaar. Een serveerster kon niet óók een metaserveerster zijn. Dan zou het een gimmick worden. Gelukkig moest ze zo hard werken, en voor zo ontstellend weinig geld, dat ze buiten het werk om voornamelijk op haar kamertje (negen vierkante meter) in Brooklyn zat, naar sitcoms keek en sliep. Iedere vrijdagavond dronk ze bier met de koks en een afwasser die iedereen Ali noemde – meer voor het gemak dan omdat het zijn naam was – waarna zij en de chef seks hadden in de keuken van het restaurant, op het roestvrijstalen werkblad van de souschef. Het blad was koud en stroef maar de seks was geil, misschien omdat de chef tijdens werkuren zo'n onvoorstelbare klootzak was. Ook dat was iets nieuws. De kunstenares was altijd een overtuigd feministe geweest, en nog steeds, maar in het jaar dat ze serveerster was konden de meest grove, seksistische opmerkingen haar opwinden. Zelfs mannen die haar zonder met hun ogen te knipperen en in het aanzicht van hun vrouw en kinderen een tik op haar billen gaven, konden rekenen op een vriendelijke glimlach. Het had iets met compassie te maken, dacht ze. Voor het eerst had ze werkelijk begrepen dat de mens een zwoegend en hulpeloos wezen is, overgeleverd aan zijn eigen drift en dommigheid. Alleen door mededogen kon je je verheffen, de rest was bullshit, en ja, ze wist dat ze klonk als de eerste de beste Jehova's getuige maar dat was dan maar zo.

Op den duur hield ze nauwelijks meer bij wat er speelde in de kunstwereld. Ze werd nog wel uitgenodigd voor al die vernissages, maar de waarheid was dat ze die niet meer kon uitstaan. Die mensen leefden in een bubbel. Ze hadden het over statements en anti-statements en maakten intellectualistische gedrochten die net zo goed academische papers hadden kunnen zijn. Het maakte hun niet uit dat het allemaal volkomen hermetisch was, sterker nog, dat was een doel op zich geworden. En zij kon het weten, want ze was precies zo geweest. Een paar maanden voor ze in dat restaurant ging werken had ze lijsten laten maken voor proefschriften in plastic binders en die als readymades aan de muren van een galerie in de East Village gehangen. 'Science 1 t/m 15', had ze de serie genoemd. De ingelijste proefschriften gingen als zoete broodjes over de toonbank. Omdat de proefschriften alleen als object en niet als tekst gebruikt werden, bleef ze ook nog eens keurig binnen de wetten van het auteursrecht en konden de auteurs fluiten naar een vergoeding. 'Dat is toch niet te geloven?' vroeg ze aan Minnie, al was het niet precies duidelijk waar ze op doelde en of het een vraag was. Bij Amerikanen klonken de meeste dingen als een vraag. Minnie had haar gevraagd wat ze deed nu ze geen serveerster meer was. 'Ach,' had de kunstenares geantwoord, 'nu ben ik gewoon weer bezig met mijn sculpturen. Ze zijn gigantisch. Iedereen wil ze hebben. De enige andere optie was voor altijd serveerster blijven, gevangen in een performance die geen performance meer kon zijn. *What would have been the point?*'

De barvrouw stond nu voorover geleund naar de twee mannen met hun bierpullen. Misschien had ze voor hen ook een passend citaat, over bier. Misschien was ze ook wel bezig met een performance. Misschien was iedereen in deze bar wel bezig met een performance.

Chartreuse. De kleur van de drank deed Minnie denken aan een prentenboek uit haar jeugd, iets met een kikker, een gouden bal en een troebele poel met algen. Ze had dit nooit eerder gedronken. De fotograaf hief zijn glaasje.

'Cheers,' zei hij. 'Op ons debiele contract.'

De drank had een kameleonachtige smaak, die binnen één slok veranderde van zoet naar kruidig, scherp en zelfs zoutig. Ze proefde anijs, kruidnagel, venkel. Zwarte peper. De smaken vouwden zich uit naar alle hoeken van haar mond, zacht maar met een belofte van gevaar. Het beviel haar.

'Ze zeggen dat je van dit spul in een delirium kunt raken,' zei de fotograaf, tikkend tegen zijn glaasje.

'Dat kun je wel over alles zeggen,' antwoordde Minnie. 'Zolang je er maar genoeg van inneemt.'

'Er zitten honderddertig verschillende kruiden in,' vervolgde hij onverstoorbaar. 'Een van de meest ingewikkelde dranken om te maken. Het recept kregen de kartuizer monniken in 1605 van François Hannibal d'Estrées, maarschalk onder koning Hendrik de Vierde van Frankrijk. Hij had het op zijn beurt van een alchemist gekregen, die hem had ingefluisterd dat het hier om een levenselixer ging. Tot op de dag van vandaag zijn er maar drie monniken die de exacte samenstelling van de kruiden kennen, en dan nog kent ieder van hen slechts een deel. Dat wordt al meer dan vierhonderd jaar zo in stand gehouden.'

'Wat eenzaam,' zei Minnie.

'Verschrikkelijk eenzaam. Die monniken mogen éëns per week met elkaar praten, op zondag. De strengste orde van het westelijk halfrond. Aan de andere kant: de toewijding en discipline moeten ook een band scheppen. Ze zijn volledig van elkaar afhankelijk voor de instandhouding van hun praktijk. Dat geldt natuurlijk al helemaal voor dat recept. Ze moeten blind op elkaar kunnen vertrouwen.'

'Stel je voor dat een monnik doodgaat voordat hij zijn deel van het recept aan een ander heeft overgedragen,' zei Minnie, 'dat zou een ramp zijn.'

'Toch is dat al die eeuwen niet gebeurd.'

'Dat is geen argument. Alles kan altijd alsnog gebeuren.'

De fotograaf hief zijn hand op naar de barvrouw en bestelde nog twee shots. Minnie wist niet of het kwam door zijn gepraat over deliriums en geheime recepten, maar de chartreuse leek haar zintuigen in een tunnelachtige baan om iets heen te sturen. Ze voelde zich extreem maar beperkt gefocust, als een radiofrequentie op z'n scherpst: vrij van ruis maar er aan alle kanten door omgeven. Ze had behoefte aan een belangrijke bekentenis, iets emotioneels. De fotograaf staarde naar de barvrouw, die twee nieuwe glaasjes pakte, opnieuw lichtjes over de bar helde, de heldergroene vloeistof in de glaasjes liet vloeien. Kon iets een déjà vu zijn als je het tien minuten geleden had meegemaakt? 'Ik hou van je,' dat was het, de bekentenis die op haar lippen lag. Zijn hand pakken en die woorden zeggen. Ook al was het niet waar, of wel, of kon zoiets alleen maar tot op zekere hoogte waar zijn. In plaats daarvan hief ze het glaasje.

'Op onze onsterfelijkheid dan maar.'

'En op die fenomenale borsten,' zei de fotograaf en knikte in de richting van de barvrouw. 'Ze doen me altijd denken aan een vers pak sneeuw. Dat is het geheim, zie je? Ze wekken de illusie nog nooit eerder te zijn aangeraakt. Iedereen kan nog de eerste zijn. Desondanks gaat er iets moederlijks van uit, wat de mogelijkheid van maagdelijkheid per definitie uitsluit.'

'Dat is het geheim?'

'De paradox, het mysterie.'

'Bij mijn weten noemen ze dat gewoon een Madonna-hoercomplex,' zei Minnie.

Hier moest de fotograaf om lachen, precies zoals hij altijd lachte: één harde *há*.

'O kiddo,' zei hij. 'Ik denk dat ik meer om je geef dan jij vermoedt. Op mijn manier.'

'Jouw manier, wat is jouw manier?'

De fotograaf keek haar peinzend aan en legde toen een hand tegen de zijkant van haar gezicht. Doorzichtige mannen, dacht Minnie, wat is het toch met die doorzichtige mannen?

'Ga met me mee, toe, ik heb je gemist.'

Nu was het moment. Ze moest het zeggen. Ook al zou het later onwaar blijken, het was nú waar, in deze niet van echt te onderscheiden bar, met zijn roodfluwelen krukken en de tinteling van honderddertig verschillende kruiden op haar tong.

'Geen denken aan,' zei ze. 'Het was trouwens *Death Proof*. Niet *From Dusk till Dawn*.'

OP HET EERSTE gezicht leek het appartement van de fotograaf precies zoals het was geweest. Pas toen ze beter om zich heen keek zag ze de subtiele maar wezenlijke veranderingen in het spaarzame interieur: de zwartleren Gispenstoel was vervangen door een eenvoudiger model in okergeel; het vierkante zwarte vloerkleed was veranderd in hoogpolig wit; de bescheiden boekenkast was verplaatst van de linker- naar de rechtermuur, evenals de staande lamp en de curieuze dwergpalmboom die de fotograaf, herinnerde ze zich, had ontvangen van een ex die zijn huis 'eng steriel' had genoemd.

Minnie stelde zich voor hoe de fotograaf met de spullen heen en weer had gesjouwd, doelgericht en secuur. Maar waarom? Haar blik viel op twee identieke stenen beeldjes in de vensterbank die haar niet eerder waren opgevallen (van dezelfde ex? Een nieuwe geliefde?). Ze leken op miniaturen van die soldaten uit dat beroemde terracottaleger. Misschien, dacht Minnie, had de hele herinrichting iets te maken met feng shui. Yin en yang, eenheid in dualiteit, oude wijsheden geformatteerd tot lifestylerubrieken in tijdschriften en tv-shows. Ze herinnerde zich een Amerikaanse verzamelaar die een bezoek bracht aan haar atelier en zonder verdere aankondiging als een razende was begonnen haar spullen te verschuiven. 'The energy here is all wrong!' had hij uitgeroepen, 'all wrong, all wrong!'

Pas toen de fotograaf haar met beide handen bij haar schouders pakte en haar naam zei, merkte ze dat haar blik al enige tijd gefixeerd was op de beeldjes. Het kostte haar moeite weg te kijken van de kleine soldaten, die met grote precisie uit het steen leken te zijn gehakt, een tweeling van perfecte symmetrie. Ze verkeerde in de merkwaardige overtuiging dat dit haar toebehoorde, niet zozeer die beeldjes zelf, als wel het kijken naar de beeldjes.

Ze was dronken.

De man zonder schaduw legde een arm om haar nek en daarna een andere arm onder haar knieholten. Het volgende moment was ze van een rechtopstaand persoon veranderd in iets wat verplaatst werd. Waarom, dacht ze, zou je iemand optillen die niet is gevallen? Ze liet haar hoofd naar achter vallen. Een dode Christus in de armen van de Heilige Maagd. Ze probeerde op de naam van die beeldhouwer te komen, maar het was erg moeilijk om na te denken in deze positie. Was het echt waar dat het aardmagnetisch veld afnam in sterkte? Alles welbeschouwd had het een soort logica. Omgekeerde zwaartekracht, meubels die aan de vloer hingen. Misschien, dacht ze, had het iets te maken met feng shui.

De fotograaf legde haar zachtjes op het bed. Ze vroeg zich af of dit verstandig was, en tegelijkertijd wist ze dat ze het zich alleen maar afvroeg omdat zulke gedachten een vereiste waren in situaties als deze. Het matras was aangenaam koud en hard, windvlagen maakten een gierend geluid door de kier van het raam. Iiii-ii-ii-iiii-iiii-iiii-ii-ii-iiii.

Het leek iets te betekenen, een code of een signaal, iets met symmetrie, maar met iedere herhaling werd het Minnie duidelijker dat het niets betekende, dat er alleen maar klank was, en ritme, en dat er niets zinnigs over te zeggen viel.

MINNIE WIST DAT er iets aan de hand was. Ze wist al een paar weken dat er iets aan de hand was, ze wist het om precies te zijn sinds zij en de fotograaf op 3 januari die akte hadden getekend, maar dit weten grensde zozeer aan niet-weten dat het haar uitstekend was gelukt de informatie voor zichzelf verborgen te houden. Dat wil zeggen: tot de brief.

De meeste van haar zakelijke post en mail werd direct naar het agentschap gestuurd, dat alles voor haar filterde, sorteerde en naar haar huisadres doorstuurde. De secretaresse van het kantoor had de neiging fluorescerend roze post-its op brieven te plakken met opschriften variërend van een enkel uitroepteken tot uitgebreide commentaren op de huis- en schrijfstijl van de zender. De post-its maakten de post een kwestie van perceptie, en dit relativeerde Minnies natuurlijke angst voor ongeopende enveloppen aanzienlijk, al begreep ze natuurlijk ook wel dat dit in feite de hele raison d'être was van het agentschap: kunstenaars vertellen dat ze niet bang hoefden te zijn. Dat de wereld kon worden voorzien van een roze vernislaagje tegen een commissie van vijfentwintig, oké, dertig procent.

De brief in kwestie was direct naar haar huisadres gestuurd. Omdat haar brievenbus over het algemeen alleen dienstdeed als doorgeefluik voor een niet-aflatende toevoer aan reclamefolders, kortingscoupons en de curieuze – gekopieerde en met de hand geknipte – velletjes van *Prof. Dr. Ganeesh Kahn, Helderziende en Medium*, merkte Minnie hem pas op toen ze een tas vol oud papier naar de container bracht. Bij toeval viel haar oog op haar naam, *mevr. M. Panis* – de kleine siddering die het lezen van je eigen naam in andermans handschrift teweegbrengt –, geschreven in merkwaardig rechtopstaande vulpenletters die haar vagelijk bekend voorkwamen. Ze zag dat de brief meer dan een week daarvoor was verstuurd. Rechtsbovenin stond een klein blauw visje, één simpele lus waarvan de uiteinden de staart vormden. Eronder de letters C B T H.

De envelop bevatte twee getypte vellen op dik, duur ogend briefpapier. Het briefhoofd bestond uit hetzelfde visje als op de envelop, met ernaast, in watermerk, zodat Minnie de brief tegen het licht moest houden om het te kunnen lezen:

Het enige wat de vis hoeft te doen, is zich verliezen in het water

15 januari 2012

Geachte mevrouw Panis,

Middels dit schrijven brengt het CBTH u ervan op de hoogte dat het komende maand twintig jaar geleden is dat uw behandeling bij ons ten einde liep.

Het centrum, opgericht in 1990, stond in uw jaar van behandeling (1991-1992) nog min of meer in zijn kinderschoenen. U behoorde tot onze tweede lichting 'patiënten'. Inmiddels zijn wij vele jaren aan ervaring en expertise verder, en kunnen we vaststellen dat de door ons gebezigde methoden in 93 procent van de gevallen succesvol tot zeer succesvol zijn gebleken.

De filosofie van het CBTH, in een notendop, is dat ieder mensenleven wordt gemarkeerd door een aantal momenten van grote innerlijke én externe verschuivingen. Die verschuivingen zijn nauw verbonden aan diverse cycli.

Anno 2012 is men over het algemeen vervreemd geraakt van de cycli aan de hand waarvan onze levens verlopen. We leven volgens een lineair en uiterst neoliberaal begrip van tijd, waarbij de enige mogelijkheid progressie lijkt te zijn. Het grote probleem van dit progressiedenken is dat er onherroepelijk een moment aanbreekt waarop de vooruitgang stagneert. Mensen worden ziek, samenlevingen worden ziek, het systeem crasht. Het verband tussen dergelijke 'welvaartsziekten' en onze hedendaagse, uitermate kunstmatige tijdsbeleving is evident.

Op basis van meer dan twee decennia uitputtend empirisch onderzoek heeft het CBTH kunnen staven dat men niet alleen gebaat is bij een bewustwording van de levenscycli, maar dat dit zelfs een cruciaal verschil kan maken.

De grootste cyclus in een mensenleven behelst, bij benadering, een periode van twintig jaar. Al op de lange telling van de Mayakalender gold deze cyclus, de zogenaamde *k'atun*, als een belangrijke tijdseenheid. Om het einde van een k'atun te markeren bouwden de Maya's iedere twintig jaar speciale 'tweelingpiramides' in Tikal, Guatemala. Deze piramides waren identiek aan elkaar en symboliseerden de eeuwige dualiteit.

Zoals u ongetwijfeld bekend is, speculeert men volop over een Apocalyps op 21 december van dit jaar. Deze datum zou volgens sommige interpretaties de laatste dag zijn van de dertiende en laatste *b'ak'tun*: met 394 jaar (anders gezegd: twintig k'atun) de grootste tijdeenheid van de lange telling.

De aarde en de zon zouden op één lijn komen te staan met *Hunab K'u*, het hart van de Melkweg. Het lijdt geen twijfel dat dergelijke voorspellingen berusten op een fundamenteel onbegrip van de Mayakalender, die per definitie circulair van aard is: het einde van een cyclus betekent altijd het begin van een nieuwe.

Dit alles wil nog niet zeggen dat 2012 níéts markeert. Historici en wiskundigen kunnen na uitputtende berekeningen met aan zekerheid grenzende waarschijnlijkheid vaststellen dat dit inderdaad het jaar is waarin de dertiende b'ak'tun eindigt, en daarmee tevens de twintigste k'atun van deze b'ak'tun. Om het eenvoudiger te stellen: de k'atun 1992-2012 komt ten einde, en een nieuwe twintigjarige cyclus vangt aan.

Het feit dat uw behandeling in 1991-1992 precies samenviel met de overgang naar de huidige cyclus die nu ten einde loopt is een buitengewoon interessant toeval. Uit de data die het CBTH tot zijn beschikking heeft aangaande uw behandeling (uitgeschreven verslagen, bandopnamen, medische rapportage en dergelijke) leiden wij af dat u over een bijzonder grote gevoeligheid beschikt voor de cyclische natuur van de tijd. Naar alle waarschijnlijkheid zult u in de komende periode dan ook een grote transitie doormaken.

De aard van deze transitie laat zich niet voorspellen, maar er zijn wel degelijk 'symptomen' die in eerder geregistreerde gevallen gelijkaardig zijn. Herinneringen waarvan u niet wist dat u ze had kunnen terugkeren. Er kan een zeer sterk gevoel van déjà vu optreden. Uw bezigheden kunnen u voorkomen als arbitrair, of juist als uiterst significant. Verder kan het voorkomen dat u een verhoogde staat van alertheid bij uzelf opmerkt, al kan ook (en zelfs gelijktijdig) het omgekeerde gebeuren: u voelt zich warrig, wazig, ondergedompeld als het ware.

Het is begrijpelijk dat deze brief enige verwarring bij u veroorzaakt. Wij realiseren ons terdege dat uw herinnering aan de behandeling waarschijnlijk gering is, niet alleen gezien de jonge leeftijd waarop u deze onderging, maar ook vanwege de aard van de behandeling zelf. Desalniettemin verzoeken wij u met enige nadruk een afspraak te maken. Er zijn dingen te bespreken die de een-op-eensituatie vereisen waarvoor een correspondentie simpelweg niet toereikend is.

Ondergetekende is op de hoogte van uw veeleisende beroep en uw ongetwijfeld volle agenda. Sinds het begin van uw carrière volgt hij deze aandachtig. Hij is onder de indruk van de wijze waarop u de consequenties aanvaardt die het kunstenaarschap met zich meebrengt, al vermoedt hij dat voor u geldt dat leven en kunst niet van elkaar te onderscheiden zijn, en dat de term 'kunstenaar' zodoende ofwel allesomvattend is, ofwel een zuiver talige constructie die hoogstens als een kledingstuk wordt gedragen, zoals sommige gelegenheden een avondjurk vereisen.

Ondergetekende verkeert in de goede hoop een antwoord van u te mogen ontvangen (zie retourenvelop). Beschouwt u deze brief als een uitnodiging voor de laatste sessie van een behandeling waaraan u twintig jaar geleden begon.

Met een vriendelijke groet,

Bob Martina, P.A., namens,
Dhr. Dr. J. Johnstone, directeur

Het was met afstand de vreemdste brief die Minnie in tijden had ontvangen – haat- en fanmail daargelaten, al beperkten zelfs de meest extreem ogende teksten zich vaak tot een verrassend eenvoudig en consequent stramien van verontwaardiging uitmondend in accusatie enerzijds en bewondering uitmondend in obsessie anderzijds, in sommige gevallen een combinatie van alle factoren.

Haar eerste gedachte was dat er sprake moest zijn van een persoonsverwisseling, maar naarmate ze verder las werd het haar duidelijk dat deze bizarre mengeling van maatschappijkritiek, pseudowetenschappelijke theorie en schaamteloos persoonlijk commentaar wel degelijk voor háár bedoeld was.

Maar waarom? Wie was deze dr. Johnstone, en wat was in godsnaam 'het CBTH'? Ze kon zich niet voorstellen dat ze als kind in een of andere newageachtige behandeling was geweest. Haar moeder was wel de laatste aan wie je dat soort larie verkocht kreeg. Ze staarde naar het gestileerde visje op de envelop. Voor zover ze wist stonden zulke vissen symbool voor Christus, iets met het Oudgriekse woord voor vis, al leek het haar uitgesloten dat ze hier met een christelijke organisatie van doen had.

Ze las de brief nog eens. Iets eraan werkte verschrikkelijk op haar zenuwen. Ze wist niet of het aan de inhoud lag, of de toon, of het feit – aangenomen dat dit geen grap was – dat de brief zonder enige waarschuwing bij haar op de mat was gevallen en dat zij nu iets moest met deze overdaad aan informatie die helemaal geen informatie was. Ze voelde een kinderachtig verlangen naar een roze post-it die haar in een helder vierkant zinnetje zou vertellen dat de inhoud nog belachelijker was dan het aanstellerige briefpapier en dat ze de brief kon vergeten en versnipperen, uitroepteken, smiley. Toch wist ze dat er, dwars door alle aanstellerij – de vermoeide kritiek op vooruitgangsdenken, het ergerlijke 'empirisch' dat alles in een wetenschappelijk daglicht moest plaatsen, die idioot specifieke '93 procent', de godvergeten Máya's – iets aan de brief was wat haar ervan weerhield hem alsnog bij het oud papier te gooien. Ja, dat was het wat haar zo op de zenuwen werkte, dacht ze, toen ze de brief (godbetert) voor een derde keer las: ze wilde dit lachwekkend vinden, het wás lachwekkend, maar het lukte haar niet. Er was iets aan de hand, er was wel degelijk iets aan de hand, en de brief was daar een symptoom van.

In de dagen die volgden nam Minnie zich meerdere keren voor de brief te verscheuren, maar steeds wanneer ze op het punt stond kwam het haar voor als de zwakke optie. Het zou betekenen dat ze toegaf, dat ze de brief tot iets verhief wat belangrijk genoeg was om vernietigd te worden. Ook wanneer ze zou uitzoeken wie deze Johnstone was en waar de letters CBTH voor stonden, zou ze zich onderwerpen.

Even had ze met de gedachte gespeeld om, bij wijze van gulden middenweg, in blokletters RETOUR AFZENDER op de envelop te schrijven en hem terug in de brievenbus te gooien, maar ze kon zich toch niet aan het idee onttrekken daarmee vals te spelen. Blijkbaar, constateerde ze met enige verbazing, was dit dus een spel, een spel dat ook nog eens eerlijk gespeeld diende te worden. Over de aard, de inzet en de deelnemende spelers tastte ze in het duister, maar ze weigerde te doen wat het meest voor de hand lag: het opgegeven nummer bellen en vragen om uitleg. Er was een onverzettelijkheid in haar geslopen die zichzelf voedde met een nog grotere onverzettelijkheid. Misschien getuigde het eerder van angst dan van karaktersterkte, maar een mens mocht zichzelf af en toe iets door de vingers zien.

En dus bleef de brief op haar keukentafel liggen, schijnbaar achteloos tussen de papiertjes van de helderzienden en mediums. Iedere dag koesterde ze de vage hoop dat hij op de een of andere manier ineens verdwenen zou zijn, dat leek haar toch niet onredelijk, er verdween voortdurend van alles zonder dat je het actief had kwijtgemaakt. Hoeveel enkele sokken lagen er niet in haar la, hoeveel incomplete sets ondergoed? Toch luchtte het haar elke keer op als de brief zich 's avonds nog precies bevond waar ze hem 's ochtends had achtergelaten. Zelfs van dingen die je tegenstaan gaat op den duur vertrouwdheid uit. (Minnie had eens ergens gelezen dat vrouwen die werden geslagen door hun man een soort opluchting ervoeren als de eerste klappen vielen. Wanneer hun mannen in een goede bui waren, lief en zorgzaam, grappen makend, waren de vrouwen banger dan wanneer hun daadwerkelijk geweld werd aangedaan. Het was die sluimerende aanwezigheid van geweld, niet het geweld zelf.)

Soms zag Minnie de envelop haarscherp voor zich als ze van huis was, en dan voelde ze ineens een verlangen dat ze herkende van haar projecten: een dwingende, alles absorberende drang om een bepaalde handeling te verrichten, wat in dit geval neerkwam op die brief oppakken, dat watermerk tegen het licht houden – *het enige wat de vis hoeft te doen, is zich verliezen in het water* –, hem voor de zoveelste keer van voor tot achter lezen. Midden in een lunch met een vertegenwoordiger uit Duitsland was de aandrang zo sterk geworden dat ze maar nauwelijks stil had kunnen blijven zitten, tot ze eindelijk, tussen een broodje makreel en de koffie, kans had gezien naar de wc te glippen, waar ze op adem kwam en zichzelf vermanend toesprak, als een baasje zijn hond, net zo lang tot het onstuimige beest ging liggen. In een plotselinge golf van misselijkheid was toen de makreel weer omhooggekomen en voor de vierde keer in een week tijd had ze moeten overgeven. Ze had een tijdje naar de kots in de wc gekeken alsof het koffiedik was, maar de zurige brokken vis konden alleen maar stinken en stompzinnig zwijgen.

IN 1991, 'HET jaar van uw behandeling' was Minnie zeven jaar oud geweest. Foto's van haar uit die tijd zaten in albums met plastic steekhoesjes die door jaren van warmte, kou en vocht waren verkleefd met de foto's en met elkaar. De fabrikant had een weinig vooruitziende blik gehad, dacht Minnie, toen ze voor het eerst in tijden de albums uit haar kast haalde en naar de bobbelig geworden foto's onder het plastic tuurde.

Ze had de albums een paar jaar eerder van haar moeder gekregen, toen ze na *Nothing Personal* weer voorzichtig was begonnen aan de wederopbouw van haar huis. Tijdens een zeldzaam huisbezoek – ze ontmoetten elkaar liever in openbare gelegenheden, zodat hun pogingen tot communicatie minder mislukt leken, minder wezenlijk, iets wat kon vervliegen in het geroezemoes om hen heen – had haar moeder zich laten ontvallen dat het huis haar deed denken aan 'een hoofd zonder hersenen'. Een paar dagen later ontving Minnie een pakket met drie fotoalbums die ze nooit eerder had gezien, en die ze alleen vluchtig had doorgebladerd voordat ze ze in de kast zette. Het liefst had ze ze teruggestuurd, maar dat zou te onaardig zijn, te veel een statement.

Niet alleen bestond de Minnie op de foto's uit honderd procent andere cellen dan degene die ze nu was, meer nog scherpten die oude foto's een gevoel dat altijd vaag in haar aanwezig was en waarvan ze vermoedde dat het minder een universeel principe was dan haar eigen particuliere waarheid: er was een toen en er was een nu, maar tussen beide bestond niet zoiets als een verbindende route. Waar bij anderen het leven een landkaart was met een langzaam uitbreidend wegennet, bleven de plekken op Minnies kaart geïsoleerd van elkaar bestaan. Hoogstens vielen er wat zandweggetjes te ontwaren, maar die waren zo smal en bibberig dat je toch niet echt van een infrastructuur kon spreken.

Dus luisterde ze altijd met verwondering naar mensen die een chronologisch, en min of meer logisch verhaal van hun leven wisten te vertellen. Hoeveel afslagen en omwegen er ook waren geweest, hoeveel hellingen en doodlopende paden, er tekende zich altijd een parcours af. Zelfs de slechtste beslissingen en de grootste toevalligheden pasten in het plan. Hoe deden mensen dat? Hoe lukte het hun uit elke oorzaak een gevolg te laten vloeien alsof dat helemaal geen kunst was maar een volkomen natuurlijke aangelegenheid, een wetmatigheid als water dat maar in één richting door een rivier stroomt? En hoe kregen ze het in godsnaam voor elkaar zichzelf al die tijd als één persoon te beschouwen, die ondanks decennia van groei, verandering, aftakeling, min of meer dezelfde bleef?

Op haar eenentwintigste, rond dezelfde tijd dat ze dagelijks 3,8 stuks van haar eigen afval fotografeerde, was Minnie iets halfslachtigs begonnen met een jonge kunstenaar die bezig was te promoveren omdat een overheidsinstituut een paar miljoen in de 'kennis- en innovatieagenda' van de creatieve industrie had gepompt om er een 'internationaal excellente topsector' van te maken. (Het promotieonderzoek betrof een project rondom kunstenaar en cultfiguur Bas Jan Ader, die in 1975 was verdronken in de Atlantische Oceaan en nu een dankbaar onderwerp vormde voor types als de jonge kunstenaar: geobsedeerd door theorie en vast van plan de wereld daarnaar te modelleren. Voor zover Minnie er iets van begreep was het de bedoeling dat het onderzoek kunstwerk en discours tegelijk moest zijn, bestaande uit semiwetenschappelijke artikelen, installaties en performances. Een onzalig idee natuurlijk, waar de jonge kunstenaar dan ook volkomen in verstrikt raakte.)

De jonge kunstenaar was intelligent, knap en tot in zijn vezels voorspelbaar – van zijn commentaren op Guy Debords *Société du spectacle* en de films van Wes Anderson tot aan de manier waarop hij de gewrichten van zijn vingers kraakte voordat hij ging slapen. Toch was híj degene die het uitmaakte, nadat Minnie had opgebiecht na een feestje met een aantal studiegenoten in bed te zijn beland.

'Ik ben een man uit één stuk,' had hij gezegd, 'met dit soort spelletjes kan ik niet omgaan', waarop Minnie zich hardop had afgevraagd hoe dat in zijn werk ging, 'uit één stuk bestaan', en waarom het altijd werd ingezet als kwaliteit. De jonge kunstenaar had alleen maar geërgerd gezucht en gezegd dat ze eens volwassen moest worden. 'Op andere vlakken ben je een goed persoon, maar in de liefde ben je totaal schizofreen,' zei hij. Toen

Minnie had gevraagd op welke vlakken ze volgens hem dan een goed persoon was, had ze geen antwoord meer gekregen.

Nu ze die plastic bladzijden van elkaar lostrok en zichzelf dwong naar de foto's te kijken, voelde ze zich een voyeur.

De zevenjarige versie van zichzelf was een ondermaats, frêle meisje met zandkleurig haar dat in steile pieken om haar hoofd hing. Haar ruggenwervel was scheefgegroeid, waardoor alles net een beetje voorover en naar links helde, alsof ze steeds op het punt stond die kant op te vallen.

Als baby had ze een tijdje in een couveuse gelegen. Naar de details had Minnie nooit gevraagd, maar ze wist dat het kleine en scheve daardoor was gekomen. Toen ze een jaar of acht was vertelde haar moeder haar over het doodgeboren zusje, dat een jaar ouder zou zijn geweest dan Minnie. Na acht maanden bleek de navelstreng zich om een van de voetjes te hebben gewikkeld, waardoor de voedingstoevoer was gestaakt en de foetus was verhongerd. Dit waren haar moeders bewoordingen geweest; helder, zakelijk, gespeend van emotie.

'sAvonds in bed beeldde Minnie zich wel eens in dat ze haar zusje wás, haar lichaam een huls voor de geest van het eerste kind. Maar algauw raakte ze ernstig in de war van deze gedachten, want als ze inderdaad haar zusje was, dan was er helemaal geen zusje meer, dan waren ze één persoon, en die persoon was niet Minnie zelf maar ook niet iemand anders.

Dat ze geen vader had, werd door haar moeder gebracht als een neutraal en onomkeerbaar gegeven en door Minnie als zodanig geaccepteerd. Ja, ze kwam wel eens thuis bij buurtkinderen die opgroeiden in grote, gezellige gezinnen met theedrinkende moeders en vaders die de hele tijd van alles de lucht in leken te tillen – hun kinderen, hun vrouw, borden met eten – maar het kwam simpelweg niet in haar op deze situaties te vergelijken met die van haarzelf. Haar vader was vertrokken toen haar moeder een paar weken zwanger was, dat was alles wat ze ervan wist, of hoefde te weten.

Pas toen ze ouder werd en merkte dat twee mensen niet veel méér van elkaar hadden kunnen verschillen dan zij en haar moeder, begon ze zich dingen af te vragen. Waar kwam haar voorkeur voor kerkmuziek vandaan, haar buitenproportionele afkeer van ziekenhuis- en tandartsengeur, haar feilloos ruimtelijk inzicht? En waarom heette ze in godsnaam Minnie? Niemand heette zo, behalve Minnie Mouse en, naar ze later ontdekte, de enge bejaarde buurvrouw uit *Rosemary's Baby*. Het was moeilijk voorstelbaar dat haar moeder, die streefde naar een zo hoog mogelijke graad van normaliteit en conformisme, die naam had uitgekozen. En dus verkoos Minnie te veronderstellen dat het haar vader was geweest. Haar vader, die een vrij leven leidde en zich niets aantrok van conventies.

In haar favoriete fantasie botste ze tegen hem op in de supermarkt, door een uitzonderlijke speling van het lot. Ze zou meteen weten dat hij haar vader was, en hij dat zij zijn dochter was, omdat ze als twee druppels water op elkaar leken. Hij droeg cowboylaarzen en nam haar mee naar zijn ranch in Amerika, waar ze de hele dag op wilde paarden reden, bizons fokten en luisterden naar liedjes van The Pogues, waar ze samen om huilden vanwege de treurnis en de schoonheid.

Later, toen ze op de kunstacademie zat, had een docent haar – halfdronken, in een kroeg in de Huidenstraat waar ze elkaar toevallig tegen het lijf liepen – aangemoedigd naar haar vader op zoek te gaan en van die zoektocht een kunstwerk te maken. 'Iets documentaireachtigs over je roots,' zei hij, 'een zoektocht op het snijvlak van het zelf en de ander.' Minnie had hem gevraagd wat aan zo'n kunstwerk anders zou zijn dan een uitzending van *Spoorloos*, waarop de docent verontwaardigd had uitgeroepen dat televisieprogramma's de opium van het volk waren, dat zachtjes insliep op het ritme van de clichés die het kreeg toegediend, bevestiging na bevestiging van het eigen bekrompen wereldbeeld. Later op de avond had de docent Minnie aangemoedigd met hem mee naar huis te komen, maar ook voor die zoektocht had ze vriendelijk bedankt.

Soms vroeg ze zich af of ze niet nieuwsgieriger hoorde te zijn naar haar vader, maar meer nog dan haar angst voor een desillusie (de kans op een cowboy was, toegegeven, nihil) leek één waarheid haar in elk geval simpel: hij was niet voor háár gebleven. Deze categorische afwijzing blonk uit in zowel eenvoud als onrechtvaardigheid. Zonder te weten wie zij zou worden had hij besloten niet voor haar te kiezen.

Wanneer Minnie zichzelf toestond erbij stil te staan voelde ze iets ijzigs in haar binnenste ter hoogte van haar middenrif. Lange tijd lukte het haar niet om voor die kilte een naam te vinden – ze zou niet eens kunnen zeggen of het de aan- of afwezigheid van iets was – maar toen de documentairemaker haar verliet voor een handjevol Eskimo's in Alaska, ze hem met dat zwemtasje in haar trapgat zag verdwijnen en minutenlang niet in staat was geweest zich te verroeren, daagde het haar dat het koude harde ding bij haar middenrif wel degelijk een definitie kende. Het was wat je voelde wanneer je tot in het diepst van je wezen werd gekrenkt.

*

Vooral op de foto's waar Minnie tussen andere kinderen stond afgebeeld was ze in eerste instantie moeilijk te detecteren, omdat ze deels achter een ander kind verdween, half van de camera weggedraaid stond of precies haar ogen had gesloten op het moment van de opname, terwijl die ogen – donkerbruin, een tikkeltje scheef – nu juist het meest opvallende onderdeel van haar gezicht waren. De foto's deden Minnie denken aan mislukte portretfoto's uit de negentiende eeuw, waar modellen die niet goed hadden stilgezeten of te veel met hun ogen hadden geknipperd veranderden in spookachtige gedaantes met holle kassen en onbestemde lichaamsvormen.

Waar de andere kinderen voortdurend met elkaar in de weer waren – armen om elkaar heen geslagen, handen voor elkaars gezicht, *peace*-tekens boven elkaars hoofd – stond zij meestal op zichzelf, vaak helemaal aan de zijkant, net uit het lood. Het was gek, dacht Minnie, want hoewel ze zich weinig specifieke vriendjes en vriendinnetjes uit die tijd kon herinneren, was ze er zeker van dat ze ook geen echte outcast was geweest. Ze werd niet gepest, zoals Vieze Eli uit haar klas, die ze zich, als een van de weinigen, nog haarscherp voor de geest kon halen: Vieze Eli, met zijn net te korte broeken, zijn klittenbandschoenen en het stinkende gat in zijn mond dat hij had opgelopen nadat zijn voortand was afgebroken op de stang van een klimrek. De arme jongen had van de tandarts geen implantaat gekregen maar een beugel die de boel bij elkaar moest trekken, zodat het gat vanzelf verdween en hij één voortand in het midden van zijn gebit kreeg in plaats van twee aan weerszijden.

Wanneer er verjaardagsfeestjes werden gevierd werd Minnie niet gemeden, zoals een paar kinderen uit haar klas consequent overkwam. Voor die kinderen, net als voor Vieze Eli, had ze altijd een groot medelijden gevoeld, dat niettemin in het bestek van een paar minuten kon omslaan in een al even grote afkeer van hun hulpeloosheid, hun onvermogen om zich aan te passen, al was het maar een fractie, zodat ze niet de hele tijd overal zo ostentatief buiten zouden vallen.

Nee, ze had niet tot de sneue kinderen behoord. En toch. Nu ze de foto's voor het eerst echt bekeek, bekroop haar het gevoel dat dit een ander meisje was dan het meisje dat ze zich meende te herinneren. Eenzamer, of op z'n minst meer alleen.

Langer dan de andere foto's bestudeerde Minnie een foto van zichzelf in een groen-rood Speedobadpak, aan de rand van een buitenzwembad. Hij moest genomen zijn vlak voordat ze het water in was gegaan want haar haren waren nog helemaal droog. Ze lachte niet in de camera maar keek peinzend naar wat daarachter leek plaats te vinden. Haar armen waren naar voren uitgestrekt in een hoek van negentig graden met haar lichaam, als een karikatuur van een slaapwandelaar. Misschien demonstreerde ze aan de fotograaf (haar moeder?) hoe ze het water in zou duiken. De lens van de camera was scherp gesteld op haar gezicht, de uitgestoken armen wazig, wat de foto iets artistieks gaf. Anders dan de hopeloos platte, over- en onderbelichte kiekjes, gaf deze foto een gevoel van driedimensionaliteit, een glimp van iets wat ook buiten de foto om op die manier had bestaan.

Als klein kind al was ze een uitstekende zwemmer geweest. In recordtempo had ze tussen haar vierde en haar zesde vier zwemdiploma's behaald, die een tijdlang keurig ingelijst boven haar bed hingen. Nog altijd riep de geur van chloor een sterke herinnering op aan zwembaden met gladde tegels, gillende kinderen en een specifiek soort opwinding die ze later in heel weinig dingen op die manier had teruggevonden. Toch had ze op een bepaald moment, niet eens zo lang na het vergaren van al die zwemdiploma's, haar belangstelling voor het zwemmen volledig verloren. Zomaar, zo leek het; ze had er later althans geen enkele logische verklaring voor kunnen bedenken. Toen ze het eens ter sprake bracht bij haar moeder, had die haar schouders opgehaald en iets gezegd over haar wispelturige aard als kind, hoe ze het ene moment geheel door een bezigheid bevangen kon zijn om het volgende moment volledig haar aandacht te verliezen.

Pas toen ze op haar negentiende om de hoek van een zwembad kwam te wonen was ze opnieuw begonnen met zwemmen, in eerste instantie aarzelend, bang dat het een grote vergissing was, maar zodra ze een paar baantjes op en neer was gegaan had ze zich erover verbaasd dat ze er ooit mee was gestopt. Het water voelde als een natuurlijk omhulsel van haar lichaam, iets wat met haar meewerkte, als een straffe wind in je rug. Sindsdien zwom ze twee keer per week in de vroege ochtend haar baantjes. Ze hield van de trance die het repetitieve van de slagen met zich meebracht, de gewichtloosheid, de leegte, ja, al die quasifilosofische platitudes bleken simpelweg de lading te dekken.

Voorzichtig maakte ze de foto los uit het plakkerige hoesje. *Mei 1991*, stond op de achterkant met balpen geschreven, verder niets. Ze bracht de foto dichter naar haar gezicht. Waar staarde dat meisje naar? Nu ze beter keek, leek het er eigenlijk niet op dat de blik was gericht naar iets wat zich in de concrete ruimte bevond. De ogen keken op een vreemde manier eerder naar binnen dan naar buiten. Het deed Minnie denken aan de *Balzac* van Rodin, in de tuin van het Van Abbemuseum. De beeldhouwer had de schrijver een intense blik van superieure ironie meegegeven. Vorsend keek deze Balzac over de wereld heen, het hoofd een tikje opzij, de kin geheven. Pas als je het beeld van dichterbij bekeek zag je dat in die diepe kassen helemaal geen ogen aanwezig waren. De blik bestond uit niets anders dan schaduwval en suggestie.

Minnie probeerde de foto terug te steken in het hoesje, maar het weerspannige plastic scheurde halverwege. Ze stak hem in de zak van haar jasje en klapte het album dicht.

Mensen uit één stuk logen zichzelf voor. In werkelijkheid, dacht Minnie, zijn er alleen maar losse stukjes, die steeds weer afsterven en nooit meer terugkomen. Talloze keren verdwijn je uit je eigen leven, zonder zelfs maar afscheid van jezelf te nemen. Ze wist niet of ze dit moest zien als een triest gegeven of als een geruststelling, maar vermoedde dat het eigenlijk met geen van beide iets te maken had. De tijd denderde gewoon voort, zoals die altijd had gedaan en vermoedelijk altijd zou blijven doen. Wat die Johnstone in zijn brief ook beweerde over cycli en eeuwige kalenders, een moment was voorbij als het voorbij was. Resoluut schoof ze haar stoel naar achter, liep naar de keuken en verscheurde de brief.

Soms moest je buigen om niet te breken. Een wijsheid die vast al eeuwen geleden door de Maya's, of anders door een ander visionair volk, was opgetekend in letters die eruitzagen als kindertekeningen.

IN DE NACHT van 30 op 31 januari schrok Minnie wakker uit een merkwaardige droom over notaris Specht, die ze achter op haar bagagedrager door Amsterdam vervoerde. Door de Staalstraat, dwars over het Waterlooplein, langs de Hortus, op weg naar iets, een gebouw met een bepaald type zuilen waarover Specht haar allerlei dingen toeschreeuwde die vervlogen in de wind. Hij was gekrompen tot het formaat van een klein hondje. In de pauzes van zijn onverstaanbare relaas lachte hij als een waanzinnige, waarbij hij zijn pootachtige handen om Minnies heupen klauwde. Vlak voor ze werden aangereden door een tram die opdoemde in de bocht van de Plantage Middenlaan, opende ze haar ogen.

Om haar heen heerste complete duisternis en een paar seconden lang had ze geen idee gehad van waar ze zich bevond, of hoe, alsof het hele concept van zwaartekracht aan het wankelen was gebracht en ze zich nu, op de kop, in het krachtveld tussen twee polen van een magneet bevond. De donkerte was geen afwezigheid van licht maar de aanwezigheid van iets zwaars en stroperigs, wat op haar luchtwegen drukte en haar langzaam zou doen stikken. In de verte hoorde ze iets piepen, zacht en aarzelend. Had dat haar wakker gemaakt? Ze moest de neiging onderdrukken te gaan gillen. Gillen zou het erger maken, wist ze, niet-gillen was de enige manier om controle over de situatie te houden. Adem, dacht ze, adem, adem, adem. Ze probeerde aan de fotograaf te denken, zijn rustige hand tegen haar wang, zijn geur die haar aan zijn beroep deed denken. *Ontwikkelvloeistof.* De klank en het ritme van het woord maakten dat ze bij haar positieven kwam. Ze tastte naar de schakelaar van de lamp op haar nachtkastje, vond hem en kneep haar ogen dicht toen een felle bundel licht in één keer de kleverige donkerte verdreef.

Vier cijfers lichtten in een zacht oranje gloed op van haar wekker, 04.01, maar het duurde tot 04.02 voor ze in de gaten had dat die cijfers de tijd verbeeldden; de voorttikkende tijd en geen bom-achtig ding dat de minuten aftelde tot haar huis uit elkaar zou spatten. Het gepiep hield aan. Pas toen ze haar adem inhield om beter te luisteren en het ineens stil werd, begreep ze dat het haar eigen ademhaling was. Er leek een vertraging in haar bewustzijn te zijn geslopen, ze liep achter op zichzelf, zoals bij films waar beeld en geluid net niet synchroon lopen en daardoor al hun geloofwaardigheid verliezen.

'Ontwikkelvloeistof.' Minnie fluisterde het woord nu zachtjes voor zich uit, één keer, twee keer, drie keer, totdat eindelijk die vreemde wolk uit haar hersenen was verdreven en de wereld weer zijn rustige rondes om de zon en om zijn eigen as maakte. Het kwam haar voor dat ze jaren was weg geweest, ver weg, in een onbekend land en een onbekend leven, en nu werd teruggekwakt in dat van haarzelf terwijl ze niet wist wat er in de tussenliggende tijd met haar was gebeurd en wie haar waarnemer was geweest. Waarnemer? Ze zette een paar wankele passen uit bed, een veulen op stelten, trok het raam helemaal open en liet zich aanraken door de vrieskou.

Afgezien van een paar sterren die door het donker prikten waren er nauwelijks lichtbronnen te onderscheiden. Wat was het met die straatverlichting de laatste tijd? Zat er soms iemand achter de knoppen wiens interne klok grondig verstoord was? Ook de maan liet het, voor zover Minnie kon opmaken, afweten. Ze vroeg zich af hoe zeldzaam maansverduisteringen waren, en juist toen ze naging hoe zon, maan en aarde zich tot elkaar moesten verhouden voor zo'n gebeurtenis, ontwaarde ze een miniem schilletje, gelig en flets als een afgeknipte teennagel. Nieuwe maan, wassende maan, kwartieren, sterrenbeelden. Zouden de mensen die het verschil tussen deze dingen wisten zich minder overgeleverd voelen? Natuurlijk niet. Hoe meer je wist, hoe minder je wist, dat was het tragische lot van kennis.

Nog minder dan een etmaal en dan was het februari. Sinds ze op 3 januari de akte hadden getekend bij Specht en daarna in een groene roes van chartreuse met elkaar hadden gevreeën – een daad waar Minnie nauwelijks méér herinnering aan had dan het gepiep van de wind door het raam, hoe ze dat geluid had geprobeerd te ontcijferen – had ze geen contact meer gehad met de fotograaf. Alles wat ze moesten weten stond opgesteld in de akte die ze inmiddels kon uitspellen.

> Vanaf een door [de fotograaf] nader te bepalen datum in februari, zal hij ondergetekende, Minnie Panis, eenentwintig

aaneengesloten dagen volgen met zijn camera. Hij zal met de grootst mogelijke discretie opereren en onder geen beding ingrijpen in welke situatie dan ook. Geen van beide partijen zal tijdens de periode van 1 februari t/m 21 maart 2012 contact opnemen met de ander. Ondergetekende zal in deze periode Amsterdam niet verlaten. Haar enig toegestane vervoermiddel is een fiets.

Niet eerder dan 20 en niet later dan 21 maart (15.00 uur) zal [de fotograaf] een zelf te bepalen aantal foto's afleveren bij het kantoor van Specht & Vink Notarissen, Prinsengracht 997, waar ondergetekende ze op de avond van 21 maart zal afhalen. Vanaf de dag dat de akte wordt gepasseerd, zijnde 3 januari 2012, tot aan de dag dat ondergetekende het project zelf in de openbaarheid brengt, maar in elk geval tot en met 21 maart 2012, geldt voor beide partijen een zwijgplicht. Op contractbreuk staat een straffe van 20.000 (twintigduizend) euro.

Buiten zijzelf, de fotograaf en Specht was er niemand die wist van het project. Haar agent had ze afgewimpeld met een vaag verhaal over een 'bezinningsperiode' na alle drukte van de afgelopen jaren. Ze wist ook wel dat hij haar maar half geloofde, hij was niet op zijn achterhoofd gevallen, maar hij had haar een doos afschuwelijke geurkaarsen laten bezorgen ('voor je bezinning', zei het begeleidende roze kaartje), en liet haar verder met rust. Van een gebrek aan gevoel voor humor kon je hem in elk geval niet betichten, dacht Minnie, die de misselijkmakend zoete rotzooi direct bij het afval had gezet.

Nog vóór de zomer was ze uitgenodigd voor een wintersymposium aan de Hochschule für Grafik und Buchkunst in Leipzig, op instigatie van Neo Rauch, die er doceerde en die door Minnie – alsook door Brad Pitt, die bijna een miljoen dollar had neergeteld voor diens schilderij *Etappe* – werd beschouwd als een van de grote schilders van de eenentwintigste eeuw. Bij hoge uitzondering had ze meteen toegezegd. Lezingen, paneldiscussies en symposia in het algemeen maakten haar ongemakkelijk, omdat er altijd iets heel specifieks leek te zijn wat mensen wilden weten maar Minnie nooit precies kon inschatten wat dat was. Daarbij liepen er altijd minstens vijf verschillende discussies langs elkaar heen: theoretici praatten over theorieën, kunstenaars hadden zo hun eigen werkelijkheid.

Tijdens zo'n congres, een paar jaar eerder, nadat ze als 'praktijk-expert' deel had uitgemaakt van een paneldiscussie over 'de toekomst van de conceptuele kunst' en een hoop gezeur had moeten doorstaan over hedendaags kunstenaarschap als zorgvuldig geconstrueerde pose ter meerdere eer en glorie van het functioneren van de kunstmarkt met zijn waanzinnig opgevoerde prijzen, in stand gehouden door een kartel van kunstpausen, maffiosi en de allerrijksten der aarde, had Minnie een lezing bijgewoond van AA Bronson, medeoprichter van het Canadese collectief General Idea dat vanaf de jaren zeventig tot de dood van twee van de drie leden ten gevolge van aids in 1994, furore maakte met vrolijke en later serieuzere binnenstebuitenkeringen van populaire cultuur. AA Bronson was letterlijk *the last man standing* en zijn lezing was een weemoedig relaas van een lang vervlogen tijd, met als apotheose een levensgrote fotoprojectie van zijn stervende collega's; hologige en uitgeteerde overblijfselen van mensen, beroofd van alles wat niet die ziekte was. Minnie had een groot medelijden met deze man gevoeld, die alleen nog maar een overlever kon zijn en deze twee doden al twintig jaar op zijn rug tilde.

's Avonds, tijdens een diner voor de sprekers op de burelen van de rector magnificus, was ze met hem in gesprek geraakt. Hij bleek een zachtaardige oude hippie, die naast kunstenaar ook healer was. Hij gaf, legde hij uit, tantrische massages die konden leiden tot een *full body orgasm* en beoefende ook een variant die hij 'butt massage' noemde, echt iets geavanceerds waarvoor zowel de beoefenaar als de ontvanger *in the right state of mind* moest zijn. Hierbij had hij haar een lange tijd betekenisvol aangestaard, een gezicht dat voor het grootste gedeelte schuilging achter een volle grijze baard met ogen die werden uitvergroot door dikke brillenglazen. Juist toen ze overwoog in te gaan op zijn min of meer expliciete voorstel, had een (eveneens bebrilde) promovendus van de New Yorkse New School zich in het gesprek gemengd door AA Bronson sans gêne te voorzien van zijn ideeën over AA Bronsons ideeën over het leven als een radicale sociale sculptuur en alle politieke implicaties van dien. AA Bronson hoorde de uiteenzetting, die vele vertakkingen kende, geduldig aan, hij was dit zo te zien gewend, en Minnie had bewonderend vastgesteld dat deze man niet alleen kunstenaar en healer was, maar ook een diplomaat. Het diner vloeide over in een bacchanaal, iemand liet extra drank aanrukken die gekoeld en al werd geleverd door een jongen op een scooter, de discussies werden hoe langer hoe vervelender. Toen Minnie door de gangen liep op zoek naar een wc, trof ze AA Bronson en de promovendus op een krap tweezitsbankje, hun lichamen met elkaar verknoopt, de handen van AA Bronson in wrijfbewegingen onder het hemd van de jongeman. 'Come join us,' had AA Bronson gezegd, zonder te stoppen met zijn handbewegingen en zonder zelfs maar op te kijken.

Hierna had Minnie zichzelf beloofd nooit meer deel te nemen aan dit soort bijeenkomsten, totdat ze die uitnodiging uit Leipzig ontving, zoals gezegd vóór de zomer, toen ze nog bakken Ben & Jerry's-ijs uitlepelde met de fotograaf en in de overtuiging verkeerde dat de affaire een korte onderbreking van hun beider bestaan zou zijn. Ze had maanden niet meer aan de uitnodiging gedacht. Pas toen ze een paar dagen daarvoor door het agentschap was gebeld met de mededeling dat er een pakket papier, een ticket naar Leipzig voor 22 februari en de gegevens van een hotelboeking waren opgestuurd, had ze zich met een kleine schok gerealiseerd dat ze er helemaal niet heen zou kunnen, aangezien ze net een contract had ondertekend waarin stond opgesteld dat ze Amsterdam niet mocht verlaten tussen 1 februari en 21 maart. Na wat onduidelijk gestamel kwam ze tot de formulering dat ze een burn-out had, en dat er niets anders opzat dan het tripje af te blazen. Voor het eerst had ze zich afgevraagd of het project een vlucht van iets was.

Ze was nerveus. Tegen de fotograaf had ze fraai klinkende dingen gezegd over 'een voorstel doen aan de werkelijkheid', 'wederzijdse verplichtingen' en 'implicaties', maar hoe vaker ze er de afgelopen tijd bij stil had gestaan, hoe minder ze zelf van die woorden begon te begrijpen. Soms leken ze hol en betekenisloos, op andere momenten waren ze even massief als loszittende rotsblokken in een bergwand, klaar om haar te verpletteren. Wanneer had het idee zich in haar hoofd vastgezet? Ook dat was moeilijk te reconstrueren. Ze hield zichzelf graag voor dat het spontaan was gebeurd, na die radio-uitzending, tijdens het telefoongesprek met de fotograaf, zoiets als een epifanie. Maar ook epifanieën moesten ergens vandaan komen. 'De meeste dingen beginnen voordat ze beginnen,' had de directeur van de kunstacademie destijds tegen een zaal vol pas afgestudeerden gezegd, tikkend tegen de zijkant van zijn hoofd, 'aan de kunstenaar de taak het latent aanwezige naar de oppervlakte van het bewustzijn te brengen en het vorm te geven.' Misschien werd ze al jaren in deze richting geduwd, dacht ze, witte wolkjes ademend in de donkere nacht, en had de fotograaf haar alleen het laatste zetje gegeven. Het was niet onmogelijk. De afgelopen maanden was ze in gedachten zo vaak teruggegaan naar die hete augustusnacht dat ze eraan was gaan twijfelen of ze wel zo diep had geslapen toen de fotograaf haar in zijn lens ving. Soms, als ze naar die foto's in de *Vogue* keek, leken het herinneringen.

Ze rilde van de kou. Al een paar nachten achtereen vroor het voor Nederlandse begrippen spectaculair. Er werden temperaturen van min tien en in het hoge noorden zelfs min vijftien gemeten. De hele stad verkeerde in opwinding: de ene helft door het vooruitzicht van bevroren grachten, de andere helft door de massahysterie van de eerste helft.

Ze moest het raam sluiten, terugkeren naar haar bed, maar plotseling bekroop haar het gevoel dat ze bekeken werd, stille ogen in haar rug, rode lasers die haar scanden. Het gevoel groeide, omklemde haar, het kostte moeite zich niet met een ruk om te draaien. Haar adem piepte nog altijd in haar borst, ze moest ergens een medicijn hebben liggen, een verstuiver van blauw plastic waarmee ze zichzelf poeder kon toedienen. Langzaam en beheerst, zo veel mogelijk weerstand biedend aan de vreemde paranoia van de afgelopen tien minuten, sloot ze het raam.

Toen ze zich omdraaide was alles stil en onveranderd, behalve dat er een kat voor haar voeten op de grond zat met ogen als laserstralen.

Minnie gilde van schrik, een korte 'o' die potsierlijk klonk, en die ze corrigeerde door er 'godverdomme' aan toe te voegen. De kat hield zijn kop een tikje schuin, maar bleef voor het overige roerloos zitten.

Aan de blauwe halsband en de bruin gespikkelde vacht te zien was het Mies, de kater van de buren. Hij – toen Minnie eens had gerefereerd aan het beest als 'ze' legden de buren, beiden architect, haar uit dat het in feite een 'hij' was, vernoemd naar Ludwig Mies van der Rohe – moest op haar balkon zijn gesprongen en via de kier in het raam naar binnen zijn geglipt. Hoewel hij wel eens langs haar heen gleed als ze de voordeur opende, had hij deze truc niet eerder uitgevoerd. Een prestatie, dacht Minnie, die naar de minimale opening tussen raam en kozijn keek, en weer terug naar de kater. Omdat het raam naar binnen openkantelde, was er geen weg terug naar buiten. Dit leek de kater in het geheel niet te deren. Voor zover Minnie het kon inschatten was het geen angstig beest, zelfs geen wachtend beest. Het zat daar gewoon, in stoïcijnse aanvaarding van zijn lot.

Zolang ze zich kon herinneren was Minnie allergisch voor katten. Als ze langer dan een halfuur in de aanwezigheid van zo'n beest verkeerde begon ze te piepen als een slecht geoliede machine; een protest van het afweersysteem dat niet alleen zinloos was maar zich zelfs actief tegen het eigen lichaam keerde. Hoelang zat die kater daar al? Ze dacht aan de oneindig fijne huidschilfers die door de lucht dwarrelden, haar longen in, haar lichaam dat nu als een gek histamine aanmaakte omdat het meende een aanval te moeten afweren.

Het liefst had ze het beest beetgepakt en weer terug op het balkon van de buren gegooid, maar ze wist dat aanraking haar nog benauwder zou maken. Tot haar opluchting volgde hij haar direct toen ze haar slaapkamerdeur opende, de trap af liep, de gang door. Bij de voordeur hielden ze even halt. De kater keek vragend omhoog. 'Dag hè,' zei Minnie, half in de verwachting dat het beest zijn poot zou heffen om haar een groet te brengen, alsof het alsnog een Japanse gelukskat was en geen onheilsbode die luisterde naar de naam van een dode architect.

Het was bijna halfvijf nu en slaap was inmiddels een ver oord dat ze niet meer zou bereiken, al was de nacht zelf vooralsnog niet voorbij. Nadat ze alle haren, schilfers en speekselrestjes van de kater met een stofzuiger uit haar slaapkamer had verwijderd, een douche had genomen en een badjas had aangeschoten, liep Minnie onrustig heen en weer door haar huis. Het was een bekende routine die de afstand tussen haarzelf en de wereld moest verkleinen wanneer deze was opgerekt: ze raakte iets aan, pakte het op, voelde het gewicht, zette het dan weer terug. Met hechting had het niets van doen, eerder met meetbaarheid. Als ze kon meten wat ze had, kon ze er zelf ook niet níét zijn. Ze geloofde dat zelfs de diepste ravijnen konden worden overbrugd met, zeg, een potlood. Of een tube tandpasta.

In de kist die ze een uur later onder haar bed vandaan trok vond ze, onder een stapel dikke wollen truien, wanten en sjaals, een zwarte kartonnen doos. Ze zette hem op haar schoot, en langzaam, alsof de inhoud een verrassing was, lichtte ze het deksel. Ze wachtte tot halfacht, en stapte toen in haar auto.

MINNIE ZOU HET niet gauw hardop zeggen in gezelschap, maar haar favoriete kunstwerk was Picasso's *Les Demoiselles d'Avignon*. Ze had het schilderij voor het eerst gezien als dia. 'We zien hier vijf naakte prostituees rond een schaal fruit in een Barcelonees bordeel,' zei de tekenleraar, die bevlogener was dan al haar daaropvolgende kunstdocenten bij elkaar opgeteld, 'maar het onderwerp was lang niet het meest schokkende aan dit doek.'

Volgens de leraar markeerde dit werk uit 1907 het beginpunt van het analytisch kubisme, dat in de jaren erop met name door Picasso en Braque zou worden uitgediept en geradicaliseerd. Sommige kunsthistorici noemden het prekubistisch, maar dat was op zijn best gemierenneuk – zo beredeneerd kon alles tot aan de Vlaamse Primitieven wel prekubistisch worden genoemd.

'Let op hun hoekige, verwrongen lichamen,' zei de leraar. 'De maskerachtige koppen van die twee daar rechts. De harde lijnen, de vlakken, de verdraaiingen. Alles vindt tegelijkertijd plaats, op dezelfde plek. Kijk naar die neuzen, die knieën, die borsten. De achtergrondvlakken die overlopen in de voorgrond!'

Drie kwart van haar klasgenoten was inmiddels afgehaakt en staarde verlangend naar buiten, waar de beloften van pauze en zomer trilden in de lucht. Maar Minnie was gegrepen. *Alles vindt tegelijkertijd plaats.* De bleke, platte voorstelling was getransformeerd tot iets dieps en geheimzinnigs, een opening naar een alternatieve werkelijkheid.

De leraar richtte zich tot de paar leerlingen die hem nog volgden.

De modernistische avant-garde waartoe Picasso en Braque, maar ook Matisse en Derain, behoorden, schopte tegen alles wat in hun ogen bourgeois was: het positivisme in de wetenschap, het naturalisme in de schilderkunst, de statische geometrische principes die hieraan ten grondslag lagen. Ze hadden hun tijd mee: in 1895 had Röntgen de straling ontdekt waarmee het menselijk lichaam binnenstebuiten gekeerd kon worden (bij wijze van test had Röntgen de hand van zijn vrouw gefotografeerd, die bij de aanblik van haar handbotjes scheen te hebben uitgeroepen dat ze haar eigen overlijden zag, geen onredelijke reactie gezien het feit dat ieder levend lichaam natuurlijk in potentie een dood lichaam is), en in 1899 was de eerste versie van Freuds *Traumdeutung* verschenen. Er broeide van alles onder de oppervlakte van het zichtbare, en dat was precies waar de kunstenaars naar op zoek waren. Ze verwierpen Euclides, wiens perspectivische principes al eeuwenlang als maatstaf voor iedere schilder golden. Weg met de illusie van driedimensionaliteit! Weg met het idee dat een enkel moment precies moet samenvallen met een enkele plek in de ruimte! De kubisten omarmden de filosoof Henri Bergson, die een nieuw tijdsbegrip introduceerde dat hij *durée* noemde: tijd was geen objectief gegeven maar afhankelijk van ieders individuele beleving en intuïtie. Tijd, en daarom ruimte, kon gekneed en vervormd worden.

'Zonder de kubisten,' besloot de leraar, die nu ieder moment kon worden afgekapt door de dictatuur van de pauzebel, 'hadden er geen dadaïstische fotomontages bestaan in de jaren twintig, geen surrealistische fantasieën in de jaren dertig, geen duizelingwekkende James Bondclips, niet die Matrix-film waar jullie allemaal zo dol op zijn.' Dit laatste schreeuwde hij dwars door het gerinkel van de bel heen, zijn vinger hoog geheven alsof hij er ook fysiek bovenuit moest stijgen. Een paar dagen later kocht Minnie van haar afwasserssalaris een boek over twintigste-eeuwse avantgardes, met daarin een grote, glanzende plaat van *Les Demoiselles*, waar ze iedere avond, voor ze ging slapen, even met haar vingers overheen streek.

Toen ze vlak na haar eindexamens een week bij een nicht van haar moeder in New York logeerde, was ze aan het einde van een dinsdagmiddag naar het MOMA gegaan. Netjes werkte ze van boven naar beneden de zalen af, een duizelingwekkende hoeveelheid kunst die in haar herinnering samensmolt tot één grote capsule van kleur, licht, vorm en geluid. Toen ze eindelijk de zaal betrad waar het doek hing, miste haar hart een slag. Daar was het, geen afgeleide maar het origineel zoals Picasso het bijna honderd jaar daarvoor geschilderd had, groot en helder als een gordijn dat zonlicht doorlaat. Tijd, ruimte en alle verveelde toeristen hielden op te bestaan. Er was geen verschil meer tussen zien en voelen, tussen er wel zijn en er niet zijn. Dit was de totaliteit van alle dingen, alles was even groot en even onbestaand, dit was vervoering. Uiteindelijk (na een paar minuten? Een kwartier? Drie kwartier?) dwong ze zichzelf de zaal uit te lopen, de trap af, een andere zaal in, maar ze wist dat ze alleen maar was weggegaan om er weer naar terug te kunnen, langzaam, zichzelf kwellend met omtrekkende bewegingen.

Sindsdien was ze nooit in New York geweest zonder het schilderij te bezoeken. Iedere keer opnieuw was ze opgelucht te constateren dat het er nog altijd hing, stil, groots, wachtend op haar komst.

*

Minnie zette de auto iets buiten het dorp en liep door de hoofdstraat naar de waterkant. Het was nog rustig op de plassen. Het ijs glansde zwart in het ochtendlicht, dik en onvoorstelbaar glad. In de zomer had het landschap iets zoets en overdadigs, een explosie van primaire kleuren, maar nu, met alleen nog de skeletten van bomen en de grijze waas van rijp over de weilanden, was het teruggebracht tot een bleke essentie van lijnen en vlakken. Als de zomer van Matisse was, dacht Minnie, dan was de winter van de jonge Mondriaan.

Toen ze haar lang weggeborgen Vikings uit de zwarte doos haalde, ze uit hun theedoeken wikkelde, met een doek langs de ingevette ijzers ging, het soepele leer, de zwart-wit gestreepte veters, voelde ze zich een kind dat een kerstcadeau uitpakt.

Everything that happens, will happen today – waar had ze dat gehoord?

Ze staarde naar het donkere ijs en plotseling kwam het haar voor dat de plas eindeloos diep was, dieper dan de diepste trog, een geleider van alle mysteriën die zich sinds het begin der tijden ophielden in het binnenste van de aarde. Er ging iets dwingends van uit, wat haar beangstigde en opwond. Morgen kon alles al volslagen anders zijn, het gladde ijs brokkelig of poreus, totdat het zou breken, verdwijnen, en het water minstens drie seizoenen lang niets meer losliet over de ontzagwekkende transformatie waartoe het in staat was.

'Schaatsers verschillen niet zoveel van godsdienstfanatici,' had haar ex de jonge kunstenaar eens gezegd. 'Ze praten over de conditie van het ijs alsof het de Heilige Schrift is, en als geïncarneerde Jezussen glijden ze over het water, volkomen overtuigd van hun missie.' Hij had daar niets van moeten hebben; als hij geïndoctrineerd wilde worden had hij zich wel aangesloten bij een of andere sekte. Minnie had haar schouders opgehaald en gezegd dat ze nog altijd liever een fanaticus was dan een voorspelbare atheïst. De kiem van hun latere onmin was daar al gelegd, natuurlijk, maar zoiets is alleen achteraf evident.

De doos met daarin haar schoenen stopte ze in haar rugzakje. Ze bond de veters van haar noren twee keer onder de wreef door. Zo had ze het als kind geleerd van de buurman, die schaatsleraar was, gescheiden en indruk had willen maken op haar moeder. Een tijdlang waren ze iedere zondag met tram 9 naar de Jaap Edenbaan gereden: Minnie, de buurman, en zijn zoon, die een jaar ouder was dan zij en deze uitstapjes schreeuwend, rennend en stampvoetend onderging; inspanningen die hem een dermate rood aangelopen hoofd bezorgden dat Minnie zich afvroeg wanneer het uit elkaar zou spatten. Van schaatsen bakte de jongen niets, wat hem in machteloze woedeaanvallen deed vervallen waarbij hij liggend op het ijs met zijn ijzers tegen de houten schotten trapte.

Iedere week na de les kregen ze een pakje appelsap en een liga van de buurman, die de jongen grijnzend tot gruis plette en dit vervolgens van de tafel likte, omdat hij wist dat het zijn vader razend maakte. (Pas veel later had Minnie begrepen dat het al die tijd de vader was geweest die zijn zoon de vernedering van de schaatslessen had laten ondergaan, en dat het gedrag van de jongen niets anders was dan een poging die vernedering teniet te doen.) Voor zichzelf haalde de buurman steevast een peperkoek uit zijn rugzak, die hij opat alsof het een stokbrood was. Van alles was dit Minnie nog het meest bijgebleven: die wilde happen uit de koek, de mogelijkheid dat niet alles eerst in plakjes hoefde te worden gesneden.

*

De echte drukte zou pas een paar uur later beginnen, bij het startschot van een schaatstoer die zich in een wijde boog langs dorpen met onwankelbare namen als Zunderdorp, Schellingwoude,

Zuiderwoude en Holysloot bewoog – al leek die laatste Minnie altijd eerder een soort anachronisme, alsof het Oudhollandse dorp per ongeluk de naam van een snelwegovergang had gekregen.

Een vader met aan zijn hand een dik ingepakte peuter liep voorzichtig langs de waterkant, het kind steeds omhoogtrekkend aan zijn armpje als het onderuit glipte. Verderop gleed een pezige oude man in afgemeten slagen vooruit. Zijn handen had hij om de schaatshoezen achter zijn rug gevouwen en zijn bovenlijf hield hij zo stil dat het leek alsof het niet zijn eigen benen waren die hem vervoerden maar een automatisch aangestuurd rijtuig waarop hij simpelweg had plaatsgenomen. Geen perfect geformuleerde gedachte kon ooit op tegen een perfect uitgevoerde handeling, dacht Minnie, kijkend naar het lome gemak waarmee de man zich voortbewoog. Ze moest denken aan de kleine Japanner die jaren geleden al zigzaggend haar tekeningen van de straat had geraapt; de angst die ze had gevoeld nooit een fractie te weten van wat hij wist.

Voorzichtig gleed Minnie door het riet, totdat ze op de open plas was en ze haar eerste slagen kon maken. Ze had in geen jaren geschaatst, maar haar lichaam had de bewegingen opgeslagen alsof het alleen maar even had gepauzeerd en nu verder ging. Waarschijnlijk zouden haar voeten binnen de kortste keren verkrampen, nog niet gewend aan de druk van een heel lichaam op die twee dunne ijzers, maar het zou wat. Als een gladde spiegel weerkaatste het ijs het goudachtige licht van de zon, die op dit uur maar vlak boven de horizon uit kwam. Wat van een afstandje grijs en vlak had geleken, bestond van dichtbij uit een heel spectrum van kleuren. De vreemde gebeurtenissen van de afgelopen nacht leken plotseling ver weg. De wind waaide koud maar aangenaam tegen haar wangen, en voor het eerst in weken ontbrak het gevoel ergens voor op haar hoede te moeten zijn.

Bij de smalle doorgang die de plas met de weilanden verbond werd ze ingehaald door de oude man, die haar een afgemeten knikje gaf dat perfect in lijn was met zijn schaatstechniek.

'Kijk uit voor windwakken, dame,' riep hij haar in het voorbijgaan toe. 'Die laagstaande zon kan je lelijk verblinden. Persoonlijk heb ik geen zin om zondagsschaatsers aan hun haren uit de sloot te trekken.'

Ze keek hem na. Hij ging sneller dan ze in eerste instantie had ingeschat. 'Je moet het ijs voor je laten werken,' had de buurman haar destijds verteld. 'IJs is glad omdat de moleculen aan de oppervlakte zo hard trillen dat ze vloeibaar lijken. Daaronder houden ze zich koest. Daarom zak je er ook niet doorheen.'

Een paar kilometer verder rustte ze uit tegen een hekje aan het begin van een boerenerf. Haar spieren beefden nu al van de inspanning. Dat van die trillende moleculen had haar als kind al mateloos gefascineerd. Als zelfs de allerkleinste deeltjes ter wereld zich anders konden voordoen, was dan niet álles eigenlijk iets anders dan het was? Met tot spleetjes geknepen ogen had ze iedere week minutenlang naar het ijs getuurd, vast van plan zich niet te laten beetnemen door de natuur. Maar net zomin als het haar lukte objecten te laten vliegen door pure wilskracht was het haar gelukt de trilling van het ijs waar te nemen. Het was een teleurstelling, maar wel eentje die te denken gaf over het universum en alle dingen die de mens daarvan met het blote oog niet kon begrijpen.

Denkend aan dit alles staarde Minnie afwezig naar een schaap dat vlak bij haar in de buurt in kleine, systematische rondes liep en daarbij steeds nerveuze blikken achterom wierp. Pas toen het dier door haar voorpoten zakte, drong het tot Minnie door dat er iets gaande was.

Het schaap ging in slow motion tegen de grond, gracieus haast, alsof het al op de val had geanticipeerd en zich er volledig mee had verzoend. Minnie keek om zich heen. In de wijde omgeving was geen enkel ander schaap te bekennen. Het dier was omgevallen en alleen. Zonder er langer over te denken verwisselde ze haar schaatsen voor haar schoenen en voorzichtig liep ze op het schaap af, dat met haar tong langs haar lippen likte terwijl het met haar voorpoten in het bevroren gras krabde. Het leek onrustig maar niet precies in paniek.

Minnie liep een rondje om het dier heen, niet wetend wat te doen – haar kennis van schapen beperkte zich zo'n beetje tot de wollen truien in haar kast. Ondanks de hulpeloze positie ging er iets oersterks uit van het dier, alsof het was gebouwd om alle andere soorten te overleven in een post-apocalyptische wereld.

Misschien lag het daar wel prima, dacht ze, en hoorde dit soort taferelen bij de dagelijkse routine. Pas toen ze het gelige vlies uit haar achterste zag hangen, vochtig en rond als een waterballonnetje, begreep ze dat er wel degelijk iets aan de hand was.

Het was hartje winter, het vroor dat het kraakte, maar dit schaap had besloten te gaan lammeren in de buitenlucht, onder de auspiciën van de eerste de beste onbenullige stadsmens. Slecht idee, dacht Minnie, en liep het erf op, op zoek naar een boer.

*

'Ik weet niet van wie deze ooi is,' zei de boer. 'Ik hou alleen koeien.'

Van bovenaf keken ze neer op het dier, dat nog altijd op haar zij lag en nu nerveuze blikken naar achteren wierp, waar het ongetwijfeld van alles voelde bewegen.

'Ze moet een heel eind hebben gelopen om hier uit te komen. Ooien zonderen zich af om te bevallen, maar deze hier lijkt het sterk te hebben overdreven. De dichtstbijzijnde schapenhouder zit een paar kilometer verderop.'

De boer wees vaag richting het noordwesten. Hij was nog jong, zeker niet ouder dan dertig, en had een breed gezicht dat er zongebruind uitzag. Pieken geelblond haar kwamen onder een blauwe muts vandaan. Hij leek eerder op een surfer dan op een boer, dacht Minnie. Per ongeluk op het vasteland gesmeten door een vloedgolf. Hij kwam haar vaag bekend voor.

De boer hurkte neer bij het gele ballonnetje.

'Shit,' zei hij. 'Hij is leeg.'

'Er is geen lam?' vroeg Minnie, en had onmiddellijk spijt van deze vraag. Er moest een lam zijn, dit was een bevalling.

'Normaal gesproken zie je het kopje en de poten in de vruchtblaas,' zei de boer op verrassend geduldige toon. 'Dan kun je het schaap gewoon haar gang laten gaan, zelfs buiten in de vrieskou. Maar dit lam ligt in een stuit, verdorie.'

Hij stond op en sloot even zijn ogen. Na een paar seconden opende hij ze weer.

'Luister meisje,' sprak hij tot de ooi, die hun aanwezigheid überhaupt niet leek te erkennen. 'We gaan je overeind hijsen en naar die schuur daar brengen, dus nog even meewerken.'

Hij keek naar Minnie en vroeg hoe ze heette.

'Goed, Minnie. Dit gaat misschien nog lastig worden. Over het algemeen hebben vrouwen op het punt van de bevalling niet zoveel oren naar een man die ze vertelt wat ze moeten doen, en al helemaal niet als hun wordt gevraagd nog eens een blokje om te lopen.'

Samen hurkten ze achter de ooi neer en duwden haar in één beweging overeind. Verdwaasd stond ze op haar poten, klaar om elk moment weer neer te zakken. Maar toen recupereerde ze plotseling, en zonder verdere aansporing liep ze achter hen aan naar de schuur.

'Ha,' riep de boer verbaasd uit. 'Zo mak als een lammetje, wie had dat gedacht!'

Het was donker in de schuur, die zo te zien werd gebruikt als opslagruimte voor allerhande gereedschap, werktuigen en verzakte meubelstukken. In een drafje rende de boer naar achter en kwam weer terug met een bundel stro en een flesje met een plastic tuit. De blaas hing inmiddels ver uit het achterste van de ooi, die weer rondjes was gaan lopen maar langzaam tot stilstand kwam.

'Oké, Winnie,' zei de boer tegen Minnie. 'Ik moet nu snel handelen. Door de ligging kan de navelstreng breken.'

Hij haalde een grote plastic handschoen tevoorschijn, die zijn hele arm bedekte. Zonder omhaal schoof hij zijn hand bij het beest naar binnen. Met zijn andere hand voelde hij aan de buitenkant van de buik. Voor een koeienhouder was hij behoorlijk handig met schapen.

'Allemachtig,' riep hij verbaasd uit. 'Zo te voelen ligt er nog eentje achter.'

Vol ontzag keek Minnie naar de behendigheid waarmee de boer de poten van het eerste lam uit de ooi trok. Een paar seconden later lag het jong in het stro, mager en langwerpig, glibberig in de restanten van het vlies. De boer gaf een tik tegen de flank en wierp het jong voor zijn moeder neer, die het direct begon schoon te likken. Het bewoog met zijn kopje en hapte toen zijn eerste teugen lucht binnen.

'Eigenlijk moeten we nu wachten tot ze opnieuw weeën krijgt,' zei de boer. 'Maar door die stuitligging van de eerste vertrouw ik het niet.'

Hij begon de ooi te melken. Direct kwamen er gelige straaltjes biest uit de uier, die hij opving in het flesje. (Tot haar eigen verbazing kende Minnie dat woord, biest, een weetje dat waarschijnlijk al sinds haar kindertijd stof lag te vergaren in een achterkamer van haar geheugen.)

'Het melken wekt de weeën op,' zei de boer, en inderdaad was aan de ooi te zien dat ze zich opnieuw klaarmaakte voor een bevalling. Opnieuw verdween de hand van de boer in haar achterste. Het duurde langer deze keer, maar na een paar minuten kwam ook het tweede lam tevoorschijn. Vlug verwijderde de boer de vliezen rond zijn bek, maar in tegenstelling tot de eerstgeborene begon het niet automatisch naar lucht te happen.

'Complicaties,' zei hij. 'De rottige ligging van die eerste heeft de navelstreng van deze waarschijnlijk bekneld.'

Kordaat pakte hij het stille lam bij zijn achterpoten beet en vroeg Minnie een emmer water te gaan vullen achter in de schuur. Dankbaar te zijn bedeeld met een opdracht rende ze in de richting waar de boer naar gewezen had.

De schuur was groter dan ze had gedacht. In de schemering zag ze de contouren van allerlei apparaten die ze niet kon thuisbrengen. De emmer stond tegen de achterwand, naast een ton met water. Een grote houten deur stond op een kier waar fel zonlicht door naar binnen scheen. Het licht viel precies op een stilleven van opeengestapelde bloempotten en een slordige hoop boomschors. Met haar ogen volgde Minnie het licht omhoog waar het op de dakspparren scheen, die lange donkere schaduwen wierpen op de tussenliggende stukken. Ze bleef staan. Dit had ze al eens gezien, precies dít.

Er kan een zeer sterk gevoel van déjà vu optreden.

Even bevroor alles, maar toen schudde ze met haar hoofd. Dit was niet het juiste moment voor vage onheilsgevoelens. Er was een leven te redden.

Met de klotsende emmer snelde ze terug naar de boer, die de kop van het lam een paar keer achter elkaar kort in het water doopte. Daarna legde hij het met een plotselinge zachtheid in zijn bewegingen neer in het stro. Hij haakte zijn vingers achter de ribbenkast van het beest en trok hem omhoog. Toen drukte hij met beide handen de ribwanden weer samen. Dit herhaalde hij een keer of tien.

Gebiologeerd keek Minnie naar deze handeling, die de boer met rust en aandacht uitvoerde. Ze dacht aan de pezige schaatser met zijn afgemeten slagen, de barvrouw die de chartreuse in de glaasjes liet vloeien, het hennameisje dat haar hand steeds voorzichtig op haar eigen kruin had gelegd.

'Helaas,' zei de boer ineens. Hij haalde zijn handen van het beestje en liet ze even in de lucht zweven, als een bezwering. 'Zo dood als een pier. Misschien was het al dood voordat de bevalling begon. Wie zal het zeggen.'

De ooi was nog altijd bezig het eerste lammetje schoon te likken, zich volledig onbewust van het verlies dat ze zojuist had geleden. Met één hand raapte de boer het dode lam van de grond. Wat moest je doen met zo'n beest? Werd het begraven, verbrand, vermalen in een shredder? Minnie durfde het niet te vragen. Ze staarde naar de grote hand van de boer om dat kleine lijf en daarna naar zijn brede gezicht, dat ze maar niet kon plaatsen.

'Ja ja,' zei hij. 'Je herkent me zeker. Ik was vorig jaar op tv, *Boer zoekt vrouw*. Sindsdien kijkt iedereen naar me zoals jij. De meeste mensen kunnen me niet plaatsen. Die denken dat ze me nog kennen van de basisschool, of weet ik het, de atletiekvereniging. In werkelijkheid kennen ze me omdat ze vanaf hun bank naar een scherm hebben zitten kijken. Wil je koffie?'

DE EERSTE PAAR dagen van februari waren zo weinig opzienbarend dat Minnie zich afvroeg of ze niet inderdaad in een soort pauze was beland. Hoe had ze het ook alweer verwoord naar haar agent? *Een bezinningsperiode.*

Ze kende een actrice die dat woord gebruikte. Ieder jaar reisde ze af naar een klooster in Italië om daar met een groep drie weken in totale stilte te mediteren, onder leiding van een wiskundehoogleraar die ook meester in de Vipassana-meditatie was. Soms kwamen de cursisten de nonnen tegen die in de aangrenzende vleugel woonden. Met gebogen hoofd schuifelden ze door de gangen, meesteressen van stilte en toewijding.

Op een ochtend, vertelde de actrice, werd er een briefje onder de deur van haar cel geschoven. Het was afkomstig van de Vipassanameester, die haar verzocht die middag om vijf voor drie aanwezig te zijn op de eerste verdieping bij die en die deur. Toen de actrice er aankwam stonden daar de Vipassana-meester en een oude non. De oude non pakte een sleutel uit haar buidel, het had iets filmisch allemaal, en opende de deur. Eerst was het te donker om iets te kunnen zien, maar eenmaal gewend ontwaarde de actrice iets ongelofelijks. Daar, tegen de achterwand, stonden vijf gemummificeerde nonnen in het gelid, traditioneel gekleed in zwarte habijt met witte scapulier en een groot zilveren kruis ter hoogte van hun borst. De huid van hun gezichten was perkamentachtig maar nog geheel intact. Vier van de vijf leken in alle rust te zijn ingeslapen – ogen netjes gesloten, kalme gelaatstrekken – alleen op het gezicht van de laatste non was een uitdrukking van doodsangst af te lezen. Haar mond stond wijd opengesperd en haar wangen waren hol als de schreeuwer van Munch.

'Het leken een soort prototypen,' vertelde de actrice. 'Alsof ik in een sciencefictionfilm was beland waar ingevroren mensen weer tot leven worden gewekt of zo.' De Vipassana-meester had in haar oor gefluisterd dat de nonnenmummies stamden uit zestienhonderd-zoveel. Eeuwenlang waren ze ingemetseld geweest, waarom precies wist niemand, maar het had hen al die tijd gepreserveerd. De oude non prevelde een gebed in het Italiaans, daarna sprak de Vipassana-meester een mantra in Sanskriet uit terwijl bij de non de tranen over haar wangen liepen. De actrice had niet echt iets gevoeld, maar toen ze een paar dagen later in een opwelling naast een paar nonnen knielde voor een Christusbeeld in de kapel was er ook in haar ineens iets losgeschoten, heel merkwaardig, alsof ze in kleine stukjes uiteenviel maar tegelijkertijd bij elkaar gehouden werd door een helder licht. 'Het gaat allemaal om loslaten daar,' had ze tegen Minnie gezegd, die haar daarop vroeg wat je deed als het loslaten gelukt was. Meewarig had de actrice met haar hoofd geschud (niemand schudt ooit meewarig met zijn hoofd, dacht Minnie, behalve in slechte boeken en soapseries).

'Loslaten is een activiteit,' zei ze na het schudden. 'En een doel op zich. Je moet het steeds blijven doen. Het is iets heel westers om te denken dat je er een eindpunt mee bereikt. Zie het als eindeloos in rondjes rijden. Je kunt het aantal rondjes bijhouden, maar alleen als ritueel. De getallen zelf betekenen niks. Jeetje, best een goed idee eigenlijk, als kunst. Jij maakt toch conceptueel werk?' Minnie knikte, want het had haar ontbroken aan de energie om uit te leggen dat dit al eens was gedaan, in 1977 om precies te zijn, op de tiende Biënnale van Parijs, door Marina Abramović en Ulay.

*

Haar agenda had ze tot en met 21 maart zo leeg mogelijk gehouden, zoals ze altijd deed tijdens een periode dat ze intensief aan een project werkte. Het probleem met dit project was alleen dat het werk bestond uit er zijn. En er zijn was, realiseerde Minnie zich, niet alleen een goeddeels passieve aangelegenheid maar ook een soort gevangenis: wie er was, kon er niet níét zijn. Deze bestaansbevestiging was in metafysisch opzicht een geruststelling, maar in de praktijk, of in elk geval in déze praktijk, toch eerder een verbod.

'We bouwen een panopticum voor twee personen,' had Minnie tegen de fotograaf gezegd toen ze die derde januari, een maand en net zo goed een eeuwigheid geleden, de deur uit waren gelopen bij Specht & Vink na het tekenen van de akte. 'Old-school Foucault. Al is het moeilijk in te schatten wie van ons de bewaker is en wie de gevangene.' Ze had deze zinnen min of meer gerepeteerd en zo klonken ze tot haar ergernis ook. 'Het verbod op contact geldt voor ons beiden, wat duidt op gevangenschap. Maar ja, ík ben natuurlijk volledig zichtbaar voor jou, terwijl ik jouw aanwezigheid alleen maar kan vermoeden. Toch is het alsnog de vraag wie wie disciplineert in deze situatie.'

'Nee,' antwoordde de fotograaf, nadat ze een tijdje in stilte langs de gracht hadden gelopen. 'Ik jou. Ik heb mijn camera, of als we toch de panopticum-retoriek aanhouden: mijn alziend oog, dat alles registreert en niets vergeet. In feite ben ik God, kiddo. En jij een nietig figuurtje dat onder mijn toezicht een beetje over deze aarde scharrelt, totdat ík besluit dat het wel welletjes is.'

Ze slalomden om plukken afval die her en der over de weg verspreid lagen. Op de hoek van de Prinsengracht en de Vijzelstraat had de storm van de dag ervoor een klein boompje met kluit en al uit de grond getrokken, dat nu op zijn zij lag te deinen in de wind als een baby in zijn wieg.

'Jij bent dat boompje,' had de fotograaf gezegd. Hij was zichtbaar tevreden met deze vergelijking.

'O ja?' zei Minnie. 'Ik bepaal nog altijd waar jij heen moet met je "alziend oog". Als ik, binnen de drie weken die jij uitkiest om mij te volgen, besluit om, weet ik veel, urenlang met een hop-on-hop-offbus door Amsterdam te toeren, is dat ook min of meer jouw lot.'

'Je enig toegestane vervoermiddel is een fiets.'

'Ik kan ook heel hard fietsen. Ik zou urenlang in rondjes kunnen fietsen. Op straat slapen. Weken met een bivakmuts kunnen rondlopen. Een bank overvallen. Je begrijpt mijn punt.'

Ze liepen een bar binnen die eruitzag als een iPod en namen plaats op vierkante, witleren krukken met smalle roestvrijstalen poten. Achteraf gezien, dacht Minnie, waren die krukken een voorbode geweest van de roodfluwelen exemplaren waarop ze later zouden plaatsnemen, in die donkere bar aan het Rembrandtplein, toen ze zich allang hadden verzoend met de afloop van de avond en het feit dat ze op een rare manier elkaars leven hadden geïnfiltreerd.

'Ja, dat zou je kunnen doen,' zei de fotograaf op dit eerdere moment in de tijd, toen alles al was begonnen aan de hand te zijn, ook al deden ze juist of er niets aan de hand was, of althans niet veel.

'Maar je zou het alleen doen omdat je wordt voortgestuwd

door de gedachte dat ik er ben, met mijn lens, om jou vast te leggen, tot stilstand te brengen. Te vereeuwigen. Hoe je het ook wendt of keert, kiddo, je maakt je afhankelijk van mijn blik. Of om preciezer te zijn: de suggestie van mijn blik. Wat is dit voor een bar trouwens?'

Minnie zei dat ze geen idee had, híj was hier resoluut naartoe gelopen, waarop de fotograaf antwoordde dat hij háár juist was gevolgd. 'Kortom, de problemen beginnen nu al,' zei hij, met die lach van hem. Op dat moment werden er twee glazen prosecco naar hun tafel gebracht. De glazen hadden een vierkant onderstel en een poot met een knik erin. Het was geen gezicht. Vooral die knik detoneerde. Ze proostten. Minnie vroeg zich af of de fotograaf inderdaad meer macht over haar had dan ze zichzelf voorhield, en bedacht dat ze een hekel had aan prosecco. Misschien had hij gelijk. Of kon niemand gelijk hebben, omdat dit allemaal alleen in theorie was en theorieën tijdverdrijf waren voor strategen en intellectuelen. Voor iedere theorie tien werkelijkheden. Dit had vast iemand eens zo gezegd, dat kon haast niet anders, vroeg of laat werd alles een uitspraak.

'Ik zag eens een toneelstuk van Beckett, *Happy Days*,' zei de fotograaf nadat hij een paar grote slokken van de prosecco had genomen. Weer zo'n klokkende adamsappel, dacht Minnie, de eeuwige wederkeer. 'Een vrouw zit tot haar middel ingegraven in een hoop aarde. Ze rommelt in een handtas en kwebbelt erop los. Achter die heuvel van haar ligt haar echtgenoot. Hij zegt bijna niets terug, en áls hij al spreekt is het om willekeurige krantenkoppen voor te lezen of zijn vrouw te laten blijken dat ze hem mateloos irriteert. Er bestaan geen dagen meer in deze wereld, ook geen nachten, er is alleen maar een zee van licht en een oorverdovende bel die hen dwingt op gezette tijden, of nou ja, van tijden kun je ook weer niet precies spreken, te waken en te slapen.

In de tweede akte zit de vrouw ingegraven tot en met haar nek. Ze is nu volledig immobiel geworden en kan alleen nog maar recht vooruit de zaal in praten. Naast haar ligt een revolver. Er is iets veranderd en er is niets veranderd, zie je?'

'Waar komt die revolver ineens vandaan?'

'Die zat in haar handtas. In de eerste akte zou ze zichzelf nog van het leven kunnen beroven, in de tweede niet meer. Alleen haar hoofd steekt tenslotte nog boven die berg uit.'

'Niemand kan zichzelf van het leven beroven bij Beckett,' zei Minnie. 'Al die karakters leven in tijdeloze universums. Zonder tijd is alles voor altijd.'

Ze wist niet precies waar ze deze wijsheid vandaan had, maar hij klonk waar. De fotograaf knikte langzaam.

'Er is een scène waarin de vrouw een spiegeltje uit haar tas pakt en het verbrijzelt op een steen. Ze zegt daarbij precies wat ze doet: ik pak dit spiegeltje op, ik verbrijzel het op een steen. Ze zegt dat ze het weggooit en gooit het weg, al die tijd wetend dat het de dag erop weer keurig in haar tas zal zitten, alsof er niets gebeurd is. Ze leeft in een wereld waar woorden en zelfs daden volledig zijn ontdaan van hun consequenties. Een naakte wereld, gepeld tot een kern die alleen nog maar uit zinloosheid kan bestaan.'

Hierop tikte hij de laatste slok prosecco weg. Het foeilelijke glas liet hij ter hoogte van de knik balanceren op het topje van zijn wijsvinger. Zijn klikvinger, dacht Minnie. Alle meedogenloosheid in één enkel kootje.

'Hoe dan ook,' zei hij, 'je zou zeggen dat die vrouw het voor haar echtgenoot allemaal niet hoeft te doen, dat praten, die luistert toch niet, maar het punt is nu juist dat ze het wél voor hem moet doen. Ze kan alleen spreken omdat ze weet dat ze gehoord wordt, sterker nog, ze kan alleen maar bestaan in de wetenschap dat er nog iemand anders achter die heuvel zit. "Iemand kijkt nog steeds naar me, houdt nog steeds van me," zegt ze op een gegeven moment. "Ogen op mijn ogen", of zoiets, en wat ze zou moeten zonder. In elk geval is de conclusie dat ze dan alleen nog met opeengeklemde lippen voor zich uit zou kunnen staren, niet levend, niet dood maar ergens in een gruwelijk tussenland.'

'Is het een droevig of een vrolijk stuk?' vroeg Minnie.

'Waarschijnlijk allebei,' zei de fotograaf. 'Het is vrolijkheid die op het randje van de afgrond balanceert. Nu ik erbij nadenk zou ik eigenlijk geen enkel ander kunstwerk kunnen noemen dat zo'n treffende verbeelding is van de menselijke wanhoop. Dat schelle licht, het praten tegen de klippen op, de hysterische opgewektheid. Die vrouw wordt overduidelijk langzaam gek, maar tot het einde toe klampt ze zich vast aan het leven, de chronologie van dingen die al lang niet meer chronologisch bestaan.'

'En nu wil je beweren dat ik de vrouw in die hoop aarde ben.'

'De vraag is: waarom ligt die revolver daar?'

De fotograaf sprong van zijn kruk en diepte een briefje van twintig uit zijn portemonnee, dat hij onder zijn glas schoof.

'Kom,' zei hij. 'We verlaten deze smakeloze tent. We gaan eten en dan nog meer drinken, en dan neem ik je mee naar mijn huis.'

Minnie wist dat het bepaald niet in de mode was om te vallen voor dit soort opzichtig vertoon van viriliteit, maar niet alles laat zich inrichten naar de regels van de goede smaak. Ze liep achter hem aan de iPod-bar uit, de straat op, de avond in, de steeds dieper en donkerder wordende nacht, en het was alsof ze zich toen al aan elkaar hadden vastgeketend, twee bewakers, twee gevangenen.

VRIJHEID. DAT WAS de werktitel die Minnie aan het project had gegeven, maar die eerste dagen van februari vroeg ze zich af of *Stierlijke verveling* niet passender zou zijn. Buiten die vreemde emotionele lunch met haar moeder op de eerste dag, gebeurde er niets opzienbarends. Ze zwom meer baantjes dan ooit, deed boodschappen, fietste doelloos langs het IJ, las boeken en voelde zich al met al een 65-plusser die net met pensioen was gegaan. Vanuit haar raam staarde ze vaak minutenlang naar het raam aan de overkant van de straat, al wist ze niet wat ze hoopte te zien.

Op de zevende dag hield ze het regime van rust, reinheid en regelmaat niet meer uit. In de P.C. Hooftstraat kocht ze een nauwsluitende zwarte jurk die een klein fortuin kostte. Ze bezocht haar kapper in de Jordaan, die Eirrah heette omdat dit het omgekeerde was van Harrie en haar ouders eigenlijk een zoon hadden gewild die ze zo hadden kunnen noemen, Harrie, naar alle generaties mannen die de familie ooit had gekend. Eirrah knipte nauwelijks iets van Minnies haar af, dat deed ze nooit, ze was een subtiele kapper en liet zich niet van de wijs brengen door onzinnige trends. 'Je moet naar de persoon kijken,' zei ze steeds opnieuw. 'Iedereen is een individu.'

Om acht uur 's avonds bestelde Minnie een taxi. Ze had zich in de jurk gehesen en zo'n grote hoeveelheid make-up op haar gezicht gesmeerd dat het een soort masker was geworden. Ze verwachtte zich er anoniem door te voelen, beschut, maar in plaats daarvan was er een overschot aan gezicht ontstaan, schreeuwerige gelaatstrekken die elkaar verdrongen om gezien te worden. Het had, dacht ze, kijkend in de spiegel, wel wat weg van die koppen van *Les Demoiselles*. Naakt, grotesk, wild.

Pas toen ze de taxi haar straat in zag rijden besefte ze dat ze contractbreuk zou plegen als ze zich liet vervoeren. Even twijfelde ze. Hoewel het niets met weten in de strikte zin van het woord te maken had, was ze er absoluut zeker van dat de fotograaf nog altijd niet begonnen was haar te volgen. Niemand zou er ooit achter komen en de overtreding zou zichzelf uitwissen zoals die rottige boom in het bos die omvalt zonder dat iemand het hoort en daarom niet omvalt. Aan de andere kant kon je niet zomaar van elk moreel probleem een ontologisch probleem maken – op die manier was alles wel te rechtvaardigen. Dus excuseerde ze zich, betaalde de chauffeur het dubbele van wat de rit zou hebben gekost en omdat de jurk onverenigbaar was met een fietszadel schoot ze een paar gympen aan en trok, voordat ze de tijd had zich te bedenken, vlug de deur achter zich dicht.

De avond was grauw en vochtig koud, het vroor nog altijd zeker vijf graden, en daar liep Minnie, met een 10 denier-panty, een gezicht als een masker en een handtas met daarin een opzichtig paar rode Manolo Blahniks. Door de panty schemerde een groenpaarse vlek in de vorm van Australië (alle vlekken krijgen uiteindelijk de vorm van Australië), die in een week tijd van haar heup was afgezakt naar haar bovenbeen, bezinksel in een rivier. Als het niet zo snijdend koud en stomvervelend was had ze waarschijnlijk hartelijk om zichzelf kunnen lachen.

Na de episode met die ooi, ruim een week geleden nu, was Minnie de boer gevolgd naar zijn keuken voor een kop koffie. Terwijl de koffie door het filter druppelde hadden ze wat staan praten over het televisieprogramma waaraan de boer wel bekendheid maar geen vrouw had overgehouden. Allebei probeerden ze aan iets anders te denken dan het dode lam op de vloer van die gereedschapsschuur. 'Het is de natuur,' had de boer gezegd, bij wijze van afscheid. 'Soms leeft het en soms sterft het, daar is verder weinig aan te doen.'

Toen ze weer op het ijs stond had ze meteen gemerkt dat haar spieren stram waren geworden van de onderbreking. De nauwe schaatsen knelden om haar voeten, het ijs leek minder glad, de tegenwind harder. En toen, vlak voor ze het dorp weer bereikte, was ze met haar rechterijzer in een scheur blijven haken. Er viel niets meer te corrigeren, de stilstand was te abrupt, en daar ging ze, als een stripfiguur die tegen een onzichtbare muur klapt. Eerst bonkte haar knie op het ijs, toen haar heup. Ze voelde niets maar was zich in extreme mate bewust van het feit dat ze was gevallen, dat dit niet meer te verhelpen was en dat ze zich eraan moest overgeven. Zeker tien seconden lang bleef ze op het ijs liggen. In de wijde omgeving was geen mens en zelfs geen dier te bekennen. Met het wegvallen van het geluid van ijzer over ijs was alleen stilte overgebleven. Alles is mislukt, dacht Minnie, en plotseling werd ze overvallen door een groot gevoel van opluchting. Alles was mislukt en niets kon nog mislukken. Ze wist precies wat ze nog overhad. Pas toen ze weer overeind was gekomen, de laatste paar honderd meter had afgelegd, haar schaatsen terug in hun doos had gedaan en naar haar auto was gestrompeld, was de pijn tot haar doorgedrongen, de lullige pijn van een beurse plek, die met al die andere soorten pijn niets van doen heeft en juist daarom zo onuitstaanbaar is.

Eenmaal terug in Amsterdam kwam de hele tocht haar onwerkelijk voor, een droom die misschien wel iets wilde betekenen maar het toch niet kon, omdat de gebeurtenissen te onzinnig voor woorden waren. Alleen het kleurenpalet dat zich in de dagen daarna over haar heup verspreidde herinnerde eraan dat er wel degelijk iets was voorgevallen, maar de herinnering was onwillig, een souvenir van een plek waar ze nooit was geweest.

Toen Minnie na ruim een halfuur lopen bij het Stedelijk Museum aankwam, of althans bij het gedeelte dat nog was geopend tijdens de voortslepende verbouwing, trof ze een groep onverwoestbare rokers voor de deuren. Lange dunne modellen met gevaarlijk diep uitgesneden decolletés, mannen van het type John Travolta (de oude, niet de jonge), designers met brillen zo groot als hun halve gezicht. Vanuit binnen klonk een pulserend geluid van muziek en stemmen.

'Minnie!'

Een van de rokers maakte zich los van de groep en viel haar in de armen. Puntige bakkebaarden, satijnen das, knalroze anjer in zijn borstzak. Het was haar coke-snuivende kennis met het modelabel. Ze dacht aan de laatste keer dat ze hem had gesproken, aan de telefoon, hoe hij haar schreeuwend had ingelicht over de *Vogue*-foto's.

'Geweldig om je te zien! Hoe ís het!'

Hij hield zijn pakje sigaretten voor haar gezicht, en daarna een aansteker.

'Je ziet er geweldig uit,' zei hij. 'Voller of zoiets. Die make-up doet het echt voor je.'

Ze steunde op zijn schouder, verwisselde de gympen voor de Manolo Blahniks, nam een flinke hijs van de sigaret en rechtte haar rug. Het was wonderbaarlijk hoe anders de wereld eruitzag als je ogen er tien centimeter verder van verwijderd waren. Ze wist dat de hoge hakken haar nog altijd niet langer maakten dan de gemiddelde vrouw op platte schoenen, maar ze had het gevoel boven iedereen uit te torenen ('grootheidswaanzin,' had de fotograaf grijnzend tegen haar gezegd toen ze eens naast hem stond op diezelfde hakken en beweerde langer te zijn dan hij).

'Iedereen is er,' zei de kennis. '*You name it.* Het schijnt dat Rufus Wainwright zo ook nog komt opdraven voor een liedje.'

Op de uitnodiging die Minnie had ontvangen stond dat het een bescheiden feestje met een 'intiem karakter' zou zijn. Misschien, dacht ze, betekende intiem in de modewereld wel precies het omgekeerde van waar het doorgaans voor gebruikt werd.

Sinds ze in de *Vogue* had gestaan werd ze met enige regelmaat voor dit soort evenementen uitgenodigd. De meest waanzinnige brief was een paar weken eerder uit Italië gekomen. Een voormalig minister uit het kabinet van Berlusconi had haar een retourtje naar Olbia-Costa Smeralda, Sardinië, toegestuurd, voor een *grande festa* op zijn jacht. 'Neem deze maar niet aan,' stond op de begeleidende post-it die verder was voorzien van een trits uitroeptekens en knipogende smileys, 'mocht je ooit nog een politieke carrière ambiëren.'

De sigaret smaakte haar niet. Terwijl ze hem uittrapte met het puntje van haar schoen speurde ze onwillekeurig de straat af. Op zoek naar een schaduw, misschien. Iemand die kon verdwijnen in de nacht. Plotseling was ze er niet meer zo zeker van dat het allemaal nog niet begonnen was. Van achter hun designbrillen, hun lokken, de rook van hun sigaretten voelde ze de blikken van de mensen om haar heen. Daarvoor was iedereen naar dit feest gekomen, om blikken te werpen en toegeworpen te krijgen, schaamteloos maar met de schijn van decorum.

'Waar ben je tegenwoordig mee bezig?' hoorde ze de kennis iemand vragen. Pas toen hij het herhaalde besefte ze dat de vraag voor haar bedoeld was.

'O, niet echt met iets concreets,' zei ze. 'Een bezinningsperiode.'

'Heel goed, heel goed. Je hebt van die kunstenaars die zich helemaal verliezen in hun werk, snap je wat ik bedoel? Die denken dat hun hele leven een kunstwerk is. Zó jaren zeventig.'

'Ja,' zei Minnie. 'Zullen we naar binnen?'

Ze had zin om in een menigte te verdwijnen, warme lijven die langs elkaar glippen, huiden en stoffen, niet meer hoeven praten.

Een mollig meisje dat op het tweede gezicht geen meisje was maar een vrouw van middelbare leeftijd die zichzelf in een – ongetwijfeld wanhopige – poging de tijd terug te draaien een kapsel had aangemeten dat bestond uit twee peroxideblonde vlechten en een diadeem, stond naast de garderobe te klunzen met een iPad. Ongeduldig draaide ze het ding een aantal kwartslagen heen en weer, ondertussen druk swipend over het beeldscherm, totdat het haar lukte om Minnies naam uit de gastenlijst te filteren. Van een mager meisje op plateauzolen kregen ze een mintgroene cocktail aangereikt die evenwel in de verste verte niet naar mint smaakte. Eerder naar droge aarde, dacht Minnie, voor zover dat een smaak kon zijn. Tot haar verrassing was de drank in het glas lauwwarm.

'Het is Japans,' zei de kennis, tikkend tegen het glas. 'Een zeldzame variant van de sterkedrank *shochu*, vast en zeker afkomstig uit zo'n authentiek Japans bergdorp met een onmogelijke naam, aangelengd met groene thee. Heel exclusief allemaal, jammer dat het zo waardeloos smaakt.'

In één teug dronk hij zijn glas leeg.

'Het schijnt,' zei hij op samenzweerderige toon, zijn gezicht vlak bij dat van Minnie, 'dat ze bezig zijn aan een nieuwe show die echt *mindblowing* is.'

Zijn adem rook naar iets wat te lang in een kelder had gelegen.

Terwijl hij achter haar aan liep naar de garderobe vertelde hij over de show, die volgende zomer moest plaatsvinden tijdens de Parijse Fashion Week. Het was allemaal nog top secret, maar via via had hij gehoord dat de collectie – de eerste haute couturecollectie van het duo na jaren confectie – geïnspireerd was op de beroemde Japanse Zentuin bij de Ryoan-ji tempel in Kyoto.

'In die tuin liggen vijftien rotsen. Waar je je ook bevindt, het is onmogelijk om al die rotsen tegelijk te zien. Het idee is dat het totaaloverzicht alleen is weggelegd voor hen die de verlichting bereikt hebben, of hoe noemen ze dat in die cultuur. In de show zijn de modellen de rotsen, begrijp je, en de catwalk is de tuin zelf. Ik zou niet weten hoe dat er allemaal uit moet komen te zien, maar het klinkt fantastisch, toch? Iedereen die iets voorstelt doet tegenwoordig iets met Azië.'

Een van de John Travolta's doemde achter hen op en greep de

kennis bij zijn schouder. Er volgde een uitwisseling van schouderklappen over en weer, een intrigerende omgangsvorm die voorbehouden was aan mannen onder elkaar en in heldere contouren de hele evolutie van aap naar mens blootlegde.

'This is Minnie Panis,' zei de kennis, 'google her.'

Travolta vermorzelde haar hand en zei met een bulderende lach dat zijn huis bestond uit vliegvelden over de hele wereld. Toen hief hij zijn arm op, riep luid '*ragazza mia*' en liep af op een gerimpelde dame in een Chanelpakje.

'Die man heet Lorenzo Lotto,' zei de kennis, terwijl ze toekeken hoe hij de vrouw zowat de lucht in tilde bij wijze van omhelzing. 'Precies zoals die kunstschilder uit de Renaissance. Dat is toch te gek.'

Er was een toespraak geweest, een overhandiging van iets, een gigantische roze taart met strikken die aan stukken werd gesneden, nog meer diademen. Al die tijd had het modeontwerpersduo op het podium gestaan, een beetje verloren, alsof ze tegen hun wil op hun eigen feest terecht waren gekomen – wat eigenlijk heel goed mogelijk was, dacht Minnie. Achter een witte vleugel zong Rufus Wainwright ten slotte met zware Quebecaanse tongval een Franstalig liedje over een hoer in de straten van Parijs, en daarna, in het Engels, iets over een homoseksuele Messias die zou terugkeren op aarde om er gedoopt te worden in sperma. De zaallichten werden gedoofd, alleen op Rufus Wainwright scheen een felle spot. 'Better pray for your sins,' zong hij steeds opnieuw, met een langgerekte, nasale stem waarin evenveel diepgevoeld leed als voorliefde voor camp weerklonk.

Minnie stond aan de zijkant tegen een pilaar geleund, net buiten de massa, en plotseling had het haar geraakt: deze man achter die protserige vleugel, zijn lijzige stem, zijn pijn, de toehoorders die allemaal op hun eigen manier wanhopig waren. Hoewel ze wist dat het niet zo was, beeldde ze zich in dat de fotograaf zich ophield in een hoekje van de ruimte en al haar bewegingen nauwlettend registreerde, en ineens begreep ze wat er niet klopte aan die gevangene-bewakertheorie. Het ging er niet om wie van de twee meer macht uitoefende over de ander, maar om wie van de twee er meer gekoesterd werd.

Minnie staarde naar de mensen die in het donker naar het

concert luisterden en zich onbekeken waanden. Hun ruggen waren minder recht, hun gelaatstrekken minder strakgespannen. Ze bestonden niet meer uitsluitend ten opzichte van anderen, maar voor even ook als zichzelf. Binnen een paar minuten zouden de lichten weer aangaan, en dan zou alles weer zijn als voorheen. 'Waar waren we,' zouden ze tegen elkaar zeggen, en daarmee zouden ze doelen op een gesprek dat ze wilden hervatten, omdat er altijd een gesprek te hervatten was, ook zonder gesprek, en ze zouden niet in de gaten hebben hoe precies die formulering was omdat ze inderdaad even op een plek waren geweest die anders was dan de meeste plekken die ze kenden, verder weg, vreemder, donkerder.

OP DE ELFDE dag veranderden de zaken.

MINNIE KNIPPERDE EEN paar keer met haar ogen toen de zon zich in gefilterd wit aankondigde door de dunne gordijnen van haar slaapkamerraam.

Dagenlang was het grijs geweest, minder koud dan daarvoor en toch kouder, of in elk geval hopelozer. De temperatuur had rond het vriespunt geschommeld en op het ijs in de grachten waren plasjes water komen te staan, eerst alleen langs de randen en onder de bruggen, maar daarna overal, totdat er wakken in waren gevallen.

Starend naar het oplichtende vlak van haar raam bleef Minnie stil op haar rug liggen, handen op de plekken waar haar onderbuik overliep in haar heupen.

Er was iets veranderd, een perspectiefwisseling. Haar hart klopte wild in haar borst, alsof ze zojuist een grote inspanning had geleverd; haar T-shirt plakte aan haar lijf, klamme haarslierten plakten tegen haar voorhoofd. Desondanks voelde ze zich helder, gewichtloos.

Ze had iets gedroomd, of in elk geval waren er beelden aan haar voorbijgetrokken waar ze niet veel van begreep. Een typemachine op een houten tafel, de sleuven van een roltraptrede. Een zwartleren portemonnee. Pas toen ze haar hoofd opzij bewoog en recht in de donkerte onder haar bed keek, begreep ze dat ze er niet in lag, maar ernaast.

Het is begonnen, dacht ze, kijkend naar de stofwolken die zich verzamelden in de luwte onder het bed. Ze kon het niet zeker weten en toch wist ze het zeker. *Ogen op haar ogen.*

Toen ze de gordijnen opende gutste het zonlicht ongecensureerd naar binnen, stralen van Bijbelse kwaliteit, grootse schijnwerpers die vanuit de hemel op haar neerdaalden. Met tot spleetjes geknepen ogen tuurde ze naar het raam aan de overkant van de straat. Ze beeldde zich in dat ze hem zag, haar bewaker, kijkend, wachtend op het juiste moment, wat dat ook mocht zijn.

Encore une journée divine, fluisterde ze in zichzelf, *a perfect day*, om Jezus Christus' wil Amen.

*

Minnie verliet haar huis zonder vastomlijnd plan. Eenmaal buiten werd ze overweldigd door het melkachtige licht dat alles wit kleurde. Zelfs de lucht die ze inademde was wit, een wolk van kou en licht in haar longen. De wereld tintelde, het leek verdomme wel geënsceneerd, een fonkelende folder voor een winters stedentripje. Ze liep door tot ze de randen van de stad bereikte, brede straten met lage rijtjeshuizen in de schaduw van omineuze flatgebouwen, sommige bestaande uit grote glazen lofts, andere opgedeeld in honderden hokjes die aan minstens tien keer zoveel bewoners onderdak boden.

De grote plas waar ze eindigde – haar bestemming, blijkbaar – lag er sereen en nog altijd bevroren bij. De dooi had hier nog niet zo wild om zich heen geslagen als in de binnenstad. Minder mensen, dacht Minnie, minder van alles wat mensen uitstoten.

Ze liep binnen bij een café met grote ramen die uitkeken over de bevroren plas. De muren van het café waren voorzien van donkerpaars behang met een opdruk van Franse lelies. Boven haar hoofd hing een gigantische kroonluchter met blauwe lampjes. Zoals altijd bij dit soort in de lucht hangende gevaartes stelde ze zich voor dat het ding zou losraken van het plafond, een proces dat zo langzaam verliep dat het niet zichtbaar was voor het blote oog, maar nu, precies nu, dat ene dramatische omslagpunt bereikte, het minimale verschil tussen er nog hangen en naar beneden denderen. Het zou een idiote manier zijn om je nek te breken, natuurlijk, maar dit soort dingen gebeurde.

Ze bestelde een kop koffie.

Het uitspreken van de woorden – een koffie alsjeblieft – vervulde haar plotseling van opwinding. Iets gewoners kon je haast niet doen, en dat maakte het juist zo opwindend: ze was iemand die een kop koffie bestelde en tegelijk was ze iemand die deed alsof. Ze verheugde zich op de komst van de kop koffie, hoe het lepeltje tegen het schoteltje zou rinkelen, hoe er een in plastic verpakt speculaasje naast zou liggen, hoe ze ervan zou drinken. Alles hoorde er vanaf nu bij. De mogelijkheden waren onbegrensd.

Voor de vorm (lezende vrouw in café) pakte ze een boek uit haar tas. Het was een dun boekje dat ze jaren geleden eens van haar moeders huis had meegenomen omdat de titel haar intrigeerde: *Slaughterhouse-Five*. Ze wist dat het een klassieker uit de Amerikaanse literatuur was over het bombardement op Dresden, maar de titel klonk meer als een horror-sequel. Op het omslag stond een vorm die deed denken aan een grafzerk met daarin de letters van de titel in een boog.

Haar agent, die een groot literatuurliefhebber was, had het boekje eens uit haar kast getrokken en uitgeroepen dat het een zeldzame eerste druk was. Ze was er nooit toe gekomen het te lezen, iets weerhield haar, de thematiek misschien, maar vlak voordat ze die ochtend de deur uit was gegaan, had ze het in een opwelling meegenomen. Nu sloeg ze het voor de eerste keer open. Op het schutblad stonden vage potloodletters die iemand had uitgegumd, of misschien waren ze simpelweg vervaagd door de tijd. Het leek haar moeders handschrift, klassiek vooroverhellend, maar wat er ook had gestaan was nu onleesbaar geworden.

Toen Minnie door het boek bladerde viel er een opgevouwen vel papier tussenuit. Voorzichtig vouwde ze het open. Linksboven stonden twee woorden, zo te zien getypt met een typemachine: *lees dit*. Verder niets, een stem uit de lucht.

'*There are almost no characters in this story*,' las ze op een van de bladzijdes waar het vel tussenuit was gevallen, '*and almost no dramatic confrontations, because most of the people in it are so sick and so much listless playthings of enormous forces.*'

Ze vroeg zich af of ze eruitzag als een normale lezende vrouw in een café, wachtend op haar koffie. Ze vroeg zich af of ze het wás. De koffie arriveerde en alles verliep precies naar verwachting, althans, tot ze haar vinger om het oortje klemde en de kop naar haar mond bracht.

De walging was even acuut als allesoverheersend. Vol afschuw keek ze naar het zwarte spul in het kopje, dat haar plotseling voorkwam als rioolwater, smerig, oud, rottend in de zon. De walging verspreidde zich over haar hele lichaam, het was iets existentieels, een misselijkheid die vanuit die kop koffie begon maar er niet toe kon worden teruggebracht. Voor ze zichzelf kon herpakken liet ze het kopje uit haar handen vallen. Het viel in twee stukken uiteen op de vloer, de koffie in een uitdijende plas eromheen.

De serveerster kwam al aangerend met een geel vaatdoekje. Minnie stelde zich voor hoe het doekje de koffie zou absorberen, grote bruine vlekken tegen dat heldere geel. Het was meer dan ze aankon. Alsof het een klucht was waarin iedereen verschillende kanten op rende, deuren opende en sloot, in verwarring tegen elkaar op botste, rende Minnie naar de wc, waar ze de yoghurt en de boterhammen van die ochtend er hartstochtelijk uit kieperde in de toiletpot. Nahijgend van het innerlijke geweld herinnerde ze zich de episode met die sushi, jaren terug, waar ze in die winkel zo naar had verlangd, en hoe het verlangen zomaar was omgeslagen in regelrechte afkeer.

In de spiegels staarde ze naar haar eigen nog waterige ogen van het overgeven. De ziekelijke schittering die ervan uitging fascineerde haar, zoals ze ook geboeid werd door haar bleke en pafferige gezicht als ze net had gehuild, de samengeklonterde wimpers, het snot dat uit haar neusgaten droop. Misschien, dacht ze, kon je net zolang blijven kotsen of huilen totdat alles wat mis was je lichaam had verlaten en je schoon achterbleef, als witte was.

Terug in het café, waar van het stukgevallen kopje geen spoor meer over was, maar waar, sterker nog, een gloednieuw kopje koffie op haar tafeltje was gezet, alsof er helemaal niets was gebeurd en ze tot in de oneindigheid kopjes zou kunnen stuksmijten tegen de vloer, maakte Minnie haar excuses. Ze overhandigde de serveerster een briefje van tien en liep zonder zich om te draaien weg uit het café, waar de kroonluchter nu ieder moment naar beneden kon storten, dit soort dingen gebeurt, de wereld is een plek van onwaarschijnlijkheden.

AAN DE WATERKANT stond ze een tijdje stil, de voorzichtige warmte van de zon op de bleke, ruwe huid van haar gezicht en de zurige nasmaak van het overgeven nog vagelijk aanwezig in haar mond. Het was 11 februari 2012, de dag was helder en koud, het was zaterdag. Ze keek om zich heen maar kon hem niet zien. Ver weg, aan de overkant van de plas, liepen twee vlekjes van mensen. Kale winterbomen, een geparkeerde auto langs de kant van de weg. Dat was alles. Dit was de bedoeling, zei ze tegen zichzelf. *Hij zal met de grootst mogelijke discretie opereren en onder geen beding ingrijpen in welke situatie dan ook.* Ze tuurde naar het ijs en vroeg zich af hoe vlug de moleculen moesten bewegen om glad maar solide te blijven, en hoe dat soort snelheden werden uitgedrukt.

Ze zette een eerste stap. Toen nog een stap, toen nog een stap, toen nog een stap. Ze was helder en gewichtloos. Niets maakte geluid.

ALL IS FALLING

Op 9 juli 1975 vertrekt de Nederlandse kunstenaar Bas Jan Ader op drieëndertigjarige leeftijd met een Guppy 13 genaamd Ocean Wave vanaf Cape Cod, Massachusetts, om in zijn eentje de Atlantische Oceaan over te steken. Veertien jaar eerder was hij over zee naar de Verenigde Staten gekomen, nu zal hij over dezelfde zee teruggaan naar zijn geboorteland. De bootreis moet het tweede deel worden van een triptiek genaamd *In search of the miraculous*, die is begonnen met een tentoonstelling in de Claire Copley Gallery, Los Angeles, en na aankomst zal worden voltooid met een expositie in het Groninger Museum. Het zeilbootje is met nauwelijks twee keer Bas Jan Aders lichaamslengte een van de kleinste pocketcruisers ooit gemaakt. Nooit eerder heeft iemand de oversteek gewaagd in een boot van deze afmetingen. Het zal niet alleen een kunstwerk maar ook een wereldrecord worden.

Drie weken na zijn vertrek wordt het radiocontact verbroken. Negen maanden later wordt het bootje gevonden door een Spaanse vissersboot voor de kust van Ierland: half onder water, de mast geknakt, het paneel waaraan het veiligheidskoord was bevestigd losgerukt. Onderzoek naar de algaanslag wijst uit dat het bootje al een halfjaar zo moet hebben rondgedobberd.

De laatste reis van Bas Jan Ader heeft drie maanden geduurd. Niemand weet waardoor hij precies uit zijn bootje werd gerukt. Het kan een zware storm zijn geweest, een monstergolf, een navigatieblunder, een fout in de constructie van de boot. Evenmin is uit te sluiten dat Ader zelf is gesprongen, uit wanhoop, depressie, desoriëntatie, of welke andere woorden er dan ook zijn voor gekte.

In de weken na de vondst van Aders bootje wordt door vrienden, collega-kunstenaars en liefhebbers van zijn werk nog gedacht dat het gaat om de ultieme kunstenaarstruc, perfect in lijn met Aders toch al cryptische levenshouding. Dat hij weer vrolijk – al is *vrolijk* nu niet bepaald een toestand die hem typeert – zal opduiken in Los Angeles, omdat hij wel goed is maar toch niet gek. Alleen zijn vrouw, Mary Sue Ader-Andersen, en zijn moeder, Johanna Adriana Ader-Appels, begrijpen direct dat het menens is. Ze kennen hem en weten dat hij een grappenmaker noch een provocateur is. Bovendien schreef zijn moeder een gedicht dat alludeerde op zijn dood in de golven, maanden voordat hij werd gevonden. Later zal ze spreken van een visioen.

Ze is de weduwe van predikant en verzetsstrijder Bastiaan Jan Ader, die in 1944, tweeënhalf jaar na de geboorte van zijn oudste zoon Bas Jan en slechts een paar weken na die van zijn jongste zoon Erik, wordt gefusilleerd als represaille voor een verzetsaanslag op een Duitse soldaat – om precies te zijn omdat de Duitsers een paar kandidaten nodig hebben om hun hardvochtigheid jegens het verzet tentoon te spreiden en zijn achternaam begint met een A.

Acht jaar voor zijn dood, op een vroege zomerdag in 1936, vertrekt Bastiaan, pas afgestudeerd als theoloog en krap een halfjaar getrouwd, op een fiets met drie versnellingen en twee trommelremmen vanuit Amsterdam naar Palestina. Zijn omgeving spreekt schande van deze 'krankzinnige onderneming', die toch onmogelijk tot een goed einde kan worden gebracht. Alleen Johanna gelooft in de goede afloop. Ze kent haar echtgenoot als een man van avontuur, maar toch zeker niet als een roekeloze idioot.

Een halfjaar later heeft Bastiaan Ader Duitsland, Tsjecho-Slowakije, Hongarije, Turkije, Syrië en Libanon doorkruist, om op een goede ochtend Jeruzalem binnen te fietsen. Vanuit daar fietst hij door naar Cairo, waar hij op een vrachtboot naar Griekenland stapt, om per trein via Frankrijk terug te keren naar Nederland.

Onderweg wordt hij geveld door de tyfus, zijn fiets begeeft het ontelbare keren, en bovendien komt hij meerdere malen volledig zonder geld te zitten in gebieden die niet bepaald als ongevaarlijk te boek staan. Dit alles krijgt hem echter niet klein, en de 'krankzinnige onderneming' kan worden opgetekend als een heldenepos met glorieuze afloop. Dat hij acht jaar later zal worden doodgeschoten in de bossen bij Rhenen maakt zijn leven tot een tragedie in de beste christelijke traditie: pionier, dienaar Gods, martelaar.

Al met al is Johanna, sinds de bevrijding evangeliste te Nieuw-Beerta, Groningen, niet onbekend met de meer ongrijpbare kanten van het leven; de grillige patronen die zich uittekenen als rivieren in een landschap, de spiegels en verdubbelingen, de talloze onzegbare dingen die onder de oppervlakte van het concrete schuilen. Toen ze droomde en daarna dichtte over de dood van haar zoon op zee had ze deze droom dan ook herkend voor wat hij was: een aankondiging van slecht nieuws.

Van Bas Jan Aders lichaam werd nooit een spoor gevonden. Het oeuvre dat hij achterliet is klein, om niet te zeggen bijna non-existent. Het bestaat uit een paar performances, installaties en korte filmpjes, waarvan een substantieel deel in één enkel weekend is gemaakt. Het is aantrekkelijk, ja, misschien wel onvermijdelijk, zijn werk te beschouwen in het licht van zijn latere verdwijning.

Zijn dood was geen stom verkeersongeluk (James Dean, Albert Camus, Lady Di, Roland Barthes, Pierre Curie, Antoni Gaudí, Grace Kelly, W.G. Sebald, enzovoort, enzovoort), geen stomme ziekte (het grootste deel van de mensheid), maar het resultaat van een zeer nauwgezette oefening in onthechting. Wie Bas Jan Aders leven terugspoelt, helemaal tot aan het punt dat zijn vader op de fiets stapte naar Palestina, zes jaar voor zijn geboorte, zal inzien dat zijn verdwijning even onvermijdelijk is als de weidse zee die de randen van de wereld markeert.

Voor nu volstaat het terug te gaan tot 1960. We zien Bas Jan aan de kunstnijverheidsschool in Amsterdam, achttien jaar oud, blond haar, blauwe ogen. Een mooie jongen. Hij draagt een vel papier bij zich, verder niets. Elke tekening die hij moet maken maakt hij op dat vel. Hij gumt de tekening uit, maakt een nieuwe, gumt weer, maakt weer een nieuwe, gumt weer, gumt weer, gumt weer. Aan het einde van het jaar heeft hij geen ander werk dan dat poreuze vel papier, zo dun dat je er dwars doorheen kunt kijken.

Een jaar later is Bas Jan gestopt met zijn opleiding, of eraf gegooid, of iets daartussenin. Hij lift naar Marokko. Aan zijn vader heeft hij geen actieve herinneringen, dat is onmogelijk, maar hij kent hem uit de verhalen van zijn moeder, die bovendien aan het einde van de jaren veertig een boek over diens dappere verzetsstrijd heeft geschreven. Kortom, Bas Jan bewondert zijn vader, de avonturier en verzetsheld, en voelt hoe hetzelfde onrustige bloed door zijn eigen aderen stroomt, zo woelig dat zijn lichaam het soms haast niet kan bevatten. In Tanger of Casablanca (of misschien Rabat, in elk geval: een stad aan zee) laat hij zich inschepen als hulpje op een jacht richting de Verenigde Staten.

Opmerkelijk genoeg lijdt het jacht schipbreuk vlak voor de kust van Californië. Dan zal dat het lot zijn, zegt Bas Jan tegen zichzelf als hij voet aan wal zet in Los Angeles. Hij schrijft zich in aan het Otis College of Art and Design en wordt verliefd op de dochter van de directeur, Mary Sue, die helblauwe ogen heeft en stug blond haar dat haar Noord-Europese wortels verraadt.

Een paar jaar later trouwen ze in Las Vegas. Bas Jan is dan inmiddels naast docent aan de kunstacademie ook student filosofie. Er is een foto van de trouwerij waarop we hem, inmiddels echt een opmerkelijk knappe verschijning (en vermeend rokkenjager, bijnaam: 'Doctor Rock'), met grote houten krukken onder zijn oksels naast zijn bruid zien staan. Symboliek, want hij heeft niets aan zijn benen. Flauw? Daarvoor waren kunst en leven hem te ernstig, ironisch zeker, maar ernstig.

In 1970 begint Bas Jan Ader aan zijn *Fall*-serie: een aantal geluidloze korte filmpjes waarin de kunstenaar zich, zoals de titel suggereert, laat vallen. We zien hem met stoel en al van het dak van zijn huis in Los Angeles vallen, we zien hem de Reguliersgracht in fietsen, we zien hem minutenlang hangen aan de tak van een boom boven een vijver in het Amsterdamse Bos, totdat zijn armen hem niet meer kunnen houden en hij, als een ijspegel van een dakrand, verticaal in het water landt.

Deze laatste val, *Broken Fall (Organic)*, is de meest intrigerende van de drie. Er hangt een man aan een boomtak en de kijker weet dat een van beide zal loslaten: ofwel de tak wordt van de boom gerukt, ofwel de man wordt van de tak gerukt. Zo simpel zal het zijn. Er zal hoe dan ook niets verschrikkelijks gebeuren want de man hangt niet extreem hoog in de lucht en onder hem is water, dat althans voor nu nog zal voorkomen dat hij te pletter stort. De suspense die de situatie desalniettemin teweegbrengt is van het niveau Hitchcock.

Broken Fall (Organic) is een kunstwerk dat ontroert. De kunstenaar heeft zich in een situatie gemanoeuvreerd waar hij van het begin af aan maar op één manier uit kan raken: door natuurkrachten die groter zijn dan hijzelf. De overgave is begonnen vanaf het moment dat hij met beide handen de tak vastgrijpt en zijn voeten in het luchtledige laat bungelen, wiegend als wasgoed aan een lijn. Soms probeert hij zich doodstil te houden, maar dan kronkelt zijn lichaam plotseling alsof het zich van zichzelf probeert te ontdoen, handen die de tak opnieuw vastpakken in een moedige maar vergeefse poging de onomkeerbare loop der gebeurtenissen te keren. Het lichaam weet nog niet wat het hoofd allang heeft begrepen – aan de tak hangt een mens die zichzelf doorzichtig heeft gemaakt, kwetsbaar als de zachte schedel van een pasgeboren baby, overgeleverd aan de even mysterieuze als onwrikbare wetten der zwaartekracht.

Maakt de onvermijdelijkheid van het vallen Bas Jan Aders pogingen zinloos? Ja, natuurlijk. Desalniettemin geldt: *the value is in the effort*. Hangend aan die tak kiest hij voor het verlies van controle, en het is die keuze die het verschil tussen onvrijheid en vrijheid markeert. Een absurde held pur sang; een Sisyphus zoals Camus die graag gezien had: vrijheid en zinloosheid als twee kanten van dezelfde medaille.*

Bas Jan Ader staat er niet om bekend een prater te zijn, en al helemaal niet waar het zijn eigen werk betreft. Toch heeft hij zich bij zeldzame gelegenheid uitgelaten over zijn *Fall*-serie. 'Het lichaam van de kunstenaar als zwaartekracht,' zegt hij, waarschijnlijk in

* Camus stierf in 1960 op 46-jarige leeftijd bij een auto-ongeluk, hetzelfde jaar dat Bas Jan Ader zich al gummend losmaakte van de meer gebaande paden des levens en tien jaar voordat hij begon aan zijn *Fall*-serie. Het is aannemelijk dat Bas Jan vóór het stervensjaar van Camus diens *Mythe de Sisyphe* al onder ogen was gekomen, niet alleen omdat het existentialisme zijn hoogtijdagen beleefde en Camus drie jaar eerder de Nobelprijs in ontvangst had genomen, maar ook vanwege Bas Jans vroeg aangewakkerde interesse in filosofie. Daarbij is het zeker niet ondenkbaar dat hij al lezend een glimp opving van zijn eigen dode vader, fietsend naar het beloofde land, voor niets en voor iets, de kunstenaar die geen kunstenaar was. Als Camus op zijn beurt – net als zijn vriend/vijand Sartre – gewoon een respectabele oude man was geworden, had hij nog kunnen vernemen van Bas Jan Aders verdwijning op zee. Het had hem waarschijnlijk wel aangesproken: de eenzame strijd en de ultieme mislukking waarin die resulteerde, *because there's no success like failure, and failure's no success at all.*

het Engels of anders Nederlands met een – inmiddels – Amerikaans accent, 'maakt hem tot meester over zichzelf.' Voilà: Albert Camus in dertien woorden.

Wanneer dat lichaam na twee lange minuten valt, weet het eindelijk wat Camus al wist, en de taoïsten in het oude China, de sadhus uit Varanasi, de eerste rabbijnen, de zenboeddhisten, de middeleeuwse mystici van Keulen tot Antwerpen: wie loslaat begrijpt het universum. Het lichaam in de lucht is voor een zeldzame seconde onaanraakbaar.

Op de melodramatisch aandoende foto *Farewell to Faraway Friends* uit 1971 staat de kunstenaar aan de rotsige oever van een uitgestrekt water waarvan we mogen vermoeden dat het de zee is. De zon zakt in, of stijgt op uit het water, het bloedend rood van de lucht schreeuwt je tegemoet in de gloriedagen van de Kodachrome.

Dit eenzame silhouet brengt onvermijdelijk Caspar David Friedrichs icoon der Romantiek *Der Wanderer über dem Nebelmeer** bij de toeschouwer in herinnering. De man versus de elementen, de woeste schoonheid van de natuur, angst en verlangen die zijn samengebald tot één beleving van hetzelfde. We kunnen niet zien of Bas Jan Aders gezicht naar ons is gericht of naar het water, maar een en ander laat zich wel raden.

Zie hem daar staan in dat sentimentele landschap: hij hoort het ruisen van de zee en proeft de zoutkristallen als hij even over de rug van zijn hand likt, onderstromen die sterker zijn dan de regelmatige golfslag aan de bovenkant doet vermoeden. Het is nog slechts een kwestie van tijd voordat hij eraan zal toegeven, dat weet hij ook wel. Je kunt veel van hem zeggen, maar niet dat hij koketteert met pijn en eenzaamheid. Wie en waar deze 'faraway friends' ook mogen zijn, de kunstenaar zwaait ze alvast in alle ernst uit.

Een jaar later, het is 1972, het jaar dat Andy Warhol talloze reproducties van Mao Zedong maakt en Picasso zijn beroemde laatste

* *De wandelaar aan de nevel*, luidt de Nederlandse vertaling van dit werk. Dat slaat natuurlijk volledig de plank mis, want waar is die zee gebleven? Dan liever de Engelse vertaling: 'The wanderer above the sea of fog'.

zelfportret, houdt Bas Jan Ader een performance die zal worden gedocumenteerd in de vorm van geluidsopnamen en foto's.

The Boy Who Fell over Niagara Falls is gebaseerd op een verhaal uit de *Reader's Digest* (getiteld: 'The Boy Who Went over Niagara Falls'; een subtiel maar wezenlijk verschil). De kunstenaar zit in een stoel bij een schemerlamp en leest het verhaal voor, ondertussen een glas water drinkend dat precies op is als het verhaal uit is.

Het verhaal laat zich ongeveer als volgt navertellen:

Op 9 juli 1960 nodigt James Honeycutt, visser en vriend van de familie Woodward, woonachtig aan de oever van de Niagara, hun zevenjarige zoontje Roger uit voor het eerste boottochtje van zijn leven. Stel je de opwinding van de kleine jongen voor! Met tegenzin stapt ook zijn oudere zus Deanne in, die zeventien is en het bovendien niet heeft op die onrustige Niagara. Ze snoert zich in een van de twee reddingsvesten en gaat zitten, onwillig zoals alleen heel kleine kinderen en pubers dat kunnen zijn.

De boot van nog geen vier meter lang is vervaardigd van aluminium en uitgerust met een motor van 7,5 pk. Wanneer Honeycutt de kleine jongen laat sturen en niet oplet gaat het mis: de boot vaart tegen een rots en de motor begeeft het. Ondertussen zijn ze gevaarlijk dicht naar de rand van de watervallen afgedreven, iets wat Honeycutt zelf, vreemd genoeg, pas op het allerlaatste moment doorheeft. Ver beneden hen vaart ondertussen de Maid of the Mist, een plezierboot die bezoekers van de Falls het spektakel van zo dichtbij mogelijk laat beleven. 'Kijk,' legt de gids uit, 'die lijn daarboven markeert het punt waarop alles onherroepelijk de waterval in wordt gezogen.' Een toerist wijst naar het piepkleine blauwe bootje dat ineens aan de rand verschijnt. 'Dat ook?'

In een laatste daad van altruïsme werpt Honeycutt het enige nog overgebleven reddingsvest naar Roger, hem boven het geraas van miljoenen liters vallend water uit toeschreeuwend dat hij niet bang hoeft te zijn. Natuurlijk is Roger wel bang, hij is doodsbang, het bootje is stuurloos geworden, hij kan niet zwemmen, hij zal worden verzwolgen in de bek van dit afschuwelijke watermonster. Dit is het dan, denkt hij wanneer het bootje kapseist, nu ga ik dood. Het water sleurt hem naar beneden, spuwt hem dan weer omhoog, hij schreeuwt om hulp maar de gealarmeerde omstanders zien alleen zijn zus Deanne, die op het nippertje uit het water wordt gevist. De arme Roger is te klein en zijn stem te teer, en nooit was het zo tragisch om een kind te zijn. Voor zover dat lukt denkt hij aan al het speelgoed dat hij bezit, aan verjaardagen met taart en ijsjes, aan het verdriet van zijn ouders als ze hem moeten begraven. Dan laat hij los, zo simpel is het blijkbaar: het ene moment zit je in een bootje, het volgende moment ben je bereid te sterven.

Van de val zelf herinnert Roger zich niets. Het voelt in elk geval niet als vallen, eerder als drijven op een wolk, eindigend in een smak en een onderdompeling. Als hij weer komt bovendrijven weet hij niets anders te doen dan de longen uit zijn lijf schreeuwen. Op de Maid of the Mist ziet men plots een oranje stip in het water, en het ongelooflijke lijkt waar: het stipje leeft nog. En zo gaat Roger Woodward de geschiedenis in als de eerste persoon ooit die, zonder daar bizarre capriolen voor te hebben uitgehaald, een val van de Niagarawatervallen overleeft. En dat niet alleen: hij heeft er praktisch geen kleerscheur aan overgehouden. Was hij zwaarder geweest dan was hij, net als de onfortuinlijke James Honeycutt, gegarandeerd te pletter gestort. Dat zul je altijd zien: datgene wat je in eerste instantie in een penibele situatie doet terechtkomen, vormt uiteindelijk ook je redding.

Het laat zich niet moeilijk raden waarom dit verhaal Bas Jan Ader zo mateloos fascineert. Hier was iets wonderbaarlijks gebeurd, maar dan wel iets wat geheel voldeed aan de strenge wetten der fysica: de zwaartekracht had zijn werk gedaan, de kleine jongen had zich eraan overgegeven en het lichaam was superieur gebleken. Dit is andere koek dan van een tak in een sloot vallen; op z'n minst toch een schaalvergroting van zo'n duizend procent. *Goddammit*, denkt Bas Jan, drinkend van zijn glas water, dit is het type wonder waar ik al mijn hele leven naar op zoek ben.

Drie jaar later en exact vijftien jaar na Roger Woodward stapt Bas Jan Ader in zijn eigen bootje. We mogen aannemen dat hij, in elk geval op praktisch niveau, alles in overweging heeft genomen. Hij is een ervaren zeiler, hij kent de Noord-Atlantische Oceaan voor zover deze zich laat kennen, hij weet hoe de wind waait, waar de sterren staan, hoeveel hij dagelijks kan eten om niet zonder voedsel te komen zitten. In de binnenzak van zijn reddingsvest steekt hij Hegels *Fenomenologie van de geest*. Hij is zo voorbereid als je kunt zijn op een reis als deze. Drie maanden later is hij verdronken.

Is zijn tocht de ultieme mislukking gebleken, zoals eerder werd gesuggereerd? Het is maar hoe je het bekijkt. In letterlijke zin is het hem niet gelukt om de overkant te bereiken, aan de andere kant: het was nooit zijn doel om die overkant te bereiken. Het doel zelf lag in de poging, en dat is een cruciaal verschil.

Bas Jan Ader was niet op zoek naar wat er aan de overkant was, hij wíst wat daar was: het vlakke Nederland waar hij was geboren, dat land onder de zeespiegel, de kleine gemeenschap waar zijn vader had gediend als predikant en waar zijn moeder nog altijd het woord Gods verspreidde, in de Ichthuskerk aan het dorpsplein te Nieuw-Beerta. Nee, zijn zoektocht was eerder mystiek dan geografisch van aard, eerder abstract dan concreet, hoe prozaïsch het beeld ook is van een man in een bootje, etend uit een blik bonen. Wat hij hoopte te vinden was misschien waar hij eerder tijdens het vallen al een glimp van had opgevangen: complete onthechting. Een langgerekte, horizontale val door tijd en ruimte. Dit was niet langer een oefening, dit was *the real thing*, en de inzet was totaal.

Er is een kans dat hij het vond, *the miraculous*, dobberend op die weidse oceaan, helemaal alleen met zijn lichaam en de elementen. Er is ook een kans dat hij het nooit vond en vooral bang was, eenzaam, wanhopig, menselijk.

Was Bas Jan Ader zich er ten volle van bewust dat hij zijn leven op het spel zette voor dit kunstwerk? Het antwoord, ja, lijkt evident. Zonder de inzet van zijn leven zou de zoektocht uiteindelijk onbetekenend zijn, een goede truc op z'n hoogst, technisch geavanceerd maar verre van een wonder. Volgens sommigen was het zelfs regelrechte zelfmoord: er bestond niet alleen een kans dat hij zou sterven, er was bijna geen kans dat hij het zou overleven.

Interessant is dat na zijn dood het boek *The Strange Last Voyage of Donald Crowhurst* werd gevonden in zijn locker aan de academie; de reconstructie van de bizarre zeiltocht van zeiler en zakenman Donald Crowhurst.

Crowhurst was door allerlei zakelijke misstappen dermate in de financiële problemen geraakt dat hij zich in een opwelling inschreef voor de Sunday Times Golden Globe Race van

1968: *singlehanded around the world*. Hij zou winnen, en met het geld zou hij in één klap van zijn financiële zorgen verlost zijn.

Na een belabberde oversteek van Engeland naar de Azoren blijkt zijn trimaran (aangeschaft na het hypothekeren van zijn huis) een stuk minder zeewaardig dan hij had gehoopt, en dan neemt hij een besluit dat getuigt van wanhoop en een diepgeworteld gevoel voor decorum: hij verlaat de wedstrijd in het geniep en geeft iedere dag netjes zijn – valse – coördinaten door aan de wedstrijdorganisatie, terwijl hij ondertussen zo'n beetje blijft liggen dobberen op de Atlantische Oceaan. Hij houdt twee logboeken bij: één met de werkelijke feiten en een gefingeerde variant van de reis die hij eigenlijk had moeten ondernemen. Maandenlang gaat dit min of meer van een leien dakje. Terwijl hij over de radio de ene exotische positie na de andere doorgeeft, verlaat hij de Atlantische Oceaan nooit. Hij begrijpt dat hij zich inmiddels te diep in zijn eigen leugen heeft begraven om er nog aan te kunnen ontsnappen, en het enige wat hij na verloop van tijd wenst is de wedstrijd 'uit te zeilen', zonder dat zijn bedrog wordt ontmaskerd.

Het is niet moeilijk je voor te stellen dat hij zich rot schrikt wanneer de wedstrijdorganisatie hem acht maanden later ineens doorgeeft dat hij alle andere schepen achter zich heeft gelaten en ongetwijfeld zal winnen. Hij heeft te goed gelogen! Met deze mogelijkheid heeft hij al die tijd in de verste verte geen rekening gehouden. Daarbij hebben de eenzame maanden op zee, met één been stuurboord in de werkelijkheid en het andere bakboord in de fictie, hem danig in de war gebracht. Dobberend op die oceaan is hij de enige op de hele wereld die weet hoezeer hij gefaald heeft, en dat is een zware last om te dragen. Té zwaar voor één mens (althans: dit mens), zo blijkt wanneer bij het vernemen van zijn aanstaande overwinning de toestand van milde gekte omslaat in blinde paniek. Zijn notities worden steeds wanhopiger van toon, om te verzanden in een onnavolgbare woordenbrij, woest en ledig als de zee zelf.

Toch blijft hij nog altijd iedere dag de valse coördinaten doorgeven aan de organisatie: de leugen is definitief onderdeel van zijn lichaam geworden, een hardnekkige tic die ieder gezond verstand ontstijgt. Wanneer hij zich een maand later tot vlak bij de eindstreep heeft gelogen, verbreekt hij al het radiocontact en verdwijnt. Twaalf dagen na zijn laatste notitie in het 'echte' logboek ('It is finished, it is the mercy') wordt zijn boot geheel intact gevonden in het noorden van de Atlantische Oceaan. Niets wijst op schipbreuk, maar als men in de kajuit de twee versies van zijn logboek aantreft is de geschiedenis niet moeilijk te reconstrueren.

Het feit dat Bas Jan Ader deze merkwaardige geschiedenis voor zijn vertrek had gelezen impliceert dat hij donders goed wist hoe zijn reis zou kunnen eindigen. En toch wringt er iets aan deze redenering. Ten eerste was Donald Crowhurst een pathetisch geval en kan zijn dood de boeken in gaan als zinloos en tragisch. Hij had zich in de nesten gewerkt, steeds een beetje dieper, totdat zijn geknoei zo'n onontwarbare kluwen van leugens en zelfbedrog was geworden dat hem niets restte dan van zijn boot te springen. (Kun je hem dit werkelijk kwalijk nemen? Kun je ontkennen dat dit de enige duurzame oplossing was voor al zijn problemen?)

Ten tweede, en dit is veel belangrijker, betekende leven überhaupt iets heel anders voor Donald Crowhurst dan voor Bas Jan Ader. Voor Crowhurst, en met hem het overgrote deel van de mensheid, was het leven een opeenvolging van min of meer toevallige gebeurtenissen en beslissingen die zich als stijgend water om hem heen sloten, steeds kouder en natter, totdat hij kopje-onder ging en stikte. Ader, daarentegen, liet zich weliswaar leiden maar niet dicteren door de willekeur van de kosmos. Zijn kunst maakte van zijn leven een uitgekiende, allesomvattende zoektocht naar het mystieke. De kunst wás zijn leven, op de manier waarop ademen dat is of het kloppen van een hart. Er was geen vertaling nodig van de ene grootheid naar de andere, omdat voor hem alles klonk als dezelfde taal. Een taal die hij zichzelf had aangeleerd in het jaar dat hij van de kunstnijverheidsschool werd gegooid en die hij perfectioneerde toen hij trouwde in een gloed van kunstlicht in Las Vegas, steunend op zijn houten krukken.

Dit is natuurlijk geen levenshouding zonder gevaar. Wie kunst niet van leven onderscheidt maakt radicale beslissingen. Dat is wat kunst nu eenmaal vereist, wil ze althans méér zijn dan decoratie aan de wanden van villa's die anders zouden verzuipen in hun eigen omvang. Daarbij: wanneer het ene volledig overloopt in het andere, waar blijft dan 'het andere' nog? De kunst wordt opgeslokt in de draaikolk die het leven is, en andersom, totdat er een hermetisch gesloten systeem is ontstaan waarin beide niet meer echt bestaan. Kunst houdt op kunst te zijn en leven houdt op leven te zijn. Zo simpel is het.

Was het dus wel zo evident dat Bas Jan Ader er niet alleen theoretisch, maar écht, praktisch, rekening mee hield dat hij zijn leven riskeerde? Wanneer je het leven zelf vacuüm hebt getrokken onder een glazen stolp van kunst, is er dan nog ruimte voor de dood, de echte, banale dood, die inhoudt dat het lichaam siddert en schokt totdat alle leven eruit is geknepen en het hulpeloos onder de zeespiegel verdwijnt totdat het zich volzuigt met vocht en weer komt bovendrijven, opgezwollen, bleek, stinkend?

Bas Jan Ader maakte geen zeereis, hij maakte een kunstwerk. Hij was geen stuntman en geen grappenmaker. Hij was een kunstenaar en riskeerde weliswaar zijn leven voor de kunst, maar voelde zich er óók door beschermd.

Zoals het lichaam aan die tak nog niet wist dat het ging vallen, zo wist het lichaam op het bootje niet dat het kon sterven, hoewel het hoofd die gedachte al duizend keer had gedacht – bij het lezen van Crowhursts verhaal in de pauzes tussen de colleges, bij iedere douche, in het holst van de nacht wanneer Mary Sue sliep en droomde over baby's. Pas op het allerlaatste moment, na het vallen, het vechten en de stomme verbazing, moet het hebben geweten dat *dit het was*. Bas Jan Aders dood markeerde het einde van zijn kunstwerk, niet de vervolmaking ervan. Wie anders beweert houdt er een vreemde kunstopvatting op na.

1984

MINNIES EERSTE GERUISLOZE bijna-verdwijning vond plaats op 9 juli 1984, de dag van haar geboorte. Ze kwam veertien weken te vroeg en was niet meer dan een voorafschaduwing van een af mens. Was ze een week of zelfs maar een paar dagen eerder geboren, dan hadden ze haar niet levensvatbaar verklaard. Zo waren de medische richtlijnen.

Voordat haar kind in een verrijdbare couveuse werd gelegd, hield de arts het even vlak bij het gezicht van Minnies moeder. De schedel, als je al van zoiets kon spreken, was in een rare vorm gedrukt en de ledematen waren onvoorstelbaar dun. Hoewel ze wist dat het klein zou zijn, schrok Minnies moeder van de concrete afmetingen van het kind, dat bloederig en doodstil in de palmen van de doktershanden lag. Alsof hij ergens een hart uit had gerukt en haar dit nu presenteerde.

Minnies moeder, die een jaar daarvoor een doodgeboren baby had gebaard, vroeg zich af wat dit moest betekenen, dit onaffe kind dat nu ter wereld was gekomen, zonder opperhuid, zonder vet, ja, zelfs zonder botten, zo leek het wel. Het voelde als een straf en een genade tegelijkertijd, maar omdat Minnies moeder weigerde te geloven in een voorzienigheid zei ze tegen zichzelf dat het was wat het was: een kind na een ander kind, het kon leven of het kon sterven, al hadden de artsen haar nadrukkelijk voorbereid op dat laatste. Met rechtvaardigheid had het allemaal niets te maken.

Maar sterven deed Minnie niet. Dertien weken hielden ze haar op de neonatale intensivecareafdeling, aan slangen en sondes. Ze kreeg drie hersenbloedingen en begon geel te zien door een overmatige productie van bilirubine, maar ze was een taaie, zeiden verpleegsters met namen als Chantal en Charmaine, een echte vechter. Minnies moeder keek door de ronde openingen in de couveuse naar het doorschijnende kind, dat er niet uitzag als een vechter, maar als een hulpeloos vogeltje. Zo klein en zo tentoongesteld, als kroonjuwelen in een zwaarbewaakt museum. Iemand kijkt naar je, fluisterde ze, iemand houdt van je. Ze stak haar hand door een opening en raakte het aan, voorzichtig, voorzichtig. Is deze couveuse vriendelijker dan mijn baarmoeder, vroeg ze zich af. Een sentimentele en belachelijke gedachte, voor haar doen. Alsof het iets met vriendelijkheid te maken had.

'S Avonds, thuis, probeerde ze het kind voor zich te zien. Hoe klein het was en hoe het daar lag, in het ziekenhuis, de afdeling, de couveuse. De snoeren, de huid. De honderden mensen die met het kind in het ziekenhuis waren, de zieken, hoe ze sliepen. Hoe meer ze het visualiseerde, hoe minder kind er overbleef. Het kind is een serie omstandigheden, dacht ze. Een experiment met leven in plaats van een leven. Ze vroeg zich af of dit iets blootlegde over de mensheid in het algemeen.

Toen ze het mee naar huis mocht nemen woog het ding ruimschoots minder dan een gemiddelde pasgeboren baby. Twee pakken suiker en nog een paar tomaten. Of eieren, dacht Minnies moeder, het voelde meer als eieren. Ze had een fantasie waarin ze het uit haar handen liet vallen. Talloze malen zag ze het voor zich, het brekende kind, schaal en dooier. Ze verbaasde zich erover hoe weinig moeite het zou kosten. Hoe geluidloos het zou zijn.

De stilte van het kind was haast absoluut. Het huilde niet alleen niet, soms stopte het simpelweg met ademen. Minnies moeder was bang dat het op achterlijkheid duidde. Dat was een risico, hadden ze in het ziekenhuis gezegd. Ze konden wel iemands leven redden maar ze waren niet verantwoordelijk voor de rest.

Soms observeerde ze het kind minutenlang, op zoek naar tekenen van een defect. Ze knipte met haar vingers vlak bij de oren, ze bewoog met een knuffeldier heen en weer voor het gezicht. Met kleine schokjes van het hoofd en een miniem heen en weer bewegen van de ogen liet het kind weten dat het doof noch blind was. Dat was iets, zei Minnies moeder tegen zichzelf, al was het ook niet veel.

Ook 's nachts bleef het kind stil, en evenmin begon het te huilen wanneer het honger had. Minnies moeder stelde de borstvoeding wel eens expres uit, maar dit leverde alleen op dat het kind nog meer sliep dan het al deed. Haar collega's bij het kankerfonds zeiden dat ze het getroffen had met zo'n baby. In hun levens was geen stilte meer sinds ze kinderen hadden. Minnies moeder knikte en probeerde naar het kind te kijken alsof ze het getroffen had, maar het keek niet terug, het lag met gesloten ogen in het bedje, het sliep en sliep en sliep en bevestigde niets.

Ondertussen sliep Minnies moeder zelf nauwelijks meer. Ze was zo uitgeput geraakt dat ze het punt had overschreden dat slaap nog toereikend leek. Wanneer ze toch in slaap viel droomde ze bijna zonder uitzondering dat ze verzwolgen werd door torenhoge golven, gloeiende lava of razende winden. Bezweet werd ze wakker uit zulke dromen, en altijd was ze bang dat het kind in het bedje naast haar er dood bij lag. Dood en blauw, stelde ze zich voor, gestikt omdat het had vertikt nog adem te halen.

Toen ze het kind op een nacht aantrof met de ogen wijd open, bewegingloos starend in het niets, had ze het uit angst en frustratie opgepakt en door elkaar geschud, zoals je daarover leest in kranten, doorgedraaide moeders met holle ogen die hun kinderen dood schudden. Het kind had haar alleen maar verbaasd aangekeken, of eigenlijk door haar heen gekeken, alsof het niet haar moeder zag maar iets erachter, of erbinnen, of wat dan ook. 'Godverdomme,' zei Minnies moeder, en toen nog eens, en nog eens, steeds luider in de stille nacht: godverdomme.

De dag daarop bracht ze het kind terug naar het ziekenhuis. Daar ging ze, *tik tik tik* met haar hakken over het linoleum. Alles was helder in het ziekenhuis. Je moest op borden kijken en routes volgen, er waren balies, stoelen van licht grenen, en deuren, talloze deuren. Het schemergebied waarin Minnies moeder zich de afgelopen maanden had bevonden leek onwerkelijk, nu ze met haar kind door deze gangen liep. Misschien, dacht ze, hoeft het leven niet ingewikkelder te zijn dan een ziekenhuis. Ze snoof de steriele geur van schoonmaakmiddel en rubberhandschoenen op. Voor het eerst in tijden raakte ze bijna goedgeluimd. Ze zouden een normaal duo worden, zij en het kind, en dit was daar het begin van.

'UW KIND IS ZO te zien in topconditie, mevrouw Panis,' zei de kinderarts, die zich even daarvoor aan Minnies moeder had voorgesteld met een naam die klonk als James Johnstone, al kon het ook Johnston zijn geweest, of John Stone – al sloeg de naam James John Stone bij nader inzien nergens op. Minnies moeder had hem hoe dan ook niet eerder gezien op de afdeling, wat haar enigszins verbaasde, maar alleen op een vluchtige manier.

Dokter Johnstone was een grote, rossige man met een licht Amerikaans accent en sproeten op alle zichtbare delen van zijn lichaam. Hij leek te jong voor zijn functie, een jaar of dertig op z'n hoogst. Minnies moeder keek naar de honderden sproeten die zich alleen al in zijn gezicht manifesteerden en voelde de vage aandrang een zalf over hem heen te smeren die alles egaal zou maken.

Naast Johnstone stond de hoofdverpleegster van de neonatale intensivecareafdeling, die alle couveusebaby's 'taaien' en 'vechters' noemde. Het was een vrouw van onwaarschijnlijke omvang. Iedere keer wanneer Minnies moeder haar bezig had gezien op de afdeling had ze zich verbaasd over het contrast tussen deze vrouw en de couveusebaby's, het overschot aan mens versus het tekort.

Met z'n drieën keken ze naar het kind op de behandeltafel. Dokter Johnstone had zojuist met een lampje in de ogen geschenen, een meetinstrument aan de oren gelegd en met een stethoscoop naar het hart geluisterd.

'Wonderbaarlijk gezond eigenlijk, voor zo'n extreme prematuur,' zei hij. 'Een beetje klein misschien, maar dat is normaal, absoluut normaal.'

De baby staarde naar het plafond, de handjes in minuscule vuisten langs het lichaam.

'Een echte vechter,' zei de hoofdverpleegster, met een hartelijke glimlach die het vet onder haar kin dieper in haar nek drukte.

'Maar het vecht helemaal niet,' zei Minnies moeder, 'dat is het probleem. Het doet niks.'

'Zuigelingen drinken en slapen voornamelijk,' antwoordde de hoofdverpleegster, 'meer kunt u eigenlijk niet van ze verwachten.

Veel ouders zijn teleurgesteld, en dat komt door onrealistische verwachtingen.'

'Ik heb geen onrealistische verwachtingen,' zei Minnies moeder. 'Baby's huilen. Deze niet.'

Ze was hier nu, en ze was niet van plan zich zomaar te laten afschepen.

'Veel ouders denken dat hun baby gelijk van alles doet,' vervolgde de hoofdverpleegster. Minieme zweetdruppeltjes parelden langs haar haargrens. 'En dan vinden ze het saai als blijkt dat ze niet echt iets doen maar meer gewoon, tja, *zijn*.'

'Wat mijn collega hier bedoelt,' zei Johnstone, en maakte daarbij een cirkelgebaar met zijn handen, zodat nu ook stukjes van zijn onderarmen, waarvan zelfs de binnenkanten besproet waren, zichtbaar werden, 'merkt u dat de zorg voor uw baby minder interessant is dan u had gehoopt?'

'Dat mijn kind geen enkel geluid maakt,' zei Minnies moeder, 'is wat ik bedoel. Kijk,' zei ze, en ze porde met haar vingers in de ribbenkast van het kind, dat onverstoorbaar omhoog bleef staren naar het plafond, 'het ligt daar maar, zo ligt het de hele dag. Het heeft iets objectiefs.'

'Iets objectiefs?'

'Dat het me doet denken aan een object.'

'En kunt u me vertellen wanneer deze... objectivering in gang werd gezet?' Johnstone maakte opnieuw het cirkelgebaar. Dit stelde Minnies moeder gerust. Alsof alle problematiek binnen die cirkel paste.

'Er moet iets gebeuren,' zei ze. 'Dit is niet normaal.'

Er viel een stilte, waarin ze alle drie naar het kind staarden alsof ze hoopten dat het antwoord zich op de een of andere manier ter plekke zou openbaren.

'Kent u die mop,' zei de dikke hoofdverpleegster. 'Een jongetje van zeven heeft nog nooit van zijn leven een woord gezegd. Zijn ouders denken dat hij achterlijk is. Op een avond zitten ze aan tafel. Ze eten soep. Dan richt de jongen zich plots tot zijn ouders. "Die Suppe ist kalt!" roept hij uit. Verbijsterd vragen zijn ouders hem waarom hij nooit eerder heeft gesproken, waarop de jongen antwoordt: "Bis jetzt war alles gut."'

'In het Duits?'

'Dat hoort bij de mop. Waar het om gaat: misschien is uw kind gewoon tevreden. Niet iedere baby huilt evenveel, zoals niet ieder mens evenveel huilt. Het is een kwestie van individualiteit.'

Johnstone had het kind nu opgepakt, hij hield het met gestrekte armen voor zich uit en liep ermee op en neer door de ruimte.

'Ik wil dat jullie het onderzoeken,' zei Minnies moeder. Haar stem klonk overspannen, te hoog van toon. Ze haalde adem en recupereerde.

'Zo neem ik het niet mee naar huis,' zei ze met haar normale stem.

De dikzak en Johnstone keken haar aan, het kind keek naar niets, Minnies moeder zei het opnieuw: 'Zo neem ik het niet mee naar huis.' Ze verwonderde zich over deze wending, de onvermijdelijkheid van haar eigen woorden nu ze tweemaal waren uitgesproken.

'Mevrouw Panis,' bracht de hoofdverpleegster ten slotte uit, 'dit is een ziekenhuis, geen winkel.' Ze had nu een kloppende halsader gekregen. 'U kunt niet verwachten dat wij uw kind zomaar terugnemen. Het is geen... magnetron!'

Minnies moeder stelde zich de afdeling voor met in iedere couveuse een pulserende magnetron in plaats van een kind, een belachelijk beeld dat haar haast aan het lachen maakte. Ze had thuis niet eens een magnetron, ze wist niet wat ze daarin zou moeten stoppen. Johnstone stond nog steeds met het kind in zijn uitgestrekte armen. Hij fluisterde dezelfde drie woorden een paar keer achter elkaar.

Where are you?

Had ze dat goed verstaan? Zei deze grote Amerikaan dit echt tegen haar ondermaatse kind? Had hij dan eindelijk begrepen wat ze bedoelde? Hij leek in gedachten verzonken, zich niet langer bewust van de twee vrouwen die hem nu in stilte aanstaarden – o, de heerlijke stilte nu dat dikke wijf eindelijk eens haar klep hield.

Toen keek hij op.

'Maakt u zich geen zorgen,' zei hij. 'We gaan uw kind beter maken.'

SINDS ENIGE TIJD bezat het ziekenhuis een speciaal centrum voor huilbaby's. Ze waren de eerste en enige in Nederland, vertelde Johnstone, het was een unicum.

Het centrum, geherbergd in een aanbouw van de afdeling gynaecologie, was opgericht met geld van een extreem welvarende particuliere donateur, over wie het broodjeaapverhaal ging dat hij alleen maar ontroostbare baby's had verwekt, vijf in totaal, en wiens vrouw op het laatst zo krankzinnig was geworden dat ze moest worden opgenomen in een kliniek.

'Het centrum betekent niet minder dan een revolutie op het gebied van neonatologie,' zei Johnstone. 'De baby's worden in korte tijd volledig geherprogrammeerd. Vóór het einde van dit decennium zullen we hiermee internationale faam hebben vergaard, *mind my words*.'

Ze hielden halt voor een brede deur.

'Wat hoort u?'

Verderop in de gang klonken gedempte voetstappen van een verpleegkundige. Ze had een vaas met bloemen in haar handen. Met haar ene schouder duwde ze een klapdeur open, die geruisloos achter haar dichtviel toen ze er zijwaarts doorheen glipte. Een leven kan worden opgetekend aan de hand van deuren die zijn geopend en deuren die zijn gepasseerd, dacht Minnies moeder, en voor de zoveelste keer die afgelopen maanden verbaasde ze zich over de gedachten die zich aan haar opdrongen zonder dat ze iets met haar te maken hadden.

'Niets,' zei ze.

'Precies!' riep Johnstone uit. 'Het centrum is volledig geluiddicht gemaakt.' Hij hield de deur voor haar open. Achter de deur was een tweede deur. 'Let op,' zei hij.

Op geen enkele manier had Minnies moeder voorbereid kunnen zijn op het geluid dat achter de deur vandaan kwam. Het overspoelde haar volkomen, zoals de golven in haar dromen, krachtiger dan iets waartegen ze weerstand kon bieden. Pas na enige tijd in de ruimte lukte het haar verschillende geluiden binnen het geluid te detecteren. Er was eentonig jammeren, wenen, een schokkerig naar adem happen, loeien. Overheersend was een afschuwelijk gekrijs, dat zichzelf met iedere uithaal leek te voeden. Te midden van het kabaal realiseerde Minnies moeder zich dat ze op een bepaalde manier gewend was geraakt aan de onwerkelijke stilte die haar de afgelopen maanden had omgeven. De overvloed aan werkelijkheid waar ze nu aan werd blootgesteld deed haar haast naar adem happen. Minnie, die ze op haar arm droeg, werd in het geheel niet gedeerd door het kabaal, en bleef stoïcijns de verte in staren.

'Indrukwekkend, niet?' zei Johnstone op luide toon. 'En dan te bedenken dat sommigen van deze exemplaren dit uren en uren achtereen volhouden! Een haast bovenmenselijke prestatie, als u het mij vraagt.'

Het centrum leek in niets op de afdeling van de prematuren. Het was een raamloze ruimte, die door het lage plafond kleiner leek dan hij in werkelijkheid was. Aan de muur hing een aantal zwarte, vierkante wandlampen, die een gedempt, gelig licht produceerden. Dit vormde zo'n groot contrast met de helverlichte ziekenhuisgangen dat Minnies moeder moeite had zich te oriënteren. Pas toen Johnstone haar verder de ruimte in begeleidde, begon ze het een en ander te ontwaren. De vloer werd voor een groot deel bedekt met een rood vloerkleed met geometrische vormen, dat er oosters en antiek uitzag. Daaromheen stonden een lange houten bank zonder leuningen en twee houten blokken. In de hoek een paar kasten, en dat was het. Nergens knuffeldieren of kinderspeelgoed, geen kleurige prenten aan de wanden.

Op de bank zaten, naar Minnies moeder veronderstelde, twee moeders met hun krijsende baby's op schoot. Drie andere moeders en een vader liepen in een cirkel door de ruimte, de baby's wiegend op het ritme van hun stappen. Sommige baby's waren tot aan hun nek gewikkeld in doeken, zodat ze iets weghadden van reusachtige larven.

'U treft het,' zei Johnstone, 'er is vandaag een nieuwe lichting binnengekomen, dus de geluidsdichtheid is relatief hoog. In de loop van enkele dagen tijd zal het geluid al drastisch afgenomen zijn. Elk kind dat hier wordt opgenomen krijgt een persoonlijke en speciaal getrainde verpleegkundige toegewezen.'

Minnies moeder zag geen enkele verpleegkundige in de ruimte.

'Blijven de ouders er ook steeds bij?' informeerde ze.

'Zeker niet. Het is van groot belang dat die alleen op vaste bezoekuren bij hun kind zijn. De mensen die u hier ziet,' hij maakte een armgebaar richting de houten bank en de cirkelvormige stoet, 'zijn allemaal verpleegkundigen. Ze dragen geen witte jassen, om de eenvoudige reden dat de kinderen zich hier thuis moeten voelen. Daarbij is het niet wenselijk om mensen van baby af aan al patiënt te maken. Dan wordt het een selffulfilling prophecy, ziet u?'

Johnstone opende een deur naar een kleinere, rechthoekige ruimte. In een keurige rij stonden een stuk of tien bedjes opgesteld. In sommige ervan lagen baby's te slapen. Uit speakers die aan het plafond bevestigd waren klonk klassieke muziek. Wonderbaarlijk genoeg drong niets van de herrie uit de aangrenzende ruimte hier door.

HET ENIGE WAT DE VIS HOEFT TE DOEN, stond met zwierige rode letters geschilderd op de lange wand tegenover de bedjes, IS ZICH VERLIEZEN IN HET WATER.

'Zhuang Zi,' zei Johnstone. 'Bent u bekend met de tao?'

Minnies moeder schudde haar hoofd. Ze vroeg zich af waar dit allemaal toe moest leiden, verpleegkundigen die eruitzagen als ouders en baby's die naar klassieke muziek luisterden.

'Het is een machtig interessante leer,' vervolgde Johnstone. 'Ik zou mijzelf haast een taoïst noemen, al is de tao die in woorden kan worden uitgedrukt natuurlijk niet de werkelijke tao.'

Hij keek Minnies moeder triomfantelijk aan, alsof hij zojuist een argument van haar onderuit had gehaald.

'Help me eraan herinneren dat ik u straks een exemplaar van het handboek meegeef. Dat is standaard bij iedere opname. Laten we dan nu overgaan tot het formele deel.'

Ze sloten de deur van de slaapruimte achter zich en liepen via het centrale gedeelte, waar het gehuil nog altijd als een voortdurende deining aanzwol en afzwakte, naar een derde ruimte. Deze was veruit het kleinst en bevatte alleen een simpele houten tafel met daarop een typemachine, een archiefkast en twee houten blokken zoals die in de centrale ruimte.

Johnstone liet Minnies moeder plaatsnemen op een blok.

'Lust u thee,' vroeg hij, en zonder op haar antwoord te wachten glipte hij de deur weer uit. Minnies moeder keek om zich heen in de sobere, raamloze kamer. Minnie zat bewegingloos op haar schoot en staarde in de richting van de typemachine. Wat zou ze zien? Minnies moeder probeerde zich in te beelden dat zij de typemachine zelf voor het eerst zag, zonder te weten wat het was. Maar hoe harder ze het probeerde, hoe minder het lukte. Het bleef een typemachine.

Toen Johnstone na enkele minuten weer binnenkwam, had hij een dienblad bij zich met allerhande voorwerpen erop, waaronder een curieuze kleien theepot, geïnscribeerd met Chinese tekens. Hij zette het blad tussen hen in en nam plaats op het blok tegenover Minnies moeder.

'Zo,' zei hij, 'we gaan uw baby dus aan het huilen maken.' Hij nam een paar opgerolde donkergroene blaadjes uit een glazen potje, opende voorzichtig het deksel van de theepot en stopte de blaadjes erin. Uit een thermoskan schonk hij heet water in de theepot, waarna hij een kookwekkertje instelde en het deksel weer terug op de theepot zette.

'Gewone baby's,' zei hij, 'hebben een soort ingebouwd filter dat ervoor zorgt dat niet alle indrukken van buitenaf even hard binnenkomen. Huilbaby's missen dat filter, waardoor ze al ontregeld kunnen raken van zoiets als een ritselende krant of een stoel die naar achteren wordt geschoven. Daarbij komt ook nog eens dat ze de stress van hun ouders aanvoelen, die uiterst gespannen zijn geraakt van al het gehuil. Tegen de tijd dat de ouders met hun baby bij dit centrum terechtkomen, is iedereen volkomen uitgeput. Niemand doet meer een oog dicht, stelt u zich eens voor!'

Minnies moeder had geen moeite zich dit voor te stellen, en zonder dat ze het aan had zien komen stuwde zich vanuit haar buik iets met volle snelheid omhoog, langs haar borstkas, haar keel, haar neus en, uiteindelijk, haar ogen. De tranen voelden heet tegen haar wangen. Zoals in televisieseries schoof Johnstone een doos tissues naar haar toe die, zag ze nu, deel had uitgemaakt van de attributen op het dienblad. De tissue waarmee ze haar ogen droogwreef rook vagelijk naar iets organisch. Ze ademde de geur diep in. Bossen, dacht ze. Ze kalmeerde.

Johnstone vervolgde op rustige toon zijn verhaal.

'Als de baby's eenmaal hier zijn aangekomen, sturen wij de ouders zo snel mogelijk naar huis, waarmee we direct de vicieuze cirkel van stress doorbreken. Om een volledige herprogrammering van het kind mogelijk te maken, beginnen we met een vermindering van prikkels. Geen ramen, weinig licht, geen speelgoed, zoals u heeft kunnen zien. En god, geen mobiles boven de kinderbedjes! Een prutser die dat ooit heeft bedacht. Die zuigelingen worden daar gestoord van.'

Johnstone leek zichzelf te verbazen met zijn plotselinge agitatie, en hield even stil.

'Enfin,' vervolgde hij, 'zo min mogelijk prikkels dus. Aangezien de eigen ledematen soms nog de grootste prikkels vormen, wikkelen we de baby's geregeld in doeken, zodat ze zich niet meer kunnen bewegen. Heel effectief. Verder experimenteer ik momenteel met geluiden. Sommige baby's worden rustig van Bach, andere van de witte ruis van televisie, het blijven individuele voorkeuren. Voor de rest is het simpelweg een kwestie van voorspelbaarheid en regelmaat. Ik vergelijk het graag met dit eeuwenoude theeritueel,' Johnstone maakte een cirkel met zijn armen, die het dienblad en alle attributen omvatte, '"de School van de geurende Bladeren". Iedere stap dient met uiterste precisie te worden uitgevoerd. In de herhaling van dit alles schuilt perfectie.'

Precies nadat hij het woord perfectie had uitgesproken, ging de kookwekker af.

Minnies moeder keek toe hoe hij met een houten stokje behendig de bladeren uit het water viste, die zeker drie keer zo groot waren geworden.

'Nu dienen we nog zes minuten te wachten, om de thee op de juiste sterkte en, niet minder belangrijk, de juiste temperatuur te brengen. Dat komt heel nauw.'

Weer zette hij het kookwekkertje. Tot haar verbazing zag Minnies moeder dat het kind op haar schoot al een poosje heen en weer bewoog met het hoofd, de handelingen van Johnstone nauwlettend volgend. Wat krijgen we nu, dacht ze. In al die maanden had ze het kind er niet één keer op betrapt aanwezig te zijn in het hier en nu, en bij dit aanstellerige theeritueel was het plots alsof iemand de 'aan'-knop had gevonden. Opnieuw en net zo plotseling als even daarvoor voelde ze de aandrang van hete tranen tegen de binnenkant van haar ogen. Wie dacht deze dokter dat hij was? Een zenmeester die met oude Chinese trucs kleine baby's naar zijn hand kon zetten? Een eigentijdse rattenvanger van Hamelen? De vonk van woede sloeg over naar het kind op haar schoot. Het straft me, dacht ze, al sinds de geboorte straft het me. Alles in haar wilde de deur uit stormen, weg van deze plek, van het kind, van haar hele leven zoals het nu was. Alsof ze dit allemaal hardop had gezegd (had ze iets hardop gezegd?) zei Johnstone: 'Het gevoel van machteloosheid kan tot razernij leiden. Als u aversie jegens uw kind voelt hoeft u zich daar geenszins voor te schamen. Laat het komen, accepteer het, en laat het dan weer gaan.'

Minnies moeder haalde diep adem. De woede was gaan liggen en ze voelde alleen nog een leegte, alsof ze er nu achter kwam dat iemand haar langzaam van binnenuit had leeg geschraapt. Botten, organen, spieren, alles. Ze zou zo graag even slapen. Nog even, dacht ze, nog even volhouden. Overeind blijven zitten op dit blok. Ze concentreerde zich op het hout dat tegen haar knieholten drukte. Net zoals het hout was zij een vrouw uit één stuk.

Ze probeerde een glimlach.

'*Very well*,' zei Johnstone, eveneens glimlachend. 'Mijn plan ligt voor de hand. De kleine...'

'Minnie.'

'De kleine Minnie heeft, *obviously*, het tegenovergestelde probleem van de baby's die we hier normaal gesproken opnemen. Welnu: dan zullen we haar precies tegenovergesteld behandelen. We vermenigvuldigen de prikkels. De krijsende baby's om haar heen vormen een uitstekend voorbeeld, om mee te beginnen. Daarnaast zullen we de onvoorspelbaarheid van gebeurtenissen zo veel mogelijk vergroten. Dit alles houden we net zolang vol totdat we weten wat de juiste verhoudingen zijn om haar aan het huilen te brengen. Van daaruit kunnen we vervolgens werken aan normaal en wenselijk huilgedrag. U hoeft niet bang te zijn dat we haar zullen pijnigen of met stroboscopische lampen in haar ogen zullen flitsen, of iets dergelijks, er wordt hier met de grootste zorgvuldigheid voor haar gezorgd.' De dokter legde zijn ellebogen op het tafelblad en bracht zijn gezicht dicht bij het hare. 'Nu, wat denkt u ervan?'

Minnies moeder wist niet wat ze ervan dacht. Het klonk onorthodox en bovendien niet erg medisch onderlegd, maar wat waren haar alternatieven? Ze peinsde er niet over om onverrichter zake met het kind naar huis terug te keren. En dus knikte ze, vulde het intakeformulier in en dronk, nadat de kookwekker voor de tweede keer was afgegaan, thee die smaakte naar wat ze zich voorstelde bij een Chinees gebergte.

IEDERE DAG WAS Minnies moeder langsgegaan bij het centrum, dat ze voor zichzelf, half spottend, half eerbiedig, de School van de geurende Bladeren noemde. Met Johnstone had ze afgesproken haar komst nooit van tevoren aan te kondigen bij de verpleegkundigen, om de mate van onvoorspelbaarheid, die tenslotte deel uitmaakte van de behandelmethode, te vergroten.

Thuis kolfde ze vast melk af om zo kort mogelijk in het centrum te hoeven zijn. Ze verdroeg het slecht om Minnie steeds in de armen van de verpleegkundigen te zien, hun eindeloze geduld, het warme begrip, de toe-eigening die onder de oppervlakte van dit alles schuilging. Daarbij bleef het collectieve gehuil van de overige baby's haar onverminderd overweldigen, zodat ze soms wel een paar minuten voor de dubbele toegangsdeur bleef staan dralen voordat ze de moed opvatte naar binnen te stappen.

Vaak trof ze haar kind aan te midden van de schreeuwers, wier bestaan het, voor zover zichtbaar, niet erkende. Na twee dagen had Johnstone een aparte hoek voor Minnie laten inrichten, waar een televisie, een stereo-installatie en een babyzitje stonden opgesteld. De hoek werd afgeschermd met een kamerscherm en het kind kreeg een speciale koptelefoon op het hoofd gezet, zodat de andere baby's niet overprikkeld zouden raken van het geluid (al maakten ze zelf, dacht Minnies moeder, ruimschoots genoeg herrie om een luchtalarm te overstemmen). Het was een potsierlijk beeld, een baby met een koptelefoon, en bovendien had Minnies moeder haar twijfels over de bestendigheid van de minuscule, pas zeer recentelijk volgroeide oren van het kind, haar dochter.

Johnstone verzekerde haar echter dat er van schade geen sprake zou zijn, hij had het opgenomen met een bevriende kno-arts, die nog eens benadrukte wat hij al wist, namelijk dat het stimuleren van het gehoor van groot belang is voor de latere ontwikkeling van taal- en sociale vaardigheden. En dus luisterde het kind een aantal uur per dag naar allerhande soorten muziek en keek het naar *Thunderbirds*, het journaal en natuurdocumentaires waarin leeuwen zebra's verscheurden.

Verpleegkundige Ramses, die alleen in de ochtenduren werkte, nam het kind dagelijks mee op een uitstapje. Op voorschrift van dokter Johnstone bezochten ze speelplaatsen van basisscholen, treinstations, brasserieën, opvangcentra voor daklozen en verslaafden, snelwegovergangen. Eénmaal woonden ze een openbare rechtszaak bij.

Ramses was een iele jongen van Egyptische afkomst wiens ledematen door een geheimzinnige instantie voortdurend in de rondte leken te worden gestuurd. Hij had een vlassig snorretje boven zijn lippen en diepe kraters in zijn wangen die een recent verleden van ernstige acne verraadden. Van alle verpleegkundigen in het centrum was Ramses de enige voor wie Minnies moeder sympathie had opgevat, omdat het hem geheel ontbrak aan de militante ideologie van rust en reinheid die de rest zo onuitstaanbaar maakte.

In de eerste week van de opname kwam ze binnen toen hij juist op het punt stond Minnie mee naar buiten te nemen. Gedrieën wandelden ze naar de Bijenkorf, waar een uitverkoop gaande was die volgens Ramses inzichtelijk maakte hoe een land functioneert in de dagen na een staatsgreep. Hij vertelde Minnies moeder over zijn ambitie om hoofdverpleegkundige te worden op de pediatrische intensivecareafdeling. Hij hield meer van kinderen dan van bejaarden, zei hij, omdat ze iets minder stonken. Hierop brak een brede grijns op zijn gezicht door, die alle haartjes van zijn snor afzonderlijk tentoonspreidde.

De kinderwagen parkeerden ze bij de ingang van het warenhuis. Minnies moeder had niet geprotesteerd toen Ramses haar kind op zijn arm nam. Ze bewonderde de manier waarop hij zwierend door de puinhopen van de uitverkoop laveerde, onderwijl zacht tegen haar dochter pratend. 'Kijk, meissie,' zei hij, 'dit is nu wat mensen doen op hun zaterdagochtend. Ze werken de hele week hard, en daarna komen ze hier. Zo houden ze de e-co-nomie in stand. Dát zijn panty's, drie voor de prijs van één, en dat daar, die potjes en tubes in al die kleuren, noemen ze cosmetica. Vrouwen vinden het normaal om daar hun hele gezicht mee dicht te plamuren, stel je voor. En nu, hop!, staan we op de roltrap. Dat heb jij vast nog nooit meegemaakt...'

Tot haar verrassing had Minnies moeder het hoofd van haar dochter op en neer zien bewegen, zoals een paar dagen daarvoor bij het theeritueel van dokter Johnstone.

'Kom,' zei ze in een opwelling tegen Ramses, 'ik trakteer op een stuk taart bij Holtkamp.'

Het was een stralende decemberdag en daar liepen ze: een moeder, haar kind en de iele Egyptenaar met zijn idiote naam. De lucht leek meer verzadigd van zuurstof dan gewoonlijk, de kleuren helderder, en Minnies moeder realiseerde zich dat de mist van uitputting langzaam oplichtte. Plotseling hield Ramses halt. Hij knielde neer op de stoep en peuterde iets tussen twee tegels vandaan, wat hij een paar seconden later tussen duim en wijsvinger omhooghield. Het was een rijksdaalder, rond en gaaf, nikkel schitterend in het zonlicht. Toen Minnies moeder naar haar kind in de kinderwagen keek, zag ze dat het gefascineerd naar de munt bleef kijken. Hoewel het indruiste tegen al haar principes, hoopte ze diep vanbinnen dat dit een gunstig voorteken was. Dat het sluimerende vermoeden dat haar kind nooit helemaal in dat lichaampje terecht was gekomen, ongegrond zou blijken.

*

Twaalf dagen na haar opname in het centrum kon in het logboek worden opgetekend dat Minnie Panis, op de kop af vijf maanden oud, op zondag 9 december 1984, om ca. 10.45 uur in de ochtend, in de aanwezigheid van het afdelingshoofd, dr. Johnstone, en de dienstdoende verpleegkundige, Ramses Fatiqi, voor het eerst in haar leven had gehuild.

Johnstone was in een verregaande staat van opwinding toen hij Minnies moeder belde. 'Er heeft een doorbraak plaatsgevonden, mevrouw Panis!' riep hij uit. 'Uw kind heeft gehuild. Sterker, uw kind is nu al voor de derde keer vandaag aan het huilen geslagen. Wacht.' Er klonk geritsel aan de andere kant van de lijn. Toen hoorde Minnies moeder een heel teer gehuil, als van een piepklein diertje dat ergens in bekneld was geraakt. Ze merkte dat ze haar adem inhield. 'Bent u er nog, mevrouw? Komt u dadelijk hierheen, dan zal ik u een demonstratie geven waarvan u versteld zult staan.'

Ze bevonden zich in de afgeschermde hoek van de centrale ruimte, Johnstone, Ramses en Minnie. Minnie lag in het babyzitje met de koptelefoon op haar hoofd, in haar natuurlijke staat van aan totale afwezigheid grenzende sereniteit.

'Let op,' zei Johnstone, en gaf een teken aan Ramses.

'Let op,' zei Ramses. Hij drukte, zwaaiende ledematen, de PLAY-knop van de stereo-installatie in.

Wat Minnies moeder in korte tijd met het kind zag gebeuren was niet minder dan een klein wonder. Al na een paar seconden trok het gezichtje in een grimas waarvan ze niet eerder ook maar de kleinste suggestie had waargenomen. De oogjes knepen samen, het mondje begon te bibberen, en direct daaropvolgend balden de handen zich tot vuistjes en begonnen de beentjes wild om zich heen te trappelen. Toen opende ze haar mond (het drietal boog zich in één vloeiende beweging verder over het kind heen) en begon zacht maar onmiskenbaar te schreien. Dit hield een paar minuten aan, minuten waarin Minnies moeder, ondanks alles in zichzelf wat hier weerstand tegen bood, het idee niet kon onderdrukken dat haar kind voor de tweede keer ter wereld kwam. Daar ben je dan, dacht ze, het werd verdomme ook eens tijd.

Het gehuil stopte even abrupt als het begonnen was. Johnstone haalde de koptelefoon van Minnies hoofd, die enigszins verdwaasd om zich heen keek.

'We moeten nog werken aan het volume,' zei hij. 'En natuurlijk aan de frequentie –zolang ze nog niet kan praten zal ze met huilen moeten aangeven dat ze honger heeft, of pijn.'

Ramses drukte op EJECT, stopte het cassettebandje in een hoesje, en overhandigde het aan Minnies moeder. HILDEGARD VON BINGEN, stond er met vulpen op geschreven, verder niets.

'Uiterst interessant,' zei Johnstone. 'Ik heb van alles op haar uitgeprobeerd, van Rachmaninov tot Pink Floyd. Toen probeerde ik een opname van het officie van Pinksteren, gezongen door een gregoriaans koor uit Amsterdam. Ik zag dat het iets met haar deed, en heb toen net zo lang gregoriaanse zangen op haar uitgetest tot ik bij Hildegard belandde. En huppa, daar ging ze! Een fijnproever, dat kind van u. Deze composities zijn vrij afwijkend in de traditie. Hildegard heeft, hoe zeg je dat, een geheel eigen signatuur.'

'Dus ze moet huilen van middeleeuwse kerkmuziek,' zei Minnies moeder.

'Precies. Dit is muziek uit de twaalfde eeuw. Hildegard von

Bingen was een van de eerste christelijke mystici. Ze runde het Rupertsbergklooster, nabij het Duitse Bingen. Van jongs af aan was ze helderziend. Op haar drieënveertigste kreeg ze visioenen, die ze optekende in drie grote boeken. Daarnaast schreef ze ook medische en plantkundige verhandelingen, die tot op de dag van vandaag nog worden geraadpleegd. Al in haar eigen tijd was ze een beroemdheid. Ze adviseerde allerlei hooggeplaatste geestelijken en voerde correspondenties met lieden als Bernard van Clairvaux en keizer Frederik I Barbarossa. Voor een vrouw uit die tijd was dit allemaal ongekend. Je zou haar een van de eerste feministes uit de wereldgeschiedenis kunnen noemen: al in 1150 brak ze een lans voor het vrouwelijke seksuele genot! Maar goed, ik dwaal af. Waar het nu om gaat is dat ze ook muziek componeerde. Ze wordt gerekend tot de eerste componisten uit de klassieke muziekgeschiedenis van wie de naam ons bekend is. Op deze cassette staan liturgische gezangen, geïnspireerd op haar visioenen. Het lijkt een sterke emotie in de kleine Minnie op te roepen.'

'U wilt zeggen dat mijn kind ontroerd raakt van deze muziek?'

'Dat is heel goed mogelijk, ja.'

'Dat is nonsens.'

'Het getuigt van zintuiglijke en emotionele fijngevoeligheid die men niet vaak meemaakt bij zulke kleine baby's. Daar moet op een delicate manier mee worden omgesprongen. Vergelijk het met een kostbare vleugel: met een waardeloze pianist erachter heb je er niets aan, maar vind je eenmaal de juiste... enfin, om een lang verhaal kort te maken: uw dochter is allerminst op haar achterhoofd gevallen, maar ze heeft wel een speciale gebruiksaanwijzing.'

'Wat stelt u voor?' vroeg Minnies moeder.

Johnstone maakte het overkoepelende gebaar met zijn armen.

'We houden haar nog even hier. Vlak voor de voedingsmomenten laten we haar naar de muziek luisteren, zodat ze huilen en honger met elkaar gaat associëren en de muziek daarvoor niet meer nodig heeft. Omdat we nu een intensief trainingsprogramma gaan toepassen, vraag ik u niet langs te komen. De ouder heeft vaak een remmende invloed op het proces. Als het huilen eenmaal een gezonde sterkte en regelmaat heeft bereikt, geven we haar weer mee naar huis.'

Op 15 december 1984 zag Minnies moeder op het journaal hoe een onbemand ruimteschip vanuit de Sovjet-Unie op het punt stond de atmosfeer in te worden geschoten, op weg naar Venus. Het zou, zei de correspondent, een halfjaar onderweg zijn om er te komen. De telefoon ging toen het beeld werd gevuld met een witte rookwolk.

'*She is ready for take-off*,' klonk Johnstones stem aan de andere kant van de lijn. 'Het is ons gelukt haar in no time keurig af te richten. Die hond van Pavlov had er een puntje aan kunnen zuigen.'

2012

DE HAND WAARMEE Minnie uit het water werd getrokken was groot en bleek en bezaaid met talloze sproetjes. Later dacht ze vaak terug aan de hand, die in haar herinnering de mythische proporties aannam van een Manus Dei, vanuit de hemel zelf neergedaald om haar te redden alsof ze godnogaantoe een personage uit een Stephen Kingroman was.

De redding verliep verbluffend efficiënt: het ene moment werd haar lichaam naar beneden gezogen, het volgende moment lag ze in een stabiele zijligging aan de kant.

'Kun je me horen,' vroeg de hand, die haar lichte tikjes op haar wang gaf, iets wat ze niet voelde maar wel min of meer waarnam.

'Je hebt een ongeluk gehad,' zei de hand.

Minnie concentreerde zich op het woord, in drie delen on-geluk, in twee delen, on-geluk, toen zei hij het nog eens: 'Je hebt geluk gehad.'

Ze liet zich overeind trekken, rug tegen iets verticaals, dit moest zitten zijn. De hand werd nu een mens. Alles aan de mens was groot: zijn ledematen, zijn hoofd en elke gelaatstrek. Je wist niet waar je kijken moest, dacht Minnie, zoveel aandacht vroegen al die onderdelen waaruit hij bestond. Plukken oranje haar sprongen onder een zwarte muts vandaan.

'Heb ik pijn?' vroeg ze. 'Ik bedoel: is er iets waardoor ik pijn zou moeten hebben?' Het klonk idioot. Je had pijn of je had geen pijn.

'Hoeveel vingers steek ik op?' zei de redder, die gehurkt voor haar zat en nu drie reusachtige vingers in de lucht stak.

'Drie,' zei Minnie, maar toen ze het had gezegd waren het er ineens geen drie meer. 'Twee.'

Praten was niet gemakkelijk, iets leek haar mond tegen te houden. Ze moest dit verbeteren. Eraan werken.

'Drie of twee?'

'Twee. Ik weet niet waarom ik eerst drie zei, het zijn er overduidelijk twee, ik zag het onmiddellijk. Twee. Overduidelijk.'

Ze voelde iets tintelen in haar vingertopjes en keek naar beneden. Daar waar haar handen hadden moeten zitten, zat niets, of wel iets maar geen handen. Het zat helemaal om haar heen, merkte ze nu, ook haar hoofd was ermee bedekt.

'Wat is dit?' vroeg Minnie.

'Een reddingsteken,' zei de redder, alsof het heel normaal was.

'Een reddingsteken?'

Wat was dit voor gesprek? Een rood-witte uitstulping aan de gevel van een huis in haar straat verscheen op haar netvlies.

TE KOOP. Was dat ook een reddingsteken?

'Deken. Isoleert je tegen de kou.'

'Ik heb het niet koud.'

'Dat klopt,' zei de redder. 'Dat is juist het problematische.' Het volgende moment lagen zijn twee handen over haar gezicht heen.

'Niet schrikken, Minnie,' zei hij. 'Maar je hoofd is tien procent van je lichaam. Ik gebruik mijn lichaamswarmte om het op te warmen. De uiteinden zijn van cruciaal belang.'

Minnie sloot haar ogen. De donkerte onder de handen was geruststellend. De klank van haar eigen debiele naam ook. Ze zou willen dat de redder hem nog een paar keer herhaalde. Of al zijn zinnen ermee eindigde, zoals sommige mensen deden die dat hadden geleerd in een cursus. Coaches en makelaars.

'Ik ga je nu optillen,' zei de stem achter de handen. 'Dan leg ik je in mijn auto. Je kunt hier niet blijven rondhangen. Erg onaangenaam bij deze temperatuur.'

De handen werden verwijderd en toen zag ze zichzelf loskomen van de grond, een bundeltje goudglanzende folie alsof ze verdomme een wikkel om een Wonkareep was. Ze wilde zeggen dat het niet nodig was, al dat optillen, ze was een volwassen mens en volwassen mensen hoefden niet te pas en te onpas worden opgeraapt.

'Zelf opstaan zou uiterst onverantwoordelijk zijn in een situatie als deze,' zei de redder, alsof hij kon horen wat ze dacht. Hij leek geen enkele moeite te hebben met het gewicht van een mensenlichaam in zijn armen. Met grote, verende passen liep hij weg van de waterkant. Vanuit haar gouden koker staarde Minnie naar het azuur van de lucht, de kruinen van de knoestige platanen. Waarom konden mensen niet ook gewoon op één plek beginnen, de lucht in schieten en daar voor altijd blijven?

'Wel eens van het begrip reddingsdood gehoord?' vroeg de redder, zonder te pauzeren voor een eventueel antwoord van het hoopje mens in zijn armen. 'Dat kan gebeuren wanneer het slachtoffer beweegt als het nog niet genoeg is opgewarmd. Koud bloed uit de ledematen begint ineens door het hele lichaam te stromen, waardoor de temperatuur nog verder daalt en het hart kan komen stil te staan. Een passend voorbeeld, wat mij betreft, van een situatie waarbij goede intenties en gebrekkige kennis een ongelukkig huwelijk met elkaar aangaan, met alle tragische gevolgen van dien.'

Als Minnie er de energie voor had gehad, had ze de redder erop gewezen dat hij het uitstekend zou doen als voice-over van een informatief getint tv-programma, maar tegen de tijd dat ze de auto bereikten was ze volledig uitgeput – alsof zij het was geweest die de grote man in haar armen naar de auto had gedragen.

Zachtjes werd ze op een achterbank gelegd. Ze wilde protesteren, het kon niet, ze zou contractbreuk plegen als ze zich met een ander vervoermiddel dan een fiets door de stad liet vervoeren. Ze rilde.

'Ah,' zei de redder, zijn hoofd door het portier, 'je krijgt het eindelijk koud. Heel goed. Wel wakker blijven.'

Van dichtbij zag ze dat hij ouder was dan ze hem had ingeschat. Fijne groeven tekenden zijn gezicht, rivieren door een landschap.

'Wist je dat Zuid-Louisiana een van de snelst verdwijnende landmassa's op aarde is?' zei ze. 'Elke vijfenveertig minuten verdwijnt er een stuk grond ter grootte van een voetbalveld. Sinds de jaren dertig is daar een gebied ter grootte van Delaware geërodeerd.'

Hij had onophoudelijk tegen haar gepraat tijdens de autorit, zich voortdurend omdraaiend in zijn stoel om zich ervan te vergewissen dat ze nog altijd wakker was. Het meeste van wat hij zei ging langs haar heen, maar dat was niet erg, het ging om de klank en het ritme.

Pas toen ze wegreden realiseerde Minnie zich dat de redder helemaal niet zelf achter het stuur zat. Hij had een chauffeur. Omdat ze met haar hoofd achter de bestuurdersstoel lag, kon ze maar een stukje van zijn achterhoofd zien. Hij droeg een grijze chauffeurspet alsof het geen feestartikel was maar iets wat je in alle ernst op je hoofd zette. Misschien was het ook zo. Ieder beroep vereist een pak, sommige pakken zijn alleen wat karikaturaler dan andere.

Ze voelde zich wazig en tegelijkertijd op een ongecoördineerde manier alert. Ze wist dat er belangrijke dingen waren die haar aandacht vereisten, maar de belangrijke dingen waren steeds net buiten haar bereik. In plaats daarvan haakten haar hersenen zich vast aan die pet, de blonde krullen die eronderuit kwamen, de minuscule korreltjes in de plooien van de bekleding, het overdreven realisme van dit alles.

Na een tijdje kwam de auto tot stilstand. Het was haar gelukt om haar armen uit de cocon los te werken, vreemde bleke ledematen die niet per se iets met haar van doen leken te hebben. Tot haar verrassing droeg ze een grote grijze jas, met daaronder niets dan haar ondergoed. Opnieuw werd ze de lucht in getild. Een grijze parkeerplaats, een lift, een voordeur, een drempel, een bruid over de drempel.

'Welkom in mijn huis,' zei de redder nadat hij haar voorzichtig op een stoel had gezet. Het was onduidelijk waar de chauffeur was gebleven. Misschien bestond hij wel niet buiten de auto. Een hondje kwam aangerend, sprong wild tegen de redder op en begon fanatiek rondjes om zijn eigen as te draaien.

'Dit is Frank,' zei de redder. 'Frank Lloyd Wright om precies te zijn. Ik heb hem een paar jaar geleden uit het asiel gehaald. Hij heeft een afwijking waardoor hij de hele dag dit soort rondjes om zichzelf draait. Het deed me denken aan het Guggenheim.'

Voor de derde keer die middag stak de redder zijn ontzagwekkend grote hand naar haar uit. Zelfs in verhouding tot het lichaam was die hand buitenproportioneel.

'Ik ben Johnstone. James.'

Natuurlijk, dacht Minnie. Natuurlijk ben jij dat, want waarom ook niet? Al met al had het een soort logica. Nachtelijke katten, dode en levende lammeren, vissen die zich verloren in het water. Misschien, dacht ze, had het iets te maken met feng shui.

En toen wist ze het weer, het belangrijke aan de achterkant van haar hersenen. Het stuwde zich omhoog, naar de plek waar vaagheden worden omgezet in woorden.

'Ik ben zwanger,' zei Minnie.

IN ÉÉN KLAP was het wazige gevoel verdwenen. Er was iets gezegd en daarmee werkelijkheid geworden.

'Ach zo,' zei Johnstone. 'Dat zat er wel in, ja.'

Hij was op een stoel tegenover haar gaan zitten. Minnie staarde hem aan.

'Hoe vaak heb je overgegeven de afgelopen tijd?'

Minnie dacht aan de zure brokken makreel. De yoghurt en de boterhammen van eerder die dag. Ze voelde het begin van een nieuwe misselijkheidsgolf.

'Dan die koffie van vanochtend natuurlijk. Het is haast een cliché, zou ik zeggen, zwangere vrouwen en hun aversie voor koffie. En niet voor niets. De foetus mist het enzym om de werking van cafeïne te deactiveren. Bij een experiment met rattenjongen is eens aangetoond dat het spul zich in de hersenen ophoopt.'

Minnie opende haar mond, maar het lukte haar niet om iets te zeggen.

'Maar het meest opvallende, tja, ik hoop dat je het niet impertinent vindt.' Johnstone wees naar haar borsten. 'Ontegenzeggelijk gegroeid ten opzichte van die *Vogue*-foto's. Hoe ver ben je, een week of vijf, zes?'

'Zes,' zei Minnie. Het klonk schor. Ze voelde zich een kind dat de juiste uitkomsten van allerlei sommen hoorde te weten, maar er steeds net naast gokte. 'Vijf en een half.'

Zijn gezicht zat helemaal onder de sproeten. Ze waren heel licht oranje, bijna geel, als door de zon verkleurd papier. Het leek alsof je ze er zo van af zou kunnen pulken. Nog altijd waren zijn gelaatstrekken niet teruggebracht tot normale proporties, wat het gezicht een beetje grotesk maakte, maar ook gemoedelijk. Dat laatste had ook te maken met de borstelige, rossige baard die het geheel omlijstte. Al met al zou het haar niets verbazen als hij de volledige werken van Marx in zijn kast had staan en drie paar Birckenstocks bezat.

'Hoe weet u dat van die koffie?' vroeg ze.

'Dat is algemeen bekend.'

'U noemde mijn naam. Daarnet bij de waterkant zei u dat

mijn lichaam voor tien procent uit mijn hoofd bestaat, en daarna noemde u mijn naam. Vólgt u mij?'

'Ja,' zei hij simpelweg. 'Dat klopt.'

Zonder verder iets te zeggen, maar met zijn hand geheven in een halt-teken, liep hij de ruimte uit.

Ze keek om zich heen. Dit moest de woonkamer zijn. De omvang was indrukwekkend, vooral in verhouding tot het aantal spullen dat erin stond. Ze zat aan een grote houten tafel, niet op een stoel, maar op een houten blok, waarvan er een aantal in ogenschijnlijke willekeur over de ruimte waren verspreid. De tafel keek uit op een glazen wand met daarachter een keurig bijgehouden tuin die bestond uit gras en struiken die even vierkant waren geknipt als de blokken hout in de woonkamer. De vloer van de woonkamer werd voor het grootste deel bedekt door een reusachtig rood vloerkleed met een motief van bloemen en ronde labyrinten, dat Minnie inschatte als antiek Chinees. Tegen de linkermuur stond een kleine houten boekenkast die tot haar stomme verbazing geheel was gevuld met *Suske & Wiske*-albums. Dat was het. Ze vroeg zich af waar de fotograaf was. Of hij hier was, of hij haar zag.

Er klonk gerinkel, voetstappen, gedempt gepraat, en toen kwam Johnstone binnen met in zijn handen een dienblad dat hij voor haar op tafel zette. Er stond een kleien theepot op, purperachtig van kleur, bekrast met Chinese tekens.

'Een Yixingtheepot van vlak na de Tweede Wereldoorlog,' zei hij, toen hij zag dat ze naar het ding bleef staren. 'Vervaardigd door de oude meester Gu Jinghzou, die nog altijd leeft en zich kan meten met de grote kunstenaars uit de Mingdynastie.'

Rustig begon hij allerlei handelingen uit te voeren met een houten knijper, opgerolde theebladeren en een kookwekker. Hij leek zich in het geheel niet meer bewust van haar aanwezigheid. Met wie had hij net staan praten? De chauffeur?

'Ik neem aan dat je mijn brief hebt ontvangen,' zei hij plotseling, zonder op te kijken van zijn werkzaamheden.

De brief, ja natuurlijk, de godvergeten brief – het CBTH, de Maya's, cycli, uitputtend onderzoek, bewustwording, herinnering, trauma, behandeling, snippers in de prullenbak. *Het enige wat de vis hoeft te doen, is zich verliezen in het water.*

'Ik heb geen antwoord mogen ontvangen, wat ik overigens ook

niet had verwacht. Maar ik wist dat er een dezer dagen iets zou gebeuren, een transitie van enig soort, het kon niet uitblijven. Sinds gister ben ik begonnen je te volgen. Ik voelde me verantwoordelijk voor de consequenties, zie je. Ik had het mezelf aangerekend als het was misgegaan vanmiddag.' Hij overhandigde haar een kom thee en nam plaats op het blok tegenover haar. 'Wat je deed was levensgevaarlijk.'

'Dat weet ik,' zei ze zachtjes.

'Het ijs was overduidelijk niet meer begaanbaar, maar toch ging je erop staan. Eerlijk gezegd heb ik mijn hoofd daar het afgelopen uur over gebroken. Het lijkt me niet dat je een doodswens hebt, of wel?'

Ze schudde haar hoofd. Ze voelde de aandrang hem alles te vertellen, van voor af aan: over haar ontmoeting met de fotograaf, de *Vogue*-affaire, het contract dat ze hadden laten opstellen bij Specht, het project dat op dít moment bezig was, een langgerekte performance waar Johnstone nu ook deel van uitmaakte, of hij wilde of niet. Ze wilde hem vertellen over vage en concrete angsten. Over het feit dat ze soms twijfelde aan de realiteit van haar eigen bestaan, hoe pompeus dat ook mocht klinken, maar boven alles wilde ze hem vertellen dat ze niet wist of ze wel hard genoeg had geprobeerd zichzelf te redden toen haar kleren zich vol zogen met ijswater en al het licht verdween uit de wereld en de paniek was omgeslagen in berusting.

'Wie bent u eigenlijk?' vroeg ze in plaats daarvan. 'Waarom houdt u zich met mij bezig?'

'Ik ben neonatoloog, hypnotiseur, taoïst en kenner van de Mayacultuur, onder andere. Ik ontmoette je voor het eerst toen je nog maar een paar maanden oud was,' zei hij zonder verdere omhaal. 'Je moeder inschattende heeft ze je daar weinig over verteld.'

'Niets,' zei Minnie.

'In dat geval zullen we bij het begin beginnen.'

Hij stak zijn hand op.

'Toen je op mijn behandeltafel belandde was je ongeveer zo groot.'

MINNIE WIST NIET precies hoelang Johnstone aan het woord was geweest, maar hij had haar minstens vijf keer bijgeschonken, de inhoud van de theepot leek oneindig. Uiteindelijk viel hij stil. Ze had hem honderd dingen kunnen vragen, maar plotseling was ze moe, zo moe. Juist toen het haar daagde dat ze hem niet eens had bedankt voor de redding, was hij opgesprongen.

'*Good heavens*,' riep hij uit. 'Je zit daar nog altijd in niets dan je ondergoed en mijn oude zomerjas! Wat slordig van me, wat ontzettend slordig. Bob!'

Nadat hij nog een keer of drie in oplopende gradaties van volume de naam 'Bob' had geroepen, kwam er een lange dunne jongen met extreem lichte ogen, blond krullend haar en een rood gevlekt gezicht aangerend.

'Dit is Bob,' zei Johnstone. 'Mijn personal assistent, chauffeur, kok en wat dies meer zij. Hij zal je naar het gastenverblijf brengen.'

Bob hief kort zijn rechteronderarm op bij wijze van begroeting, zoals Hitler scheen te doen wanneer hij veel mensen achter elkaar moest voorzien van een groet, al betwijfelde Minnie of hij bekend was met dit historische gegeven. Hij leek hoe dan ook niet veel ouder dan een jaar of twintig.

Ze liep achter hem aan een trap op, een gang door, toen nog een trap op – hoe groot was dit huis?

Uiteindelijk zwaaide Bob een deur open naar een vertrek dat eruitzag als de woonkamer, maar dan iets kleiner en met een bed in plaats van een tafel. Hij wees naar een deur links van de ingang.

'De badkamer.'

Het moest een eczeemachtige aandoening zijn, die vlekken, het zag er vrij ernstig uit. Daarnaast was er nog iets aan de hand met dat gezicht, al zou ze niet kunnen aanwijzen wát.

'Ik ben een albino,' zei Bob. 'Mijn ouders zijn allebei zo donker als wat. Maak het uzelf gemakkelijk. Er liggen schone kleren in de badkamer.'

De badkamer was, net als de rest van het huis, van het type

eenvoud dat klauwen met geld kost. De wasbakken (twee) waren uit één zwartkleurig stuk gesteente gehouwen dat Minnie deed denken aan een brok meteoriet. De vloer was een soort houten vlonder, de douchekop een reusachtige rechthoek die het gevoel van een tropische regenbui moest opwekken.

Opmerkelijk genoeg stond de – voor het overige smaakvolle – badkamer volgestouwd met producten van het merk Rituals, begonnen op een bescheiden schap in de V&D maar inmiddels zo succesvol dat de ene na de andere Ritualswinkel opdook in de koopgoten van 's lands grote en middelgrote steden. Het succes was waarschijnlijk te danken aan de rustieke namen van de producten, die een sfeer van oosterse mystiek moesten oproepen.

Minnie liet haar ogen langs de tientallen tubes, potjes en flesjes op de wastafels en in de douchecabine gaan. Fortune Oil, Happy Handlotion, Good Luck Scrub, Touch of Happiness, Happy Buddha, Yogi Flow, Shanti Chakra, Shikakai Secret... Nooit eerder, dacht ze, was het westerse oriëntalisme zo slim in de markt gezet. Voor een paar euro kon iedere hardwerkende middenstander zich, na een kant-en-klare wokmaaltijd van Conimex of wat koude brokken supermarktsushi, wentelen in de typisch oosterse weldaad van zijn douchegel. Het verbaasde haar dat Johnstone hierin trapte – nog los van de afgrijselijke geuren die loskwamen als je zo'n tube opende – maar bedacht zich toen dat het waarschijnlijker was dat Bob hierover ging. Het idee van Bob in zo'n winkel ontroerde haar, en tot haar eigen verrassing barstte ze uit in een trillend snikken. Ze douchte lang en heet, en scrubde zichzelf met de Good Luck Scrub tot ze rood zag en het laatste restje donker ijswater uit haar botten was verdreven. Toen ging ze op het bed liggen, naakte huid op schoon, wit beddengoed.

Iemand keek nog steeds naar haar, hield nog steeds van haar.

*

In het voorjaar van 2010 was Minnie een paar dagen naar New York gegaan om een groot retrospectief van het werk van Marina Abramović in het MOMA te bezoeken. Het hoogtepunt van de tentoonstelling bestond uit een nieuwe performance van Abramović zelf, die tweeënhalve maand lang, gedurende de openingstijden van het museum, in het atrium achter een tafel zat. Bezoekers schoven aan in gigantische rijen om een voor een op een stoel tegenover haar plaats te nemen. Ze mochten blijven zitten zo lang ze wilden, op voorwaarde dat ze geen ander contact dan oogcontact zouden maken.

The Artist is Present werd een absolute sensatie en een van de best bezochte tentoonstellingen in het MOMA aller tijden. Net als Minnie reisden mensen van over de hele wereld naar New York om de kunstenares met eigen ogen te zien en hadden daar uren en soms zelfs dagen wachttijd voor over.

Op een vroege doordeweekse ochtend had Minnie zich bij de wachtenden gevoegd. Ze was een bewonderaar van Abramović en twijfelde er niet aan dat haar eigen kunstenaarschap nooit had kunnen bestaan zonder deze vrouw, die als een van de eersten bereid was geweest haar lichaam aan de kunst te geven, zonder reserves en zonder garanties, proefdier en laborant tegelijkertijd. Toch was het geen doodsverachting die Abramović in de loop van de jaren tot uitputtende en gevaarlijke performances had gedreven, eerder het omgekeerde: alles wat haar geen angst inboezemde was simpelweg niet de moeite waard. Dus hakte ze razendsnel met vlijmscherpe messen tussen haar vingers, liet ze zich door toeschouwers bedreigen en verminken, kerfde ze een bloedende ster in haar buik, slikte ze pillen waardoor ze urenlang verviel in oncontroleerbare spasmen. In de vroege jaren zeventig had ze eens bijna het leven gelaten toen ze in een brandende ster sprong en bewusteloos was geraakt van de rook. Net op tijd hadden omstanders haar eruit kunnen trekken. Achteraf was ze naar eigen zeggen vooral gefrustreerd geweest omdat ze op een fysieke grens was gestuit: als je bewusteloos bent, kun je niet aanwezig zijn. Bij een performance – Abramović liet geen gelegenheid voorbijgaan zonder dit te benadrukken – draaide alles om aanwezigheid. *Presence.*

In de rij was Minnie in gesprek geraakt met een make-upartiest die Pablo Blancas heette en in een maand tijd al dertien keer was geweest. Inmiddels was hij op vriendschappelijke voet geraakt met alle suppoosten. Het was een transformerende ervaring, vertelde hij, tegenover Abramović te zitten, haar aan te kijken, door haar aangekeken te worden. Er ging een magnetische kracht uit van haar blik, die een katalysator was van allerlei emoties. Zijn langste zit tot nu toe had zeven uur geduurd. Een paar dagen eerder was hij na tien minuten plotseling in tranen uitgebarsten. Het had iets te maken met de concentratie en de energie van Marina en alle omstanders die naar hen keken. 'Ze vliegt over haar eigen angst heen,' zei hij. 'Ze leert ons dat we verder kunnen dan we denken dat we kunnen. Ze ziet je, ze ziet je echt.'

Minnie had het fascinerend gevonden, deze kleine latino met zijn keurig gekapte snor en zijn zwarte haar dat glansde van de gel, die werkelijk geloofde dat Abramović méér was dan een spiegel waarin hij zichzelf gereflecteerd zag. Dat was de pointe, dacht ze, kijkend naar alle mensen die haar voorgingen, half luisterend naar het kabbelende gepraat van de gelovige naast haar: meer nog dan de kans in de ogen van de beroemdheid te kijken, ging het om de kans om door háár gezien te worden, een fractie te ervaren van wat zij ervoer, deel te worden van haar performance. Het kon niet anders of Abramović kende het gezicht van deze almaar terugkerende man tot op de vierkante millimeter, ja, waarschijnlijk kenden ze elkaars gezicht beter dan de meeste geliefden elkaars gezicht kennen. Misschien, dacht Minnie, was deze Pablo Blancas wel minder een gek dan een briljante performancekunstenaar, die Marina Abramović liet zien wat zíj de mensen liet zien, en zo een spiegelpaleis creëerde waar de grenzen tussen de reflectie en het gereflecteerde op den duur ophielden te bestaan.

Tegen het einde van de middag was Minnie zelf aan de beurt geweest (Pablo, die voor haar stond, hield zijn zittijd die dag beperkt; hij wisselde tussen korte en lange episodes om zichzelf te trainen in verschillende concentratiespannen). Haar hart was als een razende tekeergegaan toen ze tegenover Abramović plaatsnam, die haar ogen pas opende toen Minnie goed en wel zat. De eerste minuut was haast ondraaglijk geweest, maar na een tijdje vertraagde haar hartslag, verdween de compulsieve neiging om heel hard te gaan schreeuwen, lachen, huilen, en veranderde het gezicht van Marina Abramović in een abstractie. Nog nooit had Minnie iemand zo lang zo onbeschaamd aangestaard, en evengoed wás ze door niemand ooit zo lang zo onbeschaamd aangestaard. Toch had het, tot haar verrassing, met intimiteit maar weinig te maken. Twee mensen staarden naar elkaar, maar alleen om zichzelf los te maken van de ander, van zichzelf, op te lossen in de tienduizend dingen.

ZE MOEST IN slaap zijn gevallen, want toen ze haar ogen opende en naar buiten keek was het donker. In een reflex greep ze naar haar telefoon, maar bedacht zich toen dat die zijn laatste rustplaats waarschijnlijk had gevonden op de bodem van de plas.

Ze gooide een plens koud water in haar gezicht, schoot in het kledingstuk dat Bob voor haar had klaargelegd (een fluweelachtig rood pyjamapak waarin ze er, vreemd genoeg, niet volkomen belachelijk uitzag) en ging op zoek naar Johnstone, die ze samen met zijn rondtollende hond aantrof op een balkon op de eerste verdieping, waar hij bij het licht van een bouwlamp bezig was iets ergens van af te schrapen.

Hij begroette haar opgewekt en vertelde dat hij in gevecht was geraakt met de stadsduiven, die de boel dag en nacht onderscheten en bovendien een afschuwelijk geluid voortbrachten. Niets hielp – hij wees naar de vele lagen prikkeldraad die om de reling waren gewikkeld. Alsof het van boven geregisseerd werd, kwam precies op dat moment een duif aangevlogen, die inderdaad zonder noemenswaardige moeite landde op het prikkeldraad. De duif miste een poot, maar ook dat leek niet de minste belemmering te vormen.

'*Dammit*,' zei Johnstone, schuddend met zijn hoofd. 'Die beesten lopen op een stomp alsof er gewoon nog een poot aan zit. Hoe werkt dat?'

'Misschien heeft hij een fantoompoot,' opperde Minnie. 'Of misschien vergat hij op den duur gewoon dat er ooit een tweede poot was en weet hij nu niet beter of de stomp *is* zijn poot.'

'Hoe dan ook,' zei Johnstone, 'Bob zal het eten nu wel klaar hebben.' Hij maakte een verrassend lenige karatebeweging met zijn been, waarop Frank vrolijk blafte en de duif even verschrikt met zijn vleugels bewoog, maar zich niet liet verjagen.

Ze namen weer plaats op de houten blokken. De tafel was gedekt met een simpel kleed van wit linnen, tussen hen in stond een menora met in alle zeven armen een brandende kaars.

Bob kwam de kamer in met twee dampende borden. Hij had

een Caribische stoofschotel met geitenvlees gemaakt, een recept van diens grootmoeder, vertelde Johnstone, die op Curaçao een restaurant had gerund dat beroemd was om zijn leguanensoep, een Antilliaanse delicatesse voordat de leguaan een beschermde diersoort werd, en daarna natuurlijk alleen maar meer.

Bob schonk rode wijn in een grote bel naast Johnstones bord. Minnie kreeg een glas water. Blijkbaar, dacht ze, was hij dus al ingelicht over haar situatie.

'Een zeldzaam stil type,' zei Johnstone, toen hij de kamer uit was. 'Hij is ooit bij me in behandeling geweest omdat er tot zijn vijfde geen zinnig woord uit zijn mond kwam. Zijn ouders dachten dat hij een tik van de molen had gekregen, ook vanwege zijn uiterlijk natuurlijk.'

'U heeft hem leren praten?'

'Nou, nee, dat bleek hij uitstekend te kunnen. Ik heb er alleen voor gezorgd dat hij zo af en toe ook daadwerkelijk iets zei. Vijftien jaar later stond hij ineens weer voor mijn deur, met de vraag of ik een assistent nodig had. Dat is twee jaar geleden nu. Tot die tijd had ik er nooit over nagedacht of ik zoiets nodig zou hebben, maar inmiddels kan ik me niet meer voorstellen wat ik zonder hem zou moeten. Hij heeft zijn eigen baan gecreëerd en mij doen geloven dat hij onmisbaar is. Heel goochem.'

Eerder die middag, terwijl ze theedronken uit de purperen theepot, had Johnstone in grote lijnen zijn levensloop uiteengezet. Hij groeide op in New York, als zoon van een Nederlandse vader en een Iers-Amerikaanse moeder. Na een studie geneeskunde en een specialisatie in de pediatrie kreeg hij een aanstelling als junior kinderarts in het Mount Sinai Hospital in Manhattan; de plek waar in de negentiende eeuw Abraham Jacobi, pionier in de pediatrie, de eerste kinderafdeling ter wereld oprichtte. Toen in 1975 zijn vader overleed, besloot Johnstone bij wijze van eerbetoon een kort bezoek te brengen aan diens geboortegrond. Binnen een week werd hij verliefd op een Amsterdamse. 'Met die vrouw hield ik het maar een paar maanden uit, een vreselijke heks bij nader inzien, maar het is me niet meer gelukt uit Nederland weg te komen.'

Het geitenvlees smaakte pittig en was zo mals dat het in je mond uiteenviel. Johnstone was een snelle drinker met iets onvermijdelijks in zijn tempo, alsof hij doelmatig op weg was naar dronkenschap.

'In de brief schreef je dat ons tijdsbegrip neoliberaal is geworden,' zei Minnie, die hem ongemerkt was gaan tutoyeren. 'En dat samenlevingen daar ziek van worden.'

Hij knikte bedachtzaam en haalde een botje tussen zijn tanden vandaan dat hij zorgvuldig op zijn servet neerlegde.

'Ik zal je het verhaal van mijn vader vertellen.'

Hij nam een grote slok wijn, liet die even rondgaan in zijn mond en begon toen in de tegenwoordige tijd over het verleden te praten. Het klonk alsof hij voorlas uit een boek, dacht Minnie, of zinnen dicteerde aan een ghostwriter. Misschien zat normaal gesproken Bob op haar plaats om het allemaal uit te typen. Zoiets leek haar niet ondenkbaar.

'Mijn vader wordt geboren als Simon Lipschits in een grote Joodse familie van standwerkers uit Rotterdam. Hij is eenentwintig wanneer hij zich in 1923 laat inschepen als keukenhulp op een passagiersschip van de Holland-Amerika Lijn. Hij heeft grotere plannen dan zijn leven lang bananen verkopen op de markt. In Amerika, hoort hij van dokwerkers en sjacheraars, ligt het geluk voor het oprapen. Iedereen die bereid is hard te werken wordt er beloond met geld en auto's en sigaren zo dik als je onderarm.

Direct bij aankomst op Ellis Island ontmoet mijn vader zijn toekomstige echtgenote, mijn moeder, Sallie Johnstone. Sallie, wier grootouders Zuid-Ierland ontvluchtten tijdens de Grote Hongersnood en zich vestigden in Boston, is werkzaam als artsassistent bij de medische keuring en heeft als taak de duizenden pas gearriveerde Europeanen met een lampje in de ogen te schijnen om ze te controleren op trachoom, een aandoening die tot blindheid leidt, ernstig besmettelijk is en de nummer één reden om migranten de toegang tot *the home of the brave* te ontzeggen. Simon Lipschits heeft geen trachoom, wel iets – noem het charme, of overredingskracht – wat Sallie als een blok voor hem doet vallen. Dat moet wel, want Simon is op dat moment, zonder een dollarcent op zak, nu niet bepaald een *great catch*.

Binnen twee jaar werkt hij zich op van klerk tot manager bij Goldman Sachs. Zijn jeugd tussen de gewiekste handelaren op de Rotterdamse markt heeft hem uitermate geschikt gemaakt voor een carrière in de financiële sector, zo blijkt, wanneer hij het ene na het andere bedrijf naar de beurs brengt en allerhande kredieten verstrekt aan particuliere beleggers die hun geleende geld omzetten in aandelen, omdat de economie alleen nog maar verder kan groeien en niemand zo dom is om vanaf de zijlijn toe te kijken hoe zijn buurman slapend rijk wordt.

Het pasgetrouwde echtpaar vestigt zich op de achttiende verdieping van een gloednieuwe wolkenkrabber aan Fourteenth Street, waar Sallie bevalt van hun eerste twee zonen, mijn broers Max en Philip. Ze leven in relatieve weelde en verschijnen regelmatig op societyfeestjes van rijke New Yorkse Joden. Ze zien Josephine Baker met haar luipaard op Broadway, en als een van de weinige genodigden zijn ze in 1927 aanwezig bij het huwelijk van Charles Robinson en Celia Sachs. Dit is de American Dream waarover Simon fantaseerde in de benauwde kombuis van het schip dat hem naar hier heeft gebracht, ver, ver weg van zijn vaders bananen. Hij had nooit durven hopen hem zo snel te leven.

Samen met een paar collega's, slimme, hardwerkende jongens zoals hijzelf, zet Simon tegen het einde van de jaren twintig de Goldman Sachs Trading Corporation op, een beleggingsfonds dat de schijn wekt van een revolutionaire beleggingsmethode met extreem hoge rendementen en weinig risico. In werkelijkheid wordt een aanzienlijk deel van de 'winst' uitbetaald met investeringsgeld van nieuwe beleggers. Al met al lijkt de corporatie verdacht veel op een man die zichzelf aan zijn eigen haren uit het moeras trekt, maar het vertrouwen van de Amerikanen is even blakend als blind, en zo jakkert een hele natie voort, opwaarts en opwaarts naar het licht van de zon, net als Icarus vergetend dat zijn vleugels met was zijn bevestigd.'

Johnstone schonk zijn glas voor de derde keer bij. Minnie voelde zich rozig en vreemd genoeg een beetje aangeschoten. Sinds wanneer was kijken naar hoe een ander dronk al genoeg om een roes op te wekken? Misschien was het typisch voor zwangere vrouwen, al gruwde ze bij het idee van typische dingen voor zwangere vrouwen. De volgende stap was de aanschaf van een boek waarin van week tot week stond beschreven wat voor moois er allemaal in je lichaam gebeurde. Hoe dan ook, wat er nu zou volgen kon ze min of meer voorspellen, het stond in de geschiedenisboeken.

'Het gebeurt in één genadeloze klap, zodat men achteraf tenminste een concrete datum kan noemen: donderdag 24 oktober 1929. Schijnbaar uit het niets keldert de Dow-Jonesindex dramatisch. Wall Street houdt angstig zijn adem in, totdat de dinsdag daarop de pleuris uitbreekt. De index keldert verder en er worden die dag meer dan zestien miljoen aandelen verhandeld. Dat is in geen veertig jaar gebeurd. Paniek zet aan tot meer paniek, zoals iets wat aan het rollen wordt gebracht alleen maar harder gaat rollen. Het definitieve einde van iets wat eindeloos leek is aangekondigd. Banken vallen om, spaartegoeden verdampen als drooggelegde zeeën, en mijn vader kan alleen maar toekijken hoe de zeepbel van de Goldman Sachs Trading Corporation uit elkaar spat en er niets overblijft dan lucht. De reputatie van de bank is geschaad, men spreekt van grootschalige ponzifraude en er vallen tientallen ontslagen, want er zijn nu eenmaal zwarte schapen nodig om van witte te kunnen spreken. Simon valt genadeloos in die eerste categorie.'

'En jij bent nog altijd niet geboren?'

'Nog lang niet. Ik ben een nakomer, een ongelukje. Ergens vermoed ik zelfs dat ik niet Simons kind ben, maar dat van een arts op mijn moeders afdeling. Dat heb ik nooit uitgezocht.'

'Heet je daarom geen Lipschits?'

'Ik ben vlak na de Tweede Wereldoorlog geboren, mijn vader wilde niet dat ik een slachtoffernaam kreeg. Bovendien zijn mijn broers en ik geen Joden, want onze moeder was katholiek. Toen mijn vader terugkwam van mijn geboorteaangifte, bleek hij me te hebben opgegeven als Johnstone, naar mijn moeder.'

Op dat moment kwam Bob de kamer weer binnen. Zonder een woord te zeggen en in één efficiënte en zelfs sierlijke beweging haalde hij de lege borden en de lege fles weg, waarna hij weer geruisloos van het toneel verdween.

'Mijn broers zijn het huis al uit om hun dienstplicht te vervullen wanneer ik word geboren,' vervolgde Johnstone. Zijn rug was inmiddels een beetje kromgetrokken, en bij gebrek aan een stoelleuning steunde hij met zijn ellebogen op tafel.

'Het is 1946 en mijn moeder, die is geboren in de eerste maand van 1900, is ook zesenveertig. Na de crash van 1929 zijn ze van Manhattan naar de Bronx verhuisd omdat mijn moeder daar werk kon krijgen als verpleegster. Mijn vader rolt in die jaren van het ene klusje in het andere, totdat hij, ironisch lot, een eigen marktkraam kan krijgen op de Fulton Fish Market aan de East River. In zekere zin is de cirkel rond, hij is dan toch in zijn vaders voetsporen getreden, maar dat is natuurlijk juist zo onverteerbaar.

Als tegen het einde van de jaren dertig in Europa het nationaalsocialisme een vruchtbare voedingsbodem vindt in de economische malaise en de stemming steeds antisemitischer wordt, raakt Simons gemoed nog zwaarder dan het al was. Zijn desillusie is compleet wanneer de Tweede Wereldoorlog uitbreekt en de Duitse troepen Nederland binnenmarcheren. De brieven die hij met onregelmatige tussenpozen ontvangt van zijn familie in Rotterdam zijn steeds alarmerender van toon. Wanneer hij leest dat er een Joodse Raad is ingesteld waar alle Joodse Nederlanders zich moeten laten registreren, verzoekt hij zijn ouders, broers en zussen met klem om het land te ontvluchten. Hij kan niet weten dat het al veel te laat is om nog te vluchten, alleen de allerrijkste Joden komen het land nog uit, en als hij na januari 1942 niets meer verneemt houdt hij zichzelf voor dat het gelukt is, dat zijn familie veilig in Spanje of Portugal zit om het einde van de oorlog – die toch geen jaren meer kan duren – af te wachten. Maanden na de bevrijding krijgt hij een brief van een nicht uit Amsterdam die ook deze laatste illusie tenietdoet: zijn ouders en de meesten van zijn ooms, tantes, broers en zussen zijn via Westerbork gedeporteerd naar Auschwitz en Sobibor om daar te verdwijnen in een massagraf.'

'Christus,' zei Minnie. 'Je vader heeft het wel te verduren gehad.'

'Je zou kunnen zeggen dat zijn persoonlijke trauma's synchroon lopen met die van de wereldgeschiedenis, ik heb dat altijd interessant gevonden. Ook wel een beetje kitscherig, moet ik zeggen. Alsof zijn leven een Hollywoodblockbuster van drieënhalf uur is, vet aangezet met trommels en violen.'

'En een happy end?' vroeg Minnie.

Johnstone schudde zijn hoofd. Bob kwam opnieuw binnen, nu met twee indrukwekkende ijscoupes in zijn handen. Zonder aarzelen dook Johnstone met zijn lepel in de ravage, die zo te zien bestond uit aanzienlijke bollen vanille-ijs, overwoekerd met slagroom, chocoladesaus en klodders advocaat.

'Een belachelijk dessert, ik weet het,' zei Johnstone met zijn mond vol slagroom. 'Dit is wat ik eet op zaterdag: *kabritu stobá* met na afloop deze klomp suiker en vet. Het is wat me in zekere zin de rest van de week gaande houdt.' Hij grinnikte, en werd de daaropvolgende minuten volledig in beslag genomen door het wegwerken van het gevaarte.

'Maar goed,' zei hij, de ijsresten uit zijn baard vegend met zijn servet. 'Geen happy end dus. Hoezeer Sallie ook probeert op hem in te praten, Simon is niet van de overtuiging af te helpen dat er bloed aan zijn handen kleeft. Als hij in Nederland was gebleven had hij zijn familie kunnen redden, zo luidt de groteske conclusie waar hij op uitkomt nadat hij een hypothetisch leven heeft geschematiseerd in een pentekening die een half notitieblok in beslag neemt. Honderden lijnen, pijlen en vertakkingen lopen kriskras door elkaar, met daartussen flarden tekst, hakenkruizen en zelfs rekensommen. Hij stopt met drinken en begint verwoed in de Tenach te lezen, iets waar hij jaren geleden, nog vóór zijn tijd bij Goldman Sachs, mee gestopt was. Met geheven vinger oreert hij over de tocht van de Israëlieten naar het Beloofde Land, de zeshonderddertien wetten van de halacha – zeshonderdelf via Mozes geopenbaard en twee direct door God –, de profeet Jozua die de Jordaan overstak en Kanaän veroverde. Hij spreekt over verhuizen naar Jeruzalem en over de ophanden zijnde Eindtijd waarin de Joodse diaspora weer bijeen zal worden gebracht, de Messias zal komen en de doden zullen opstaan uit hun graven.

In het jaar dat ik ter wereld kom, weigert mijn vader nog langer Kerstmis te vieren. Het feest dat hij tijdens zijn eerste jaar in New York omarmde omdat het stond voor alles wat Amerikaans was, is onverenigbaar geworden met zijn hervonden geloofsovertuiging. Mijn moeder, door haar werk niet onbekend met de vreemde dwalingen van de menselijke geest, wantrouwt het fanatisme van haar echtgenoot ten diepste. Zijn notitieboeken stapelen zich op. Als ze ernaar vraagt raakt hij verstrikt in verhandelingen over het Uitverkoren Volk en de ondergang van de wereld, de Kabbala, verborgen boodschappen en numerieke stelsels. Hij is bezig aan zijn levenswerk, een boek dat alle andere boeken overbodig maakt. Zijn ogen glanzen als van een zieke en zijn huid is zo droog als perkament. Een paar keer oppert Sallie voorzichtig dat hij een dokter bezoekt, maar hij weigert en ze legt zich erbij neer.

Na een incident op de markt, waarbij hij uitglijdt met een kist makrelen en zijn rug ernstig verdraait, ziet mijn vader zich gedwongen zijn kraam van de hand te doen. Hij onderwerpt zich aan een zwaar programma van zelfstudie, en zit nu van 's ochtends vroeg tot 's avonds laat over boeken gebogen die hem vloeiend Hebreeuws moeten leren. Buiten zijn uitstapjes naar de sjoel, komt hij nauwelijks meer het huis uit. Wanneer mijn broers tijdens Thanksgiving voor een paar dagen de militaire basis mogen verlaten, spreekt hij met hen over zijn plannen om naar Jeruzalem te gaan, alle voorbereidingen die hij daarvoor moet treffen, routes, vervoermiddelen, noodoplossingen. "We moeten ons weerbaar maken," zegt hij aan het einde van een lang en onsamenhangend vertoog, waarna hij een lange tijd peinzend uit het raam staart. Max en Philip knikken, maar werpen daarna een bezorgde blik op hun moeder, die zich afzijdig houdt, en op mij, hun kleine broertje, dat er überhaupt niets van begrijpt. Ze realiseren zich wat Sallie al lang weet: hun vader is langzaam zijn gezond verstand aan het verliezen. De reisplannen zijn niet meer dan een strohalm in een zompig moeras.

Als tiener schaam ik me voor mijn vader, die in de wijk nu bekendstaat als een gek. Na schooltijd hang ik zo veel mogelijk op straat met vrienden, sigaretjes rokend en voor de vorm tegen een bal trappend. Tijdens de ijzige New Yorkse winters en de evenzo hete zomers neem ik de metro naar Manhattan, waar ik uren en zelfs hele weekenden doorbreng in de New York Public Library. Ik lees me door alle standaardwerken van de medische wetenschap heen, leer anatomietekeningen uit mijn hoofd en dreun voor mezelf rijtjes met ziektes en hun symptomen op. Mijn plan bestaat uit drie heldere mantra's: zo snel mogelijk wegwezen, de beste arts ter wereld worden, nooit naar Jeruzalem gaan.'

Johnstone hijgde een beetje en veegde met het servet langs zijn voorhoofd.

'De daadwerkelijke aftakeling van mijn vader komt alsnog onverwacht. In 1975 wordt een zeldzame vorm van schildklierkanker bij hem aangetroffen. De kanker, vertelt de behandelend arts hem, heeft hij waarschijnlijk overgehouden aan de röntgenstraling die hij als zevenjarig kind onderging ter behandeling van tuberculose. Dit maakt mijn vader razend. "U wilt dus zeggen dat ik sinds mijn zevende al een wandelend lijk ben?" roept hij uit, waarop de arts antwoordt dat iedereen in feite vanaf zijn geboorte een wandelend lijk is.

De progressie van de ziekte verloopt in het razende tempo van een videoband op *fast forward*. Onder protest laat mijn vader zich naar het Mount Sinai vervoeren, waar ik inmiddels werk als kinderarts en een privékamer voor hem kan regelen. Mijn moeder houdt dag en nacht de wacht bij zijn bed. Wanneer hij in paniek wakker schrikt en uitroept dat hij zijn levenswerk niet voltooid zal krijgen, sust ze hem, en wanneer de rabbijn langskomt voor de widoei, sluit ze discreet de deur achter zich.

Nog geen twee weken na zijn opname in het ziekenhuis overlijdt mijn vader in het bijzijn van mijn moeder en de rabbijn, die zijn oogleden sluit, een laatste gebed opzegt en het lijk dan vlug bedekt met een laken. "De ziel is eruit gevlogen," spreekt hij tot mijn moeder. "Wij geloven niet dat kijken naar een lijk de dode veel eer aandoet. Ik kan de begrafenis voor u regelen, als u wilt. Ik kan u tien procent korting geven op alles, inclusief kist."'

NA HET ETEN nam Johnstone Minnie mee naar een kleine ruimte die helemaal geluiddicht was gemaakt en die hij zijn studio noemde. Hier kwam hij elke avond om een halfuur naar muziek te luisteren. Zijn smaak waaierde breed uit van klassiek naar pop en alles daartussen. Alleen aan experimentele jazz had hij een absolute hekel – dan luisterde hij nog liever naar rauwe grunge uit de jaren tachtig. Nauwlettend hield hij in de gaten welke nieuwe bands in opkomst waren, en een paar keer per jaar bezocht hij muziekfestivals door heel Europa. Momenteel luisterde hij veel naar hiphop en r&b. Kanye West, Drake, Kendrick Lamar, 2 Chainz. Bob had alles gedigitaliseerd en alle platen en cd's naar een opslagruimte aan de rand van de stad gebracht.

'Ik wil een experiment uitvoeren,' zei Johnstone. Hij wees op een fauteuil in het midden van de ruimte – het enig aanwezige meubelstuk. 'Ik wil dat je daar gaat zitten en je ogen sluit. Dat is alles.'

Minnie deed wat hij zei en het volgende moment werd ze overspoeld door gezang dat van alle kanten tegelijkertijd uit de boxen kwam gestroomd. Een ijle vrouwenstem die onverstaanbare, langgerekte klanken voortbracht. Hoe langer ze luisterde, hoe minder de stem haar voorkwam als een stem. Als ze haar hand zou uitsteken, dacht ze, zou ze de klanken kunnen aanraken.

Met haar moeder stond ze in de Dom van Keulen, ze was nog maar klein, een jaar of zeven, acht. Ze had gegriezeld van de afmetingen, de grijze kilte, de heiligen die hun ogen ten hemel sloegen, de kerkbanken, de kaarsen en vooral van de aan het kruis genagelde Christus die hoog boven haar uittorende met zijn lendendoek, zijn bloedende wonden en zijn doornenkroon. Ze had gegriezeld maar toch had ze niet weg kunnen kijken, en toen ze het daglicht weer in waren gestapt had ze terug naar binnen gewild om het allemaal nog eens te voelen.

Toen ze langs haar wang streek voelde ze iets nats. Ze zat te huilen, en dat niet alleen: ze huilde met lange uithalen, haar vuisten samengebald, snot dat uit haar neusgaten liep. Het was verdriet en groot geluk, ongericht, allesomvattend.

Toen de muziek stopte opende ze verbaasd haar ogen. In één keer was het gevoel uit haar weggevloeid. Johnstone glimlachte.

'Heel goed,' zei hij, 'heel goed.'

'Wat was dit?' stamelde ze.

'Vanmiddag vertelde ik dat ik je als baby aan het huilen moest brengen omdat je weigerde dat uit jezelf te doen. Ik vertelde je er niet bij hóé ik dat precies heb gedaan, en omdat je er ook niet naar vroeg leek het me de moeite waard om je mijn methode nog eens aan den lijve te laten ondervinden.'

'Je methode?'

'Baby's zijn gevoelig voor muziek, maar zoiets als bij jou had ik nog niet eerder zien gebeuren. Kun je me uitleggen wat je ervaring was, daarnet? Aan een baby kun je zoiets helaas niet vragen, dus ik tast al jaren in het duister.'

'Het is moeilijk uit te leggen,' zei Minnie. 'Het laat zich niet echt in woorden vatten.'

'Probeer het eens,' zei Johnstone rustig. Hij maakte een cirkelgebaar met zijn armen, een artsengebaar dat hij waarschijnlijk gebruikte om patiënten gerust te stellen.

Ze sloot haar ogen en probeerde het gevoel weer terug te halen.

'Ik weet niet, als ik denk of voel, wie denkt of voelt,' zei ze. 'Ik ben alleen de plaats waar gevoeld wordt of gedacht.'

'In ons leven tallozen,' zei Johnstone.

'Ja,' antwoordde ze, verrast door de precisie van die uitdrukking. 'Misschien komt dat nog wel het dichtst in de buurt.' Ze hield haar ogen nog altijd gesloten, het was prettig, daar zitten met gesloten ogen.

Een tijdje zei geen van beiden iets.

'Minnie,' zei Johnstone toen. Hij legde zijn hand op haar schouder. 'Je weet echt niet meer waarom je zeven jaar later opnieuw bij me in behandeling kwam, hè?'

1991

MINNIES MOEDER STOND op het punt haar kantoor te verlaten voor een lunchafspraak met een potentiële donateur die voor het CERN werkte en bezig was aan een project dat hij het www noemde – het was allemaal wat moeilijk te verwoorden maar het ging om wereldwijde verbindingen, informatiestromen en iets wat hij hypertekst noemde –, toen ze werd gebeld door een extern nummer.

'Er is een bommelding binnengekomen.'

De vader van Eli. Hij stond boven haar in de belpiramide die was opgesteld zodat ouders elkaar snel op de hoogte konden brengen als er iets aan de hand was. Tot nu toe had ze hem één keer eerder aan de lijn gehad, meer dan een jaar geleden, toen de vorige juf overspannen was geraakt. Van Minnie had ze begrepen dat iedereen in haar klas Eli vies vond omdat er midden in zijn gebit een gat zat dat stonk naar rotte eieren.

'Een bommelding,' herhaalde ze.

'Ze hebben de hele school ontruimd. Iedereen staat veilig aan het einde van het grasveld. Ze zoeken naar de bom.'

'Dus het is afwachten?'

'Het beste wat u kunt doen is naar school komen, zodat iedereen zijn eigen kind kan opvangen als het gedoe voorbij is.'

Minnies moeder dacht aan haar afspraak. Het had haar weken gekost een halfuur van zijn tijd tot haar beschikking te krijgen. Ze wist dat er geld in zat, en ze wist ook hoe ze het eruit kon halen. Een paar weken eerder had het overlijdensbericht in de krant gestaan. Niet lang daarna had hij naar het fonds gebeld om te vertellen dat hij een donatie overwoog. Dezelfde achternaam, de juiste leeftijd. Simpele navraag bevestigde haar vermoeden: hij was inderdaad de zoon, en zijn vader, een bekend ex-politicus, was bezweken aan longkanker.

Ze zou gepaste zakelijkheid bewaren, maar zodra er een opening was (er was altijd een opening) zou ze kort en subtiel inhaken op het verdriet. 'Dit verlies kan niet meer ongedaan gemaakt worden,' zou ze zeggen. 'Maar met uw bijdrage kunnen we investeren in een toekomst zonder deze ziekte.' Het was van cruciaal belang om het bewuste woord zelf niet uit te spreken. Metaal op metaal, zo klonk het, naar en hard. Misschien zou er zelfs sprake zijn van een nalatenschap. Bijna de helft van de inkomsten van het fonds kwam uit legaten. Op het laatst ging iedereen dood aan kanker, vooral de rijke mensen. Het was ironisch, dacht Minnies moeder wel eens, om geld te verdienen aan een ziekte die je bezig was te bestrijden. Misschien zou het fonds zichzelf in een verre toekomst overbodig maken, wegens succes opgeheven. Ze was goed in haar werk, een van de besten, er zaten maanden tussen dat ze tienduizenden guldens binnenhaalde. Van haar baas had ze aan het einde van het afgelopen jaar een extra bonus boven op haar eindejaarsuitkering gekregen. Dit had haar niet veel gedaan. Het geld dat ze binnenhaalde voor de kanker kon ze visualiseren: er werden onderzoekers van betaald, laboratoria, apparaten, en dat alles zou resulteren in een toekomst die beter was dan het heden, of in elk geval minder ziek. Het geld van de bonus bestond alleen uit getallen, die simpelweg zouden verminderen, om op den duur helemaal op te lossen in alle miezerige kleine dingen waaruit een dagelijks leven bestond. Dingen om op te warmen in een magnetron.

Nee, ze kon de afspraak met deze wereldwijde verbinder onmogelijk afzeggen. Er was een toekomst te winnen.

'Is het honderd procent veilig?' vroeg ze de vader van Eli, hopend op een antwoord dat haar voorlopige afwezigheid zou rechtvaardigen.

'Tja,' zei Eli's vader, die hier oprecht over leek na te denken, 'is iets ooit honderd procent veilig?'

'Oké,' zei Minnies moeder. Ze ergerde zich nu al aan deze man. Ze had zin om te zeggen dat zijn kind gepest werd omdat het een stinkend gat in zijn mond had. 'Ik kan er over iets meer dan een uur zijn.'

'Wie zou er nu een bom in een basisschool willen leggen,' zei de vader van Eli. 'Zelfs als het een grap is, is het niet grappig.'

De school was afgezet met rood-witte linten. Achter de linten stonden tientallen ouders en een paar politieagenten. De ouders praatten op een luide manier fluisterend met elkaar en gebruikten het woord explosievenverkenningseenheid alsof het de geheime groet was van een club waarvan zij nu deel uitmaakten.

Minnies moeder baande zich een weg door de menigte en ving een glimp op van het schoolgebouw met daarachter het uitgestrekte grasveld, dat strikt genomen niet bij de school hoorde maar door de gemeente in bruikleen was gegeven. Helemaal achterin, waar een rij bomen het veld afbakende, ontwaarde ze de kinderen, vlekjes rood, blauw, blond tegen het groen.

Naast zich hoorde ze een moeder tegen een andere moeder fluisteren dat juf Mieke van groep drie per se haar goudvissen geëvacueerd had willen hebben. Met de kom in zijn handen was een van de explosievenverkenners zojuist naar buiten gekomen. 'Zo'n man die is opgeleid om een bom op te sporen,' zeiden ze tegen elkaar, 'en vervolgens wordt opgescheept met een paar waardeloze goudvissen.'

Minnies moeder vroeg aan de moeders hoe het ervoor stond. De moeders, blij hun kennis te kunnen delen met een nieuwkomer, verstrekten haar half fluisterend informatie. De melding was twee uur eerder binnengekomen en de politie had redenen gehad deze serieus te nemen. Dus werden de leerkrachten onmiddellijk geïnstrueerd om de kinderen te evacueren. Waarom naar het grasveld? Simpel: ze moesten bij elkaar blijven totdat het explosievenverkennersteam de boel weer veilig had verklaard. Ze moesten er zeker van zijn dat er niemand ontbrak. Zelf waren beide moeders direct gekomen toen ze het telefoontje hadden gekregen, en zodoende stonden ze hier nu al bijna anderhalf uur te wachten. Af en toe zagen ze een verkenner in en uit lopen, verder gebeurde er weinig. Een politieman had hun verteld dat het waarschijnlijk een valse melding was. Negentig procent van de bommeldingen wordt gedaan door klierende puberjongens, had hij gezegd, en die kinderen maar hopen op een explosie. De moeders lachten zenuwachtig. Iemand zwaaide naar de vlekjes in de verte. Het gebaar strandde ergens halverwege het grasveld.

Naarmate de tijd vorderde nam het opgewonden gefluister af. Alles wat ze wisten was gezegd, op alle mogelijke manieren. Nu bleven ze in stilte bij elkaar staan. Het wachten en de kans dat ze mogelijkerwijs getuige zouden zijn van een grote en schokkende gebeurtenis verbond hen met elkaar. Niemand hoopte dat er werkelijk een bom gevonden werd, en toch zou ieder van hen bij het uitblijven van een climax een zweem van teleurstelling voelen, die ze zouden camoufleren door luidruchtig blijk te geven van hun opluchting.

*

Het kleine, blauw-wit gestreepte busje kwam aanrijden toen niemand eigenlijk meer iets verwachtte, en dus duurde het even voordat de menigte uiteenweek om het doorgang te verlenen. Op de zijkant van het busje stonden de letters EOD. Iemand fluisterde: Explosieven Opruimingsdienst Defensie, woorden die werden overgenomen door de andere ouders, alsof alleen het uitspreken hen definitief onderdeel zou maken van wat er gaande was. Als de landmacht ingreep, dan moest er iets gevonden zijn, zei een vader in een David Bowieshirt. Het busje hield midden op het schoolplein halt, en het was nog net te zien hoe een man in bommenpak naar buiten klom en met een aantal ondefinieerbare voorwerpen in zijn armen naar het schoolgebouw liep. Langzaam, langzaam, een man op de maan.

Take your protein pills, dacht Minnies moeder. *And put your helmet on.*

Ze staarde naar de vrolijk gekleurde vlekjes in de verte. Een daarvan moest haar dochter zijn. Een klein meisje in een witlinnen jurk, licht als een veertje, ruggenwervel een tikje scheefgegroeid, blote enkels in gras dat was opgewarmd door de lentezon. Een schilderij van John Singer Sargent verscheen op haar netvlies, vluchtig, daarna was er een tijdlang alleen het angstige wachten, op iets waarvan ze alleen een schimmig vermoeden had. Een explosie, wellicht. Al waren er veel manieren waarop iets kon exploderen.

TOEN DE EXPLOSIEVENVERKENNINGSEENHEID het verdachte voorwerp had gelokaliseerd, had deze direct de explosievenopruimingsdienst van defensie ingeschakeld, die in minder dan een uur tijd ter plekke was. Het verdachte voorwerp bevond zich in een gang op de eerste verdieping, in een versleten rugzakje aan een van de uitpuilende kapstokken. Het was een tamelijk klein, rechthoekig pakket, volledig omwikkeld met zwarte ducttape. In het bewuste rugzakje bevonden zich verder: een appel, een drinkbeker, een doosje rozijnen, een inhalator en een bal van elastieken. Twintig minuten later had de explosievenexpert het pakketje ontmanteld. Hij zette zijn helm af, overhandigde het rugzakje aan de politie en verklaarde dat het gebouw veilig was. Met de helm onder zijn arm liep hij terug naar het busje. De neiging om zijn hand even op te heffen naar de mensen achter het lint kon hij niet onderdrukken. Hij wist hoe hij eruitzag in dat pak.

MINNIES MOEDER STOND in de keuken toen de telefoon ging. Ze pauzeerde met het snijden van de uien en wachtte tot ze Minnie naar het toestel hoorde trippelen. Toen dit na drie keer overgaan nog niet was gebeurd, veegde ze met de rug van haar hand de tranen uit haar ogen en liep de woonkamer in.

Op de tafel stond Minnies set strijkkralen uitgestald: een plastic bak met voor iedere kleur kraal een apart vakje, een boekwerk met voorbeelden, verschillende vormen met plastic pinnetjes waar de kralen overheen moesten. Minnie zat op haar knieën op de stoel, de koptelefoon van haar My First Sony over haar oren, haar rug over de tafel gekromd. Ze was bezig een uiterst ingewikkeld ogend, overwegend blauw-wit patroon te kopiëren naar een zeshoekige vorm. Met haar vinger telde ze de rijen die ze moest leggen, half hardop cijfer- en kleurcombinaties voor zich uit mompelend.

'Mevrouw Panis. U spreekt met Anneke Bot. Juf Anneke.'

Er klonk een aarzeling aan de andere kant van de lijn. Straks zou Minnies moeder een vloeipapiertje over de kralen moeten leggen om dan, met uiterste zorgvuldigheid, het geheel om te keren op de strijkplank. Vervolgens zou ze er met het strijkijzer overheen gaan, net zo lang tot het naar smeltend plastic begon te ruiken en de kralen aan elkaar bleven plakken. Het kleinste foutje kon het hele project laten mislukken. Hoewel het hele idee om kralen aan elkaar te strijken belachelijk was, kon ze niet ontkennen dat het risico haar erin aantrok, en ze wist dat dit ook voor Minnie gold, die met eindeloos geduld naar het smelten toewerkte, en vervolgens steeds volledig haar belangstelling voor het eindresultaat verloor.

'Vanmiddag,' zei juf Anneke. 'Het gaat even over vanmiddag.'

Juf Anneke was een lange, slanke vrouw van voor in de dertig, met steil geblondeerd haar dat in een cirkel om haar hoofd was geknipt, net halverwege haar oren, die altijd behangen waren met grote zilveren ringen. Het kapsel en de oorbellen stonden haar goed. Ze was een vrouw met stijl, en bovendien niet zo'n halfzacht ei als de meeste juffen die daar rondliepen.

'Zoals u weet was het een loos alarm, maar er is wel iets gevonden.'

'O,' zei Minnies moeder, 'dat had ik niet begrepen.' Met een schuin oog keek ze naar de tafel. Het puntje van Minnies tong stak nu tussen haar lippen uit. God, dacht ze, het kind is net haar vader.

'Dat hebben we inderdaad zo naar buiten gebracht. Het was geen bom, dus het was niet relevant.' Weer die aarzeling. Minnies moeder vroeg zich af waar juf Anneke op aanstuurde.

'Nou ja, het was dus iets in Minnies rugzakje. Iets waar ik met u over moet spreken. Kan ik anders vanavond even langskomen.'

Het was geen vraag, en de urgentie in juf Annekes stem maakte dat Minnies moeder alleen kon zeggen, ja, natuurlijk. Pas toen ze de telefoon al had opgehangen, realiseerde ze zich dat ze niet eens had gevraagd wat het was dat ze in Minnies rugzakje hadden gevonden.

Het ding lag nog ongeopend in de gang. Er was een label door de lus aan de bovenkant gehaald. Minnie Panis, stond er met rode viltstiftletters, Groep 4. Minnies moeder waste de beker en de broodtrommel doorgaans na het avondeten af, tegelijk met de rest van de afwas. Voorzichtig, alsof ze alsnog verwachtte een bom aan te treffen, opende ze nu de rits. In één oogopslag zag ze wat er ontbrak. Langzaam haalde ze de drinkbeker, de inhalator, het lege rozijnenkartonnetje, de niet opgegeten appel en de bal van elastieken uit de tas, liep ermee naar de keuken en zette ze naast elkaar op het aanrecht. Wat, in godsnaam, was er gaande? Had haar kind iets in de broodtrommel gestopt wat op een bom leek? Hadden ze dan alle broodtrommels van alle kinderen geopend? Dit leek haar nauwelijks voorstelbaar.

Ze staarde een poosje naar de objecten alsof het bewijsstukken van iets waren. Maar van wat? Wat konden deze stompzinnige voorwerpen in hemelsnaam uitdrukken? Een bekende weeïgheid verspreidde zich vanuit haar maag naar haar borst en haar ledematen. Het gevoel ging gepaard met een gedachte die altijd vagelijk aanwezig was, maar die ze meestal wist te censureren: dat iets zich schuilhield binnen in haar kind. Iets wat vlak onder de oppervlakte school, als een grote vis onder een laag ijs. Soms duidelijk zichtbaar, dan wazig, maar nooit helemaal weg. Wat als het ijs te dun wordt, dacht ze, en de vis te sterk? Ze pakte de elastieken bal op en liet hem tegen het aanrecht stuiteren. Het bestek rinkelde in het afdruiprekje.

Toen ze de woonkamer weer binnenkwam zat Minnie onveranderd over het patroon gebogen, knieën op de stoel, kin in haar handen. Er is een bepaalde vorm van concentratie die je alleen bij kinderen ziet. Het is, dacht Minnies moeder, de gave om volledig op te lossen in een bezigheid, zonder dat het uitmaakt of die nuttig is. Ze besloot niets over de broodtrommel te vragen voordat ze juf Anneke had gesproken. Ze besloot zich niet te laten leiden door irrationele gedachten. Ze keek naar het patroon dat verscheen op de zeshoek. Een blauwe zee van woeste golven met witte schuimkoppen waarop een bootje balanceerde. En onder het bootje?

'Grappig hè,' zei Minnie, die voor het eerst opkeek van haar werk, 'dat het bootje niks weet van de walvis, en de walvis niks van het bootje. Dat ze elkaars onbekenden zijn.'

Dit kind was toch godverdomme niet te geloven.

ALS HET MINNIE al verbaasde dat haar juf in de woonkamer stond, dan liet ze dit niet blijken. 'Hoi juf,' zei ze, en draaide zich toen weer om naar de televisie.

Minnies moeder sloot de schuifdeuren tussen de voor- en achterkamer en schonk juf Anneke en haarzelf een kop koffie in. Juf Anneke. Ze realiseerde zich dat ze niet gewoon kon denken: Anneke.

Het eerste wat juf Anneke deed was de Winnie de Poehbroodtrommel op tafel zetten. Knorretje en Poeh, met daarboven een tekst die was vervaagd door het intensieve gebruik. '"WELKE DAG IS HET?" "HET IS VANDAAG," RIEP KNORRETJE. "MIJN FAVORIETE DAG," ZEI POEH.'

Er kleefden draderige witte restjes aan het deksel. Ducttape, dacht Minnies moeder, zo ziet het eruit als je ergens ducttape af trekt. Ze had zo'n rol in de kelder liggen.

'Er was zwarte tape overheen geplakt,' zei juf Anneke, 'vandaar dat het, gezien de omstandigheden, werd aangezien voor een geïmproviseerde bom. Die militairen zitten natuurlijk nog half met hun hoofd bij die toestanden in Irak.' Ze glimlachte, waarop ze gelijk weer ernstig werd.

'Misschien wilt u hem even openmaken.'

Minnies moeder pakte de trommel op. Hij voelde redelijk zwaar aan. Niets schoof heen en weer. Beelden van rottende en verminkte dieren verschenen in een flits voor haar geestesoog. Vogels, muizen. Een stapel tekeningen met afschrikwekkende voorstellingen van de Apocalyps. Foto's van klasgenoten met uitgekraste ogen.

In werkelijkheid was de inhoud van de trommel even eenduidig als onbegrijpelijk: in twee keurige stapeltjes van twee waren vier portemonnees van zwart leer in de trommel gelegd, op zo'n manier dat ze precies de ruimte vulden. Ze lagen er koel en glanzend, onderdeel en geheel, alledaagse voorwerpen die onuitsprekelijk vreemd waren geworden. Geperverteerde boterhammen, dacht Minnies moeder.

Voorzichtig, ze kon zich niet aan het idee onttrekken een

bepaald evenwicht te verstoren, haalde ze de portemonnees uit de trommel. Ze hadden alle vier nagenoeg hetzelfde klassieke model en waren licht gebogen van maanden, jaren, in en uit achterzakken. Mannenportemonnees. Drie van de vier waren in de hoeken versleten, de laatste leek betrekkelijk nieuw. Ze opende er een. Bankpasjes, een vak met muntjes, briefgeld. Twee pasfoto's, tienerjongens.

'Vanmorgen zaten er nog boterhammen in,' zei ze. 'Ik begrijp niet hoe. Ik begrijp het niet. Hoe dat kan.' Zelfs als het een grap is, dacht ze, is het niet grappig.

Door de schuifdeuren heen hoorde ze de gedempte geluiden van de televisie. Boink, boink, Bugs Bunny die Elmer Fudd met een hamer de grond in sloeg.

'Iemand kan ze in haar trommel hebben gestopt,' zei ze.

'Ja,' zei juf Anneke. 'Dat is mogelijk.'

'Waarom zou iemand dat doen.'

'Heeft u Minnie wel eens betrapt op het stelen van iets kleins? Een snoepje, muntjes die los op tafel lagen?'

'Hoe kan iets van met boterhammen naar zonder boterhammen, ik bedoel, in één dag worden ze een bom en dan vier portemonnees en wat zit daartussenin, er moet iets tussen zitten, iets wat iemand ermee heeft gedaan.'

Ze praatte te vlug, ze wist dit, maar de zinnen kwamen, moesten komen. Ze probeerde het te begrijpen, haar eigen gedachten, de situatie. Ze brandde haar mond aan de koffie en dacht, ja, er was misschien een vis onder het water maar, nee, haar kind was verdorie geen dief. Ze was zeven! Dit maakte haar rustiger. Het was een helder uitgangspunt. Nee.

'Minnie heeft nog nooit iets gestolen,' zei ze, kalm nu. 'Ik zie bovendien niet voor me hoe een kind van zeven portemonnees uit zakken van volwassen mannen rolt. U wel?'

'Nee,' zei juf Anneke, 'niet per se.' Ze friemelde aan een blauwzijden sjaaltje om haar nek, dat er delicaat en duur uitzag.

'Dus er moet een andere verklaring zijn,' zei Minnies moeder. 'Twee mogelijkheden. Eén: iemand heeft expres de portemonnees in Minnies broodtrommel gestopt, of, twee: iemand zocht een broodtrommel om de portemonnees in te stoppen, en vond toevallig die van Minnie.'

Juf Anneke staarde in haar koffiekopje, de cirkel van blonde haren viel over haar voorhoofd. Perfect geknipt, dacht Minnies moeder. Ze rechtte haar rug. Ze wilde dat haar woorden over juf Anneke zouden neerdalen, mogelijke andere woorden zouden verdringen.

'Plus. Minnie is bang van de kelder. Ze denkt dat er iets zit wat haar zal opslokken. Daar bewaar ik een rol ducttape, onder het trapgat, in mijn gereedschapskist, in de kelder. De donkerste plek. Ik twijfel of ze weet van het bestaan van de kist. Maar dat maakt niet eens uit, want ze zou nooit naar beneden durven. Ik denk dat ze gelooft dat het de kelder zelf is waarin ze zal verdwijnen. Een zwart gat. Zoals in het heelal, zwarte gaten.'

Ze wist niet of ze bewust had gelogen. Er gingen zoveel gedachten door haar hoofd dat het net zo goed per ongeluk kon zijn gegaan. Bovendien was liegen een te groot woord, hooguit had ze de waarheid niet expliciet genoemd, omdat die niet ter zake deed. *Ik twijfel of ze weet van het bestaan van de kist.*

Een paar dagen geleden had ze een plank aan een muur in de keuken moeten bevestigen. Met de gereedschapskist in haar hand was ze de kelder uit gekomen. Vanaf haar veilige plek aan de overkant van de gang had Minnie toegekeken hoe haar moeder weer omhoogkwam, hoofd eerst, door de kelder omhoog gestuwd, teruggegeven aan de wereld. Terwijl zij bezig was met de plank, had Minnie op haar hurken naast de opengeklapte kist gezeten. Voorzichtig was ze met haar vinger langs de vakjes met spijkers, moertjes, schroeven en pluggen gegaan. Ze had haar moeder een schroevendraaier aangegeven, de stofzuigerslang onder de gaatjes gehouden die in de muur werden geboord. Na afloop had Minnies moeder de kist weer naar beneden gebracht, en dat was het.

'Het klopt gewoon niet,' zei ze, concluderend. 'Ergens zit een fout, een logistieke fout.'

Er viel een stilte, waarin Minnies moeder wachtte op een bevestiging van juf Anneke. Een bevestiging van de argumenten. De logistieke fout.

Juf Anneke keek eindelijk op van het kopje. Ze maakte zich klaar voor iets, Minnies moeder zag het aan de manier waarop ze haar handen van haar schoot naar de tafel verplaatste, haar vingers liet rusten op de rand.

'Ik heb me de afgelopen weken zorgen gemaakt om Minnie.

Ik twijfelde of ik bij u moest aankloppen. Het leek niet... concreet genoeg, denk ik.'

Minnies moeder voelde hoe haar hart het bloed door haar lichaam pompte, golven van bloed, zwaar en dik. Overspoeling. Was dat een woord?

'Ze is altijd al een wat dromerig kind, maar de laatste tijd... Ze lijkt er soms helemaal niet te zijn. Wel in de klas, fysiek bedoel ik, maar zij zelf. Ze zit hele perioden voor zich uit te staren, naar niets in het bijzonder, alsof. Kijken zonder te kijken. Ik probeer dingen. Ik zeg: "Minnie!" Of ik schud aan haar schouder. Dan kijkt ze naar me alsof ze net geland is op aarde. Of niet geland, ik weet het niet. In de atmosfeer. Laatst gebeurde het tijdens de weekopening, in de kring. Haar klasgenootje Sibyl was jarig geweest in het weekend en vertelde erover, toen zag ik haar gaan. Ik zag hoe het gebeurde. Het ene moment was ze er nog, het volgende moment niet meer. Klik, *outer space*. Haar ogen waren gesloten maar haar oogleden flikkerden onrustig, zoals bij iemand in remslaap. Haar ademhaling was moeizaam. Ik zag dat haar klasgenoten naar haar keken, het ook zagen. Het maakte ze onrustig. Haar klasgenootje Sibyl was jarig geweest, maar iedereen stootte elkaar aan en keek naar hoe Minnie daar zat, en ze luisterden niet meer naar de verjaardag. Ik vroeg: "Minnie, hallo, ben je daar?" Ik vroeg het met een lach in mijn stem zodat de kinderen wisten dat er niets aan de hand was, maar er was iets aan de hand en de kinderen wisten het ook. Daarna bleven ze uit haar buurt, niet letterlijk natuurlijk, maar ze hadden afstand genomen, iets aan haar... Alsof het op hen over kon slaan. Het klinkt belachelijk, maar dat is hoe kinderen zoiets kunnen ervaren. Klasgenoten. Ze hielden afstand.

En toen vanmorgen. Alles begon normaal, we hadden een kringgesprek, we deden rekensommen. Toen, nog geen halfuur voordat die bommelding binnenkwam, vroeg Minnie of ze naar de wc mocht. Tien minuten later realiseerde ik me dat ze nog niet terug was. Ik liep naar de meisjeswc's, daar was ze niet, ik liep naar de jongenswc's, voor de zekerheid. Ik liep juist terug naar de klas, misschien was ze daar in de tussentijd aangekomen, toen ik iets hoorde vanuit de kapstokken. Een heel zacht piepen, nee niet precies piepen, meer iets van dieper. Zoemen.'

Minnies moeder wist precies hoe dit geluid klonk: een aantal boventonen, en onderliggend die onheilspellende zoem. Ze was er getuige van geweest, een paar dagen daarvoor. Ze had gehoopt dat het eenmalig zou zijn, een toevallige kortsluiting, iets wat elk kind had kunnen overkomen. Eén op de zoveel duizend.

'Minnie zat op de grond onder haar eigen haakje, alleen haar benen kwamen onder de jassen vandaan. Ik hurkte naast haar. Haar gezicht was naar beneden gericht, ze hing een beetje voorover geheld in haar lichaam, benen voor zich uit gestrekt. Het deed me denken aan zo'n pop met een opwindmechanisme, ik dacht, ik moet kijken hoe ik haar weer opgewonden krijg, of hoe zeg je dat, aangezwengeld. Ik hurkte naast haar neer. Wilde een arm om haar heen leggen, maar het geluid... Het is moeilijk uit te leggen. Niet goed te praten. Maar het geluid beangstigde me, en ik bleef alleen maar zitten op mijn hurken, en ik kon haar niet aanraken. Geen huilen. Ik denk niet dat ze zag dat ik er was, ze zat daar alleen, die beentjes gestrekt. Ik moet de schoolarts bellen, is wat ik dacht. Ik moet terug naar de andere kinderen. En toen, ineens, hield het zoemen op. Het piepen, of hoe zeg je dat, het kermen hield nog even aan, maar zonder de zoem eronder. Ze keek op, ik zag dat ze me zag. Nu was ze helemaal stil geworden. "Weet je wie ik ben?" vroeg ik. Ik dacht ineens: Misschien heeft ze haar hoofd ergens heel hard tegenaan gestoten. Een hersenschudding. "Juf Anneke," zei ze. Ik vroeg haar of ze wist wie ze zelf was. Toen bleef ze stil, ik dacht... Maar toen zei ze wie ze was. Ze zei: "Minnie Panis uit groep vier." Daarna vroeg ze waarom ze daar zat. Ik hielp haar overeind, maar ze stond onvast, alsof die benen van haar elk moment alle kanten op konden fladderen. "Leg je handen maar even op je heupen," zei ik, "die voelen lekker stevig, die laten zich niet van de wijs brengen." Dat hielp. Ik onderzocht haar hoofd, maar er was niets te zien. Ze begon tegen me te praten, normaal, helder. Iets over een gebouw waar ze was geweest, een gebouw met Korinthische zuilen, ze zei dat woord, Korinthische zuilen. Ik dacht: Ik zet haar voor nu terug in de klas. Ik zet de deur open en vraag meester Johan een oogje in het zeil te houden. Ik bel de schoolarts. Maar toen ik terug in de klas was, toen we terug waren, moesten we allemaal naar buiten, zo snel mogelijk. De hele school moest naar buiten. Iedereen moest alles laten liggen. Ik dacht: Brand. Pas later hoorde ik van de bom. Het was chaotisch, honderden kinderen moesten naar buiten, al die kleuters ertussen, we moesten goed opletten dat niemand achterbleef. Pas toen we allemaal veilig aan de overkant van het grasveld waren dacht ik weer aan Minnie, aan de schoolarts. Als er iets met haar gebeurt is het mijn verantwoordelijkheid, dacht ik. Maar ze leek weer zo normaal. Speelde in het gras. De juf handenarbeid had een stapel doorzichtig gekleurd papier en ijzerdraad meegenomen, ze knutselden lampionnen.'

Minnies moeder probeerde het verhaal van juf Anneke tot zich door te laten dringen. Er leek een overschot aan betekenissen, maar net zo goed een totaal gebrek daaraan. Ze voelde de oude angst van die eerste weken na Minnies geboorte. Een angst die de vorm aannam van tubes, snoeren en monitoren. Van de zieken aan hun katheters, schuifelend door de ziekenhuisgangen. Rode routes, groene routes. Blauw tl-licht dat over het gele kind scheen om de bilirubine onschadelijk te maken. De geur van steriele doekjes, de klank van het woord prognose. Alles kan nog misgaan, had ze gedacht, avond aan avond op de bank, starend naar bewegende beelden op de televisie. Alles kon nog misgaan.

'U had dit eerder moeten vertellen,' zei ze, en al voordat ze het had gezegd wist ze dat het niet eerlijk was, dat het niet de schuld van juf Anneke was. Maar juist dit spoorde haar aan. Ze had iemand nodig voor de schuld. 'Thuis is ze normaal. Ik kan niet weten hoe ze zich op school gedraagt.'

Ze zei het en ze wist dat dit opnieuw niet waar was. Ze had wel degelijk iets gemerkt aan Minnie de afgelopen tijd, en dat drong nu tot haar door. Kleine dingen die ze had geregistreerd zonder daaraan consequenties te verbinden, zoals je een nieuwe winkel tientallen keren kunt passeren zonder daar de nieuwigheid van te zien, totdat iemand anders je erop attendeert. Minnie die in de afgelopen weken al een aantal keer doodmoe uit school was gekomen. Minnie die 's avonds uit zichzelf naar boven ging. Minnie die laatst midden in de nacht plotseling naast haar bed had gestaan, slaapwandelend, zinnen herhalend. Minnie die een week daarvoor bij het buskruiten met de kinderen uit de straat was zoekgeraakt. De kinderen hadden haar naam geroepen, achter iedere auto gekeken. Ze had er niets van geweten, totdat de overbuurvrouw haar dochter thuis afleverde. Toevallig aangetroffen bij de schuifdeuren van de Albert Heijn. Verward, had de overbuurvrouw gefluisterd, ze is geloof ik een beetje verward.

'Het spijt me,' zei juf Anneke. 'Ik heb inderdaad niet adequaat gehandeld. Tot vandaag dacht ik dat alles zich vanzelf wel zou oplossen. Kinderen. Het is soms moeilijk in te schatten.'

Ze is moreel superieur, dacht Minnies moeder, kijkend naar de grote zilveren oorbellen die de oorlellen van juf Anneke een fractie naar beneden trokken. Ze weet het en ze weet dat ik het weet.

'Ik zal met haar naar de dokter gaan,' zei ze.

Vlak na Minnies geboorte was er een scan gemaakt van haar hersenen. Op de foto's was alleen een grijze massa te zien, de kronkels waren er nog niet in gegroeid. De neuroloog had aangewezen waar kleine bloedingen waren geweest, hier en hier en hier. Het hoefde niets te betekenen, had hij gezegd, bij veel baby's gebeurt het, maar niet van iedere baby wordt een scan gemaakt. Het hoefde niets te betekenen. De portemonnees hoefden niets te betekenen.

'En ik zal morgen met haar praten. Er moet een verklaring zijn.'

Juf Anneke vond haar een slechte moeder. Het was eenvoudig, en daarom waar: juf Anneke vond haar een slechte moeder, ze was een slechte moeder.

'Minnies gezondheid is het belangrijkst,' zei juf Anneke, 'psychisch gezien ook. Misschien dat ze ergens mee zit. Je denkt dat ze nog klein zijn, maar er gaat veel om in het hoofd van een zevenjarige. Minnie is een slim meisje. Een van de snelsten van de klas met rekenen. Verbazingwekkend ruimtelijk inzicht.'

'Waar zou ze mee moeten zitten, volgens u?' Minnies moeder hoorde hoe haar eigen stem klonk, scherp, als iemand die probeerde te balanceren op een smalle richel. *Psychisch gezien.*

'Er gaat veel om in zo'n hoofdje,' zei juf Anneke, 'dat is alles.'

Haar oorbellen bewogen naar voren toen ze haar stoel naar achter schoof en opstond. Naar voren en een beetje zijwaarts. Als je erop lette, dacht Minnies moeder, was het eigenlijk een raar gezicht. Ringen die onder iemands oren bungelen.

ZE STAARDE NU al minutenlang naar de portemonnees die zwart en zwijgend voor haar op tafel lagen. Juf Anneke had gezegd dat het misschien zou helpen bij het praten, de fysieke aanwezigheid van de objecten. Morgen zouden ze worden teruggebracht naar hun eigenaren, die de school aan de hand van de inhoud al had geïdentificeerd en ingelicht. Althans, drie ervan, de vierde was van een buitenlander die hier waarschijnlijk op zakenreis of vakantie was.

Ze had liever gehad dat juf Anneke de portemonnees weer had meegenomen. Ze hoorden niet in haar huis. Haar kind was geen dief. Dit was haar uitgangspunt, vanuit daar zou ze verder denken: mijn kind is geen dief. Maar hoe meer ze vasthield aan deze gedachte, hoe ruimer de opening werd voor een andere versie.

In de voorkamer zat Minnie nog steeds televisie te kijken. Ze was gek op het apparaat en nauwelijks selectief wat betreft de programmering; ze keek met dezelfde intensiteit naar de eindeloze stroom tekenfilms op Kindernet als naar het razende bommengeweld in Francis Ford Coppola's *Apocalypse Now*, die ze nu minstens tien keer had gezien maar die haar nooit scheen te vervelen.

Op advies van dokter Johnstone had Minnies moeder haar destijds een uur per dag in het babyzitje voor de televisie neergezet. Het zou de activiteit in de hersenen stimuleren, had Johnstone gezegd, het zou haar alerter en aanweziger maken. Het had haar moeite gekost zijn advies op te volgen. De constante flikkering van het beeldscherm kwam haar voor als een invasie op het prille brein van de baby, die al na drie minuten in hypnotische staat in het kinderzitje hing. Toen ze op een wetenschappelijk artikel was gestuit met de titel 'Shocking Ways in Which TV Rewires Your Brain' had ze Johnstone opgebeld (ze mocht hem altijd bellen, had hij gezegd, dag en nacht. Hij was aangesloten op het autotelefoonnet, zodat hij in theorie zelfs op de fiets kon telefoneren). Ze las het artikel aan hem voor, waarin werd beschreven hoe hersenscans hadden aangetoond dat alleen het meest primitieve onderdeel van het brein, de hersenstam, actief bleef tijdens tv-kijken. De rest werd uitgeschakeld. De hersenstam werd ook wel het reptielenbrein genoemd, informeerde het artikel, omdat de mensheid het had geërfd van prehistorische reptielen. Dit reptielenbrein was in feite het 'asociale' gedeelte van de hersenen, enkel gericht op zelfbehoud. 'Er staat hier,' zei Minnies moeder, die gaandeweg het voorlezen steeds geagiteerder was geraakt, 'dat reptielen hun eigen jongen opeten als ze honger hebben.'

Johnstone had rustig gewacht tot ze was uitgepraat en had toen uitgeroepen: 'Exact!'

In de meeste gevallen, zei hij, is het niet verstandig om heel jonge kinderen televisie te laten kijken, maar Minnies geval was een uitzondering. Alles wees erop dat haar hersenstam zelfs na de periode in de couveuse nog onderontwikkeld was. Het niethuilen, het afwezige staren, de stagnatie van de ademhaling, de lage lichaamstemperatuur... met andere woorden: haar overlevingsmechanismen. Televisie, verklaarde hij, kan haar simpelweg helpen een betere overlever te worden, júíst doordat het dit zogenaamde asociale gedeelte van de hersenen activeert.

Verdomme, had Minnies moeder gedacht, deze man en zijn overredingskracht.

Hierna had ze haar intuïtieve afkeer van de televisie weten te onderdrukken en de baby netjes een uur per dag voor het apparaat geïnstalleerd. Maar nu zat ze hier met die portemonnees en vroeg ze zich af hoeveel onjuiste keuzes ze in de afgelopen zeven jaar had gemaakt.

Ze wist dat ze met haar dochter moest praten, maar in plaats daarvan pakte ze een van de portemonnees op, besmuikt, alsof ze iets clandestiens deed. Wat ze in feite ook deed. Het was dezelfde die ze eerder had geopend. Eerst haalde ze het muntgeld eruit (vier gulden vijfentwintig), daarna de briefjes (tachtig gulden), daarna de pasjes, een aantal treinkaartjes, een visitekaartje, verbleekte bonnetjes, een boodschappenlijstje (tortellini!!), de pasfoto's van de twee tienerjongens. Alles legde ze netjes naast elkaar op tafel. L. FRANSSEN, stond te lezen op het bankpasje. Op het visitekaartje vond ze meer informatie. DHR. DR. L. (LUC) FRANSSEN, MEDIA-EXPERT & COMMUNICATIEADVISEUR. Ze probeerde zich een voorstelling te maken bij dr. L. (Luc) Franssen. Iemand met een abonnement op drie verschillende kranten, dacht ze, een gescheiden man met twee puberzonen voor wie hij in de weekenden, die ze met tegenzin bij hem doorbrengen, tortellini maakt.

Ze opende nog twee portemonnees. Mark Malevic, sportverslaafde (lidmaatschappen van een wielrenvereniging en een sportschool in West; een seizoenkaart voor Ajax; een factuur van Beversport voor honderdzesendertig gulden vijftig aan outdoorartikelen) en bezitter van een boxer genaamd Terry (inentingsbewijs tegen hondsdolheid). En J.S. Hardus (m/v), HARDUS B.V. OFFICE SUPPLIES AMSTERDAM-HONG KONG; hardwerkende middenstander met een voorliefde voor horrorfilms (bioscooptickets van *Night of the Living Dead* en *Arachnophobia*).

Het had iets ontroerends, deze levens die waren teruggebracht tot een min of meer toevallig samenraapsel van banaliteiten. Er ging een bepaalde intimiteit van uit, dacht Minnies moeder. Alsof zij nu iets van deze mensen wist wat ze niet van zichzelf wisten.

Vervuld van plotselinge schaamte, jegens zichzelf en deze mensen, die ze niet kende en ook niet wilde kennen, schoof ze haar stoel naar achter. *Ze moest met haar dochter praten.* Ze keek op haar horloge. Het was over negenen. Toen ze de schuifdeuren naar de voorkamer opende zag ze dat Minnie opgekruld op het vloerkleed lag. Aan het rustige op- en neergaan van haar borst was te zien dat ze in slaap was gevallen. Minnies moeder bleef in de deuropening staan en bestudeerde het kind. Het was minstens een halve kop kleiner dan de meeste kinderen uit haar klas. 'Ondermaats' had de schoolarts het genoemd, een term die Minnies moeder razend maakte maar die Minnie zelf direct had geadopteerd als geuzennaam. 'Ik ben ondermaats,' had ze haar eens samenzweerderig tegen een oudere dame in de bus horen fluisteren, 'bent u ook iets?'

Als gevolg van dat kleine en lichte bezat haar dochter de kwaliteit te verdwijnen en te verschijnen zonder dat iemand haar zich had zien verplaatsen. Dit was begonnen vanaf het moment dat ze had leren kruipen en met haar piepkleine lijf verdween in kastjes, onder bedden, in een toevallige kier tussen twee loszittende planken. Ze dreef haar moeder hiermee tot waanzin, maar leek het niet opzettelijk te doen. Misschien was het een soort lichaamsfunctie, dacht ze wel eens, even automatisch als ademhalen of het stromen van bloed.

Omdat ze technisch gesproken jonger was dan haar leeftijd had Minnies moeder haar een jaar extra in de kleuterklas willen houden, maar de kleuterjuf had dit afgeraden. 'Ze is klaar met kleuteren,' had ze gezegd, waarop Minnies moeder haar had gevraagd wat dat inhield, kleuteren, en de juf had geantwoord dat Minnie snel leerde en 'gewoon niet zo spelerig' was. Ze zat liever met een boekje in de leeshoek dan dat ze met de andere kinderen socialiseerde, dat was alles.

Opgerold tot een balletje had het kind iets weg van een egel in winterslaap. 'We moeten ons weerbaar maken,' sprak een vrouw vanuit de televisie. Ze zat achter een bureau, handen in elkaar gevouwen. 'Er zijn voorbereidingen die wel degelijk getroffen kunnen worden. Denk aan touw. Denk aan extra zakken. Aan waterzuiveringspillen, vitaminepillen, ingeblikt voedsel.'

Minnies moeder zette de televisie uit en pakte het kind moeiteloos van de vloer. Het voelde licht in haar armen, of niet precies licht, maar eerder alsof het minder dan de rest van de wereld werd beperkt door de wetten der zwaartekracht. Al was dat misschien precies de definitie van licht.

Het meisje mompelde iets onverstaanbaars in het schemergebied tussen waken en slapen, maar koos definitief voor het laatste toen haar lichaam het bed raakte. De lichtgevende sterren die met Prittbuddies op haar plafond waren geplakt straalden een flauw schijnsel uit.

Minnies moeder dacht aan die nacht, ruim twee weken geleden nu, dat het kind naast haar bed had gestaan. Het had wakker geleken, ogen wijd open. 'Wat is er, Minnie?' had ze gevraagd, maar het kind praatte zachtjes voor zich uit, blik gericht op iets wat alleen op het eigen netvlies leek te verschijnen. Minnies moeder kende die expressie zo onderhand. Het slaapwandelen, daarentegen, was nieuw. Het had haar verbaasd dat de toestand eerder leek op extreme waakzaamheid dan op slapen, de droom echter dan iets wat in de werkelijkheid zou kunnen plaatsvinden. De zinnen die Minnie uitsprak waren helder geweest, in niets lijkend op de half gemompelde fragmenten van woorden van zojuist. Steeds dezelfde zinnen, opnieuw en opnieuw. In een opwelling had Minnies moeder ze genoteerd op het schutblad van het boek op haar nachtkastje. Daarna had ze het kind voorzichtig weer naar bed geleid. Ze was er de volgende dag niet op teruggekomen, en Minnie leek zich niets te herinneren. Tot vanavond had ze niet meer aan het voorval gedacht.

Zachtjes sloot ze nu de deur van Minnies slaapkamer achter zich. Ze liep naar haar eigen kamer en pakte het boek van haar nachtkastje. Het was een eerste druk van een roman getiteld *Slaughterhouse-Five*. De titel stond in een omgekeerde U op het omslag. Binnenin stond een ondertitel: *Or the Children's Crusade*. Minnies moeder wist niet of het de bedoeling was, maar het geheel leek op een grafzerk. Ze had het boek cadeau gekregen van een steenrijke donateur; een ondernemer die begin jaren tachtig miljoenen had verdiend met het opzetten van een fitnessketen in de Verenigde Staten en nu zijn geld voornamelijk investeerde in de toekomst van de geneeskunde en de bellettrie. Hij had het boek naar haar kantooradres gestuurd. Tussen de bladzijden zat een dubbelgevouwen stuk papier, waarop alleen stond getypt: *lees dit*. Ze was niet zo naïef om niet te vermoeden dat hij in haar geïnteresseerd was op een manier die niet in eerste instantie met kanker en boeken te maken had, maar ze had geen idee hoe dit cadeau – de titel en de grafzerk-letters – daar precies uitdrukking aan moest geven. Bovendien hield ze niet al te veel van lezen, en dit boek, dat over de Tweede Wereldoorlog en tijdreizen leek te gaan, kwam haar al helemaal vreemd voor.

Een week later had hij haar gebeld om te vragen of ze met hem mee wilde op een zaken- annex plezierreisje naar Leningrad. In een flits kwam het in haar op dat ze ja kon zeggen op zijn verzoek, en lang nadat ze het om evidente redenen had afgewezen bleef de mogelijkheid rondzoemen in haar hoofd, als een koelkast die alleen hoorbaar is wanneer je in stilte een boterham smeert aan de keukentafel.

Nu sloeg ze het open bij het schutblad. Er stonden drie zinnen onder elkaar in potlood, opgetekend in haar eigen voorover hellende handschrift:

Ik zie de opeengestapelde bloempotten.
De warhoop van de boombast.
De donkere schaduwen tussen de daksparren.

Daksparren? Het leek haar onwaarschijnlijk dat het kind dit woord kende. Ze twijfelde eraan of ze het zelf überhaupt ooit had uitgesproken – ze kon zich geen enkele context voorstellen. Kon je iets dromen wat je nooit had geleerd? Ze las de zinnen een aantal keer opnieuw, maar het enige effect was dat ze haar nog minder begrijpelijk voorkwamen. Ontwortelde woorden, losgeweekt van... tja, van wat? Ze wreef met haar hand over de woorden, steeds agressiever, tot er alleen nog een grijzig waas overbleef. Niet alles hoefde te bestaan.

Beneden zette ze de televisie weer aan. De vrouw van daarnet was vervangen door een omvangrijk kerkkoor. Ze zapte verder. Op iedere zender waren mensen te zien die iets zeiden of deden. Een man die een grote vis omhooghield. Twee oude vrouwen die er identiek uitzagen, krom krom krom in hun versleten fauteuils. Hysterische beelden in zwart-wit met een oubollige voice-over – *'They come from another world, spawned from the lightyears of space, unleashed to take over the bodies and souls of the people of our planet!'* President Bush die de vermoeide woorden *'May God bless the United States of America'* uitsprak. Ze dacht aan de bloempotten, de boombast, de daksparren. Ze dacht aan het woord context. En toen dacht ze aan de ene portemonnee die nog ongeopend op tafel lag.

HET LEER VAN de portemonnee was soepeler dan dat van de andere drie. Rechts onderin stond een logo gebrandmerkt, twee driehoekjes op hun kant achter elkaar, zoals bij cd-spelers, fast forward. Verder was hij net zo non-descript als de overige portemonnees.

Hoe inwisselbaar was een leven? Het had Minnies moeder vaak genoeg verwonderd hoezeer haar levensloop werd bepaald door toevalligheden. Hoe gemakkelijk dingen zichzelf uitwisten. Huizen, banen, vriendschappen, mannen – ze werden vervangen door nieuwe huizen, banen, vriendschappen, mannen. Een dood kind, een levend kind. Ze wist niet of het typisch was voor háár leven, maar ze vermoedde dat het een veel algemener geldende waarheid was. Het enige verschil tussen haar en de meeste andere mensen was dat ze minder sentimenteel was aangelegd en gruwde van het woord voorbestemd.

En toch, toen ze de portemonnee opende en zag van wie hij was, voelde ze haar hart, dat haar altijd ongeschikt had geleken voor de schimmige zijpaden van predestinatie en pathetiek, haperen in haar keel. Een sensatie van koud water tot aan haar nek, van iets wat haar lichaam van binnenuit naar beneden trok. *A sinking feeling.*

Ze sloot haar ogen tot het kantelende gevoel wegebde. Toen durfde ze de naam nog eens te lezen, en nog eens, net zo lang totdat de letters losraakten van de naam en veranderden in een beeld; teken en betekenis tegelijk.

Ze wist niet wanneer hij voor het laatst actief in haar gedachten was geweest. Misschien was hij te zeer verweven met haar systeem om daar nog zinnige dingen over te kunnen zeggen. In het begin, ja, toen had ze onophoudelijk aan hem gedacht, eindeloze cirkels van wat als. Wat als ze niet, wat als hij wel? Op welk moment was alles onherroepelijk veranderd? Er moest een kantelpunt zijn geweest, dat was een natuurkundige wetmatigheid, maar hoe meer ze ernaar had gezocht, hoe meer mogelijke kantelpunten er in haar herinnering opdoken, totdat alles één groot hellend vlak werd.

Toen ze merkte dat het steeds opnieuw afspelen van haar herinneringen de zaak alleen diffuser maakte, besloot ze zichzelf aan te leren haar gedachten er voortaan met een bocht omheen te duwen. Gezien het soort vrouw dat ze was, was dit heel aardig gelukt, al waren er momenten geweest dat zelfs het gesloten circuit van haar innerlijk leven kiertjes vertoonde. Kleine openingen die haar, hinderlijk genoeg, heel even voorkwamen als mogelijkheden. Het was meerdere keren voorgekomen dat ze had gedacht hem ergens te zien lopen. *Klak*, zeiden de mechanismen in haar brein, *ga erheen*, waarop haar lichaam goddank had geweigerd.

Dit hier was van een andere orde. Dit was geen vage verschijningsvorm die misschien wel of misschien niet uit haar eigen geest was ontsproten, dit was werkelijkheid zoals ze hem nooit had kunnen inbeelden. Dit was zijn naam, in letters die omhoogkwamen uit het plastic van zijn creditcard. Zijn creditcard. Het raakte kant noch wal. Hij woonde al lang niet meer in Nederland, al jaren niet meer. Het kwam in haar op dat het een toevallige naamgenoot was, maar toen ze verder keek zag ze de pasfoto op zijn rijbewijs. Haar hart miste een slag (god, dacht ze, ook dit cliché is dus waar). Ouder, maar eigenlijk nauwelijks, iets beter geschoren, iets conservatiever gekleed, iets succesvoller. Tussen wat briefgeld – ponden, maar ook guldens – vond ze een kaartje van een vrij chic hotel in het centrum. Met balpen was op de achterkant het nummer 106 gekrast.

Met haar wijsvinger streek ze over het reliëf van de creditcardletters en schaamde zich, schaamde zich omdat ze zich inbeeldde met haar vinger iets wezenlijks van hem aan te raken. De schaamte spreidde zich vanuit haar vingertop uit naar de rest van haar lichaam, de portemonnee, de woonkamer, haar slapende kind. Ze pakte de creditcard van de tafel en drukte de letters hard in haar wang.

De schaamte die ze voelde was minstens een vertienvoudiging van wat ze zojuist had gevoeld bij het openen van de andere portemonnees. Tegelijk kon het haar niets meer schelen. Misschien kon je een maximum aan schaamte bereiken, dacht ze, en maakte alles daarna niet meer uit. De kaart gloeide in haar wang en tot haar verrassing maakte de schaamte plaats voor iets anders. Een sensatie van bezitten, en nog iets, direct, urgent en onmiskenbaar. Geilheid.

Haastig wrong ze haar vrije hand tussen haar benen, haar vingers als één vinger tegen haar kruis. Ze drukte en liet los, drukte en liet los, en het was verschrikkelijk, verschrikkelijk onbevredigend. Met een ruk ritste ze haar broek open, bracht de hand met de creditcard naar beneden en duwde het gladde, koele oppervlak tegen haar schaambeen. Het patroon van de kaart bleef nagloeien in de huid van haar wang. Cijfers, letters, een belofte van geld en producten. Het contrast tussen het gloeien en de koelte tussen haar benen was goed. Het had iets met seks te maken, seks en krediet. Ze drukte harder, de randen van de kaart scherp in haar schaamlippen.

Ze kneep haar ogen dicht en probeerde dingen te visualiseren die al heel lang naar de achterkant van haar geheugen waren verdreven. Hoe hij haar had aangeraakt, overal, haar tepels had gelikt, buiken tegen elkaar. De dingen die hij in haar oor had gefluisterd. Zijn hand die een handtekening zette onder een of andere nota, de creditcard op een zilverkleurig schaaltje. Het ging goed, het was in feite een eeuwigheid geleden dat ze zo op dreef was geweest, en toen, juist terwijl ze dit bedacht, schoof het gezicht van juf Anneke voor alle beelden die ze zo zorgvuldig bij elkaar had gefantaseerd. *Die militairen zitten natuurlijk nog half met hun hoofd bij die toestanden in Irak*, zei de mond van juf Anneke, *psychisch gezien*. Toen werd het gezicht vanaf de achterkant uit elkaar geknald, bloed, bot, hersenen alles vloog in de rondte. Wat overbleef was een kleverige blonde haarbal en de twee grote zilveren oorbellen, geheel intact.

Minnies moeder zuchtte, opende haar ogen en haalde de hand met de creditcard uit haar onderbroek. Hij was een beetje vochtig en proefde – ze kon het niet laten er even met het puntje van haar tong aan te likken – zilt, met daaronder de bittere smaak van plastic. De smaak bleef hangen op de achterkant van haar tong, met een intensiteit die niet in verhouding stond tot het kleine likje dat ze genomen had. Ze voelde een kinderlijke neiging met haar vingers over haar tong te schrapen om de smaak eruit te halen. Tegelijkertijd wilde ze nog een keer over de creditcard likken.

Juist toen ze de kaart voor de tweede keer naar haar lippen bracht en zich bedacht dat deze dag niet idioter kon eindigen, hoorde ze de stem van haar dochter.

'Mama?'

Van schrik liet ze het ding uit haar hand vallen.

'Kut,' zei ze.

Ze draaide zich om en zag het kind in de deuropening staan, slaperig maar wakker, geen twijfel mogelijk. Hoelang had het daar al gestaan?

'Wat is er, lieverd?' vroeg ze. Ze probeerde haar stem neutraal te laten klinken, maar slaagde daar naar eigen inschatting nauwelijks in. Ze was dankbaar, dánkbaar, dat de stoel waarop ze zat met zijn rug naar de deur stond.

'Ik moet de hele tijd aan de bom denken.'

Minnies moeder stond op van haar stoel en kwam er toen achter dat de rits van haar broek nog openstond. Ze trok hem dicht alsof het de normaalste zaak van de wereld was. Haar onderbroek werd klam, het voelde alsof ze doorgelekt was, ze wilde het allemaal uittrekken, douchen, slapen.

'Je hoeft niet aan die bom te denken,' zei ze. 'Want er was helemaal geen bom. Het was alleen maar een grap.'

Pas nu bedacht ze zich hoe toevallig het was dat juist díé dag een flauwe grappenmaker naar de school had gebeld met zijn bommelding. Als dat niet was gebeurd hadden ze die portemonnees misschien wel nooit gevonden. Wat was Minnie er eigenlijk mee van plan geweest?

Ze hurkte naast haar dochter in de deuropening en streek door het glanzende, pas gewassen haar.

'Maar misschien hebben ze niet goed genoeg gezocht.'

'Ze hebben heel goed gezocht.'

'Maar misschien niet overál.'

'Ze hebben overal gezocht.'

'Wat was je aan het doen?'

'Wat?'

'Daarnet.'

'O,' zei Minnies moeder. 'Gewoon.'

Minnie liep langs haar heen richting de tafel, bukte en raapte de creditcard van de grond. Met haar vinger ging ze over de letters.

'O,' zei ze.

'Ja,' zei Minnies moeder. Ze hield haar adem in, maar het kind leek niet verder te lezen. Hoe licht hij met één vinger over de onderkant van haar borsten kon strelen.

'Wat was je aan het doen?'

'Minnie.' Ze had geen keuze. 'Zie je wat daar op tafel ligt?'

Minnie keek met een frons naar de tafel, toen naar haar moeder, toen terug naar de tafel, alsof ze een onzichtbaar balletje volgde dat tussen hen heen en weer ging. Het was niet moeilijk te zien dat de radertjes in haar hoofd op volle toeren draaiden.

'Twee koffiekoppen,' antwoordde ze ten slotte. 'Mijn Winnie de Poehbroodtrommel. Vier portemonnees en een lichtblauw sjaaltje dat juf Anneke hier hoogstwaarschijnlijk heeft laten liggen.'

Minnies moeder zag het sjaaltje nu pas. Op welk moment had juf Anneke het afgedaan?

'Dat moet je morgen aan haar teruggeven,' zei ze, 'ik stop het in een speciaal tasje in je rugzak. Zul je daaraan denken?'

'Hoogstwaarschijnlijk wel,' zei Minnie. 'Je hebt deuken in je ene wang.'

'Ja,' zei Minnies moeder. 'Ik was in slaap gevallen met mijn hoofd op tafel.'

'Waarom was juf Anneke hier?'

'Ik dacht dat jij dat "hoogstwaarschijnlijk" wel wist.'

Minnie staarde naar haar voeten.

'Ja,' zei ze, 'waarschijnlijk wel.'

'Nou?'

'Ik heb ze gevónden.' Minnie keek nu geconcentreerd naar een punt schuin achter haar moeder. 'Ze lagen op plekken waar ik ze heb gevónden. Ze laat me dingen zien.'

'Wie is "ze", Minnie?'

Het bleef even stil.

'Hildegard?' zei Minnie uiteindelijk, zo zacht dat het nauwelijks verstaanbaar was.

Hildegard. Minnies moeder had niet meer aan die naam gedacht sinds ze het cassettebandje had opgeborgen op zolder, jaren geleden. Minnie was nog geen anderhalf geweest. Wat was hier in hemelsnaam gaande?

Minnie streek haar haren met beide handen plat tegen haar wangen. Ze zuchtte diep. Toen keek ze haar moeder aan.

'Ik ben een beetje in de war, geloof ik.'

Ik ook, dacht Minnies moeder, ik ben behoorlijk in de war.

Voor het eerst in lange tijd verlangde ze naar een sigaret. Vergif in haar longen, diepe teugen. Destijds, haar adem inhoudend naast die couveuse elke keer wanneer de adem van het kind stokte, had ze zichzelf wijsgemaakt dat niets hierna haar nog zou overdonderen.

Ze zocht naar een woord voor houvast en vond het.

'Recapitulerend,' zei ze, 'er liggen vier portemonnees in ons huis die niet van ons zijn. Op school dachten ze dat jouw broodtrommel een bom was omdat er zwarte tape omheen zat, daar hebben we het nog niet eens over gehad, en ene Hildegard zegt "dingen" tegen je.'

'Ja,' zei Minnie. 'Recapitulerend.'

Het kind leek rustig nu. Opgelucht. Dit was helemaal niet hoe Minnies moeder zich dit gesprek had voorgesteld. Het kind hoorde te huilen, met lange uithalen. Het hoorde berouw te tonen. Het hoorde verdomme te protesteren tegen de aanklachten. In plaats daarvan bleef het zwijgen, op die manier van haar die het midden hield tussen gelatenheid en diepe overpeinzing. In gedachten telde Minnies moeder in het Frans tot tien, twintig, dertig, een oude truc die haar hielp niet te gaan schreeuwen, of erger.

Ze was bij vingt-sept toen Minnie eindelijk begon te praten.

ZE WAS TE vroeg, natuurlijk was ze te vroeg. Ze keek op haar horloge: ruim een halfuur nog. Het vooruitzicht nerveus te gaan zitten wachten op zijn komst, elke tien seconden op haar horloge kijkend, schrikkend van iedereen die binnenkwam, was ondraaglijk. Zo'n vrouw was ze niet, ook niet in abnormale omstandigheden, juist niet in abnormale omstandigheden.

Ze stak een sigaret op en begon te lopen, weg van de hotellobby, de drukke straat over, linksaf de winkelstraat in. Wat moesten mensen met zoveel winkels? Ruimtes volgepropt met producten, alleen maar om verplaatst te worden naar andere ruimtes, vergaarbakken die mensen huizen noemden, of nog erger: thuis. Ze werd moedeloos bij de gedachte aan zoveel overschot. Eigenlijk had een mens niet veel meer nodig dan een dak boven zijn hoofd, stromend water, een bed en wat schone kleding. Daar fantaseerde ze wel eens over: zich losmaken van alles wat ze bezat, achterblijven met alleen het uiterst noodzakelijke, over de wereld bewegen. Misschien zou het in de buurt komen van vrijheid, al wist ze niet of dat iets was om na te jagen. Vrijheid was voor vogels en vissen. Mensen gingen hooguit met vakantie.

Ze liep binnen bij een winkelcentrum met smoezelige witte tegels en warme lucht die niets te maken had met de warmte buiten, maar een geheel op zichzelf bestaand klimaat was, ruikend naar plastic en confectiekleding. Voor deze ene keer had de kunstmatigheid van de consumentenbiotoop een geruststellende werking. Zonder iets te hoeven kopen kon ze haar aandacht afleiden van alles waaraan ze niet wilde denken. Ze ging op een roltrap staan en terwijl ze langzaam naar boven werd getakeld, winkelaars boven en onder haar, kwam het in haar op dat iedereen hier waarschijnlijk naartoe kwam om ergens niet aan te hoeven denken.

Laatst was ze langs een tv-programma gezapt met daarin een vrouw die haar huis letterlijk van de vloer tot het plafond had volgestouwd met aankopen. Er waren minimale paadjes die haar (en de cameraploeg) in staat stelden tussen de ruimtes te bewegen.

In haar bed was een smalle strook gereserveerd voor haarzelf, de rest was bedekt met rotzooi. Vooral aanbiedingen waren een dwangneurose geworden. Het gevoel een kans te missen kon ze niet verdragen, en zodoende bezat ze niet één maar drie wasmachines, en wel vijftien cd-spelers. Kopen, hield ze vol, was nu eenmaal haar hobby. De vrouw was bleek en pafferig, en zag er al met al niet uit alsof het haar gelukt was gelukkig te worden van de hobby. De interviewer moest hetzelfde hebben gedacht, want hij probeerde met alle macht een trauma boven tafel te krijgen. Maar het enige trauma, dacht Minnies moeder, kijkend naar het slonzige mens, leek te zijn dat er geen trauma wás, alleen het leven, en het was al heel wat als je dat voor even op pauze kon zetten met de aanschaf van spullen.

Op de eerste verdieping van het winkelcentrum, tegenover de roltrap, zat een cosmeticawinkel. Het was vreemd om midden op een doordeweekse dag in een cosmeticawinkel rond te lopen. Normaal gesproken was ze op kantoor, verwikkeld in telefoongesprekken en vergaderingen over de toekomst van de kankerbestrijding. Het had haar grote moeite gekost zich die ochtend ziek te melden, niet alleen omdat het een leugen was, maar omdat ze zelfs met veertig graden koorts nog naar kantoor ging. De laatste keer dat ze met ziekteverlof was geweest was ruim acht jaar geleden, na het doodgeboren kind.

Drie hele dagen was ze afwezig geweest, maar alleen omdat haar baas erop had aangedrongen. Ze had het verschrikkelijk gevonden, thuiszitten, glazig voor zich uit staren, verdriet dat alle ruimte had om te woekeren. Toen ze weer aan de slag mocht had ze zich met zoveel overgave op het werk gestort dat ze diezelfde week een recordbedrag aan fondsen wierf en door haar baas werd gefêteerd op een lunch van rolletjes rijst met zeewier en rauwe vis op de bovenste verdieping van een Japans hotel. 'Heel exclusief,' had hij gezegd, met zijn eetstokjes tikkend tegen een rood-paars stukje vis dat vanuit een bepaalde ooghoek glansde in alle kleuren van het spectrum, 'de chef hier schijnt zijn hand er niet voor om te draaien duizenden guldens neer te tellen voor een blauwvintonijn.' Minnies moeder had geprobeerd aan boterhammen met pindakaas te denken en zo min mogelijk door haar neus te ademen. Toen haar baas ten slotte op 'meevoelende' toon was begonnen over 'het verlies', had ze hem recht in zijn ogen aangekeken en de zin uitgesproken die ze die ochtend had gerepeteerd in de badkamerspiegel. Daarna had alles, tot haar grote opluchting, zijn gewone gang hernomen.

Nu staarde ze naar een schap met witte crème in veelsoortige glazen potjes, en juist toen ze zich afvroeg hoeveel al die crèmes mogelijkerwijs van elkaar konden verschillen, kwam er een verkoopster op haar af met een haarkleur die waarschijnlijk aubergine had moeten zijn, maar zo paars was als die barbapapa's waar haar dochter de hele dag naar keek.

'U zoekt iets,' zei de verkoopster. De zin had geen vraagteken aan het eind. 'Kan ik u van dienst zijn.'

'Nou...' zei Minnies moeder.

'U wilt een stralende huid. Mag ik u vragen op deze kruk plaats te nemen. Dan kan ik uw huidtype analyseren en verschillende aanbevelingen doen. Als u dat op prijs stelt.'

Het was zo ongeveer het laatste wat ze op prijs stelde, maar tegen zoveel grof geweld was ze niet bestand. Gedwee liep ze achter de verkoopster aan naar een kruk in het midden van de winkel. Ze keek op haar horloge: nog een kwartier. Wat deed ze hier in godsnaam?

Zonder reserves bracht de verkoopster haar gezicht vlak bij het hare.

'U heeft een extreem droge huid,' zei ze. 'Ik schrik er echt van. Het ziet eruit alsof het pijn doet.' Het klonk als een beschuldiging. 'U heeft veel nodig.'

Minnies moeder keek naar het gezicht van de verkoopster. Ze probeerde haar huid te zien, maar die was verborgen onder lagen huidproducten. Op haar ogen zat dezelfde kleur paars als in haar haren. Haar wimpers waren onwaarschijnlijk lang en vol, het leken wel borstels. Minnies moeder wilde weg uit de winkel, er was niets wat ze liever zou willen, en juist daarom, wist ze, lukte het haar niet om weg te lopen. Ze had zich in deze situatie gemanoeuvreerd en nu moest ze het uitzitten.

De verkoopster liep weg en kwam toen terug met een lading spullen in haar armen, die ze een voor een op het gezicht van haar slachtoffer begon te smeren.

'Zal ik ook wat mascara aanbrengen. Ik gebruik dit type zelf ook, ze vragen me wel eens of ik valse wimpers heb. Sommige mensen kunnen gewoon niet geloven dat je dít kunt bereiken met iets simpels als mascara.'

De mascara zat op haar wimpers voor ze had kunnen protesteren. De verkoopster hield haar een spiegel voor.

'Het staat u werkelijk beeldig,' zei ze. 'Ik durf te wedden dat u niet had verwacht dat uw gezicht zoveel potentie had.'

Minnies moeder staarde naar haar spiegelbeeld. Ze zag eruit als een pop uit een horrorfilm. De wimpers waren ronduit angstaanjagend, spinnenpoten die vanuit haar oogkassen over haar gezicht kwamen gekropen.

'Nou,' zei de verkoopster. 'Wat vindt u.'

'Ja,' zei Minnies moeder. Ze knikte zo'n beetje, een willoos dashboardbeestje, in gang gezet door zijn eigen beweging.

Bij de kassa rekende ze alles af wat de verkoopster op haar gezicht had gesmeerd. Ze keek op haar horloge. Ze zou te laat komen.

TOEN MINNIE DIE avond eenmaal was begonnen met praten, was ze haast niet meer te stoppen geweest. De woorden buitelden over elkaar heen, alsof ze een manier zochten om allemaal tegelijkertijd te kunnen worden uitgesproken. Dat was precies een week geleden nu. Het had Minnies moeder even gekost, maar uiteindelijk had ze er een min of meer consistent verhaal van weten te maken (dat later nog zou worden aangevuld met bijzonder nauwkeurige details uit therapieverslagen en bandopnamen), en min of meer als volgt kon worden samengevat:

Op een middag in het vroege voorjaar had haar dochter op zolder zitten graven in de dozen met oude spullen die daar min of meer stonden in afwachting van het moment dat ze zouden worden weggegooid. Overblijfselen van haar eigen kindertijd in de jaren zestig, schriftjes met opstellen en sommen, het soort spullen dat een volwassene van zichzelf bewaart omdat weggooien zou voelen als kindermoord. Onder in een van die dozen had Minnie ten slotte het cassettebandje met de muziek van Hildegard von Bingen aangetroffen.

Minnies moeder had het weggeborgen toen haar dochter een jaar of anderhalf was, samen met het tao-boek dat ze destijds van Johnstone had gekregen, maar waar ze geen letter van gelezen had. Waarom had ze die spullen niet gewoon bij het grofvuil gezet? Hoe dan ook, Minnie had de cassette uit de doos gevist en de vreemde naam op het hoesje gelezen. Omdat rare dingen een grote aantrekkingskracht hadden op het meisje, en omdat ze sinds enige tijd de trotse eigenaar was van een veelkleurige My First Sony, stopte ze het bandje in haar walkman en drukte op PLAY. Zo was het begonnen.

In opmerkelijk precieze bewoordingen had haar dochter uit de doeken gedaan wat de effecten van de muziek op haar gemoedstoestand waren. 'In het begin was ik bang,' zei ze tegen haar moeder, plotseling rustig na die eerdere vloedgolf van woorden. 'En daarna voelde ik me alsof ik iemand heel erg miste, alleen dan zonder íémand.'

Haar hoofd was gaan tintelen van de muziek, en ook had ze heel erg moeten huilen. De dagen erna was ze steeds teruggegaan naar de zolder, om precies hetzelfde ritueel te herhalen. Soms, bekende ze fluisterend en met gebogen hoofd, was ze 's avonds expres vroeger naar bed gegaan om er stiekem weer uit te glippen.

Ze werd bekend met de klanken, die ze door haar hele lichaam voelde. Als ze haar mond opende leek het net alsof zíj degene was die zong. Aan het einde van de A-kant (de B-kant was leeg) stopte de muziek abrupt, wat de dramatische indruk gaf dat Hildegard von Bingen op dat moment dood neerviel. Telkens wanneer Minnie de luide klik hoorde was het alsof ze wakker schrok, al herinnerde ze zich nooit in slaap te zijn gevallen.

In plaats van af te zwakken, breidde het mysterie zich uit, elke dag een stukje verder. Na een tijdje begon het kind dingen te zien tegen de achterkant van haar ogen. Heldere, tastbare beelden die anders waren dan haar normale dromen. De weerspiegeling van gouden letters in het water (dit had ze letterlijk zo gezegd: de *weerspiegeling* van gouden letters in het water), twee kleine soldaten, handen met rode bloedpuntjes, witte lakens. Een 'extra laag' – waar haalde het kind dit soort termen vandaan? – waarin ze de dingen beter begreep en helemaal niet begreep.

Het gebeurde op een maandagochtend tijdens de weekopening. Minnies klasgenootje Sibyl was dat weekend jarig geweest en vertelde over haar feestje, waarvoor bijna niemand van de klas was uitgenodigd omdat Sibyl maar zeven kinderen had mogen vragen, waarvan er vier sowieso al haar nichtjes waren. Zoals de meeste kinderen in Minnies klas beschikte Sibyl niet over een bijzonder groot verteltalent, en algauw raakte ze verstrikt in een oeverloos verhaal over de mechanismen van een spelletje met vier vlaggen, twee kampen en een risico. Minnies gedachten waren afgedwaald naar de doos op zolder, de stem die ze nu ook in haar hoofd kon laten klinken zonder dat ze de muziek letterlijk hoefde te horen.

Spiritus sanctus
Moo-oo-vensnia
Almia aahahaaha-est sianohi
Soes spiriiii-i omnia

Ze had haar ogen gesloten, heel even maar, en toen gebeurde het: de laag schoof over de normale laag heen, en zonder het cassettebandje, zonder de zolder met de boeken en het stof en de geur van oude dingen was ze dáár. Ze zag dingen die in de verte bestonden, maar ook dingen die ze herkende: de schuifdeuren van de Albert Heijn een paar straten verderop, het fietsenrek bij de bakker, de rotonde aan het einde van de straat, een jas die over een stoelleuning hing.

Toen ze haar ogen weer opende was Sibyl opgehouden met praten. De kinderen in de kring keken nu naar Minnie, maar waarom, dacht ze, ze had alleen maar even haar ogen dichtgedaan. De juf had gevraagd of ze benauwd was, maar ze was niet benauwd, ze kon juist heel goed ademen, alles was helder en licht.

Na die ene keer in de klas was het vaker gebeurd. De beelden werden steeds preciezer, en hoewel ze de taal van de stem niet begreep, leek die haar in een richting te duwen. Soms, wanneer ze haar ogen opende, was ze plotseling in een onbekende straat, terwijl ze een paar minuten daarvoor nog in haar eigen straat was geweest, buskruit spelend met de kinderen uit de buurt. Ze vond kleine dingen in haar rugzakje die niet van haar waren: potloden, gummetjes, het poesiealbum van een klasgenootje. Daar schaamde ze zich zo voor dat ze ze niet meer had durven teruggeven; in plaats daarvan had ze alles in de vuilcontainer van de buren gegooid.

Ze wist niet meer precies wanneer het was begonnen met die portemonnees. De eerste vond ze op een ochtend in de la van haar nachtkastje. De volgende trof ze aan in de zak van haar jack nadat ze met de klas naar het planetarium waren geweest. Zo ging het door tot ze er vier had. Ze wist dat het menens was. De portemonnees voelden zwaar en echt, zoals alle dingen die exclusief tot de wereld van volwassenen behoorden. Als ze ermee op en neer bewoog kon ze munten horen rinkelen.

Ze bewaarde ze op zolder, in de doos bij het cassettebandje. Elke avond in bed moest ze aan de portemonnees denken, ze leken haar vanaf de zolder fijn te pletten, ze kon er niet van slapen.

De oplossing droeg zich aan toen ze haar moeder op een middag de kelder uit had zien komen met de gereedschapskist. Onder de vakjes met spijkers en schroeven had ze een dikke rol zwarte tape zien glanzen. Terwijl haar moeder bezig was met de boormachine, had Minnie de tape uit de kist gehaald en tussen de band van haar broek en haar buik geklemd.

Die ochtend, heel vroeg, had ze eindelijk gedurfd de portemonnees van zolder te halen. Op school was ze tijdens de rekenles naar de wc's gegaan. Daar had ze de boterhammen in de prullenbak gekieperd en vervangen door de portemonnees. Vervolgens had ze de broodtrommel omwikkeld met de tape. In de grote pauze zou ze naar het grasveld gaan, helemaal tot bij de rand waar de bomen begonnen. Daar zou ze het pakketje begraven.

Maar het volgende moment dat ze zich herinnerde zat ze ineens op haar billen tussen de kapstokken met juf Anneke naast haar gehurkt, en vlak daarna waren die sirenes afgegaan en had iedereen het gebouw moeten verlaten.

Verslagen had Minnie haar moeder aangekeken. Ze zag eruit als een leeggelopen ballonnetje, bleek en kwetsbaar en klein, zo klein. Ze had niet precies geweten wat ze van het relaas moest geloven, of beter gezegd: hóé ze het moest geloven. De dingen die haar dochter met horten en stoten had uitgebracht leken op een bepaalde manier logisch, maar het was een type logica dat haar angst aanjoeg. Wat zag dit kind als het naar de wereld keek?

'Het komt goed, lieverd,' had ze gezegd, steeds opnieuw, zodat ze het zelf ging geloven. 'Alles komt goed.'

Voor de tweede keer die avond had ze Minnie opgetild en in haar bed gelegd. Lang nadat haar dochter weer was ingeslapen en de glow-in-the-dark-sterren een voor een waren uitgedoofd, was Minnies moeder nog op de rand van het bed blijven zitten. Dit was haar kind. Vanaf de dag van haar geboorte was het een enigma, maar toch was het haar kind.

De volgende dag had ze Johnstone gebeld, die als vanouds op een zeer specifieke manier vaag had geklonken. Hij vertelde haar dat hij een nieuw centrum had opgericht voor bijzondere therapie en hypnose. De reguliere medische wetenschap had hem uiteindelijk te zeer beperkt, en het centrum voor huilbaby's kon inmiddels ook zonder hem wel vooruit. Hij was zich de afgelopen jaren gaan verdiepen in alternatieve therapieën voor kinderen die kampten met psychische problemen en trauma's.

Gaandeweg was hij in aanraking gekomen met hypnotherapie. Een jaar lang volgde hij in het noorden van India een intensieve opleiding tot hypnotiseur, iets waarvoor hij grote aanleg bleek te hebben. Aansluitend was hij afgereisd naar Guatemala, waar hij maanden doorbracht in een huis zonder muren aan de rand van de oude Mayasteden Tikal en Palenque. De Mayabeschaving had zijn interesse gewekt na het lezen van een artikel in een oud nummer van *Archaeology*. Zijn vertrek naar Midden-Amerika was een impuls geweest, een *lucky shot*: daar, tussen de apen en de ruïnes, was de wijsheid van die bijna vierduizend jaar oude beschaving min of meer als een heldere bundel licht op hem neergedaald. Het was nauwelijks te geloven hoe gedetailleerd de wiskundige en astronomische kennis van die oude Maya's was geweest, om nog maar te zwijgen over hun uitgebreide schrift en de architectonische hoogstandjes die ze bouwden ter verering van hun goden.

Toen hij terugkeerde naar Nederland was de basis gelegd voor een behandelmethode die zich baseerde op zowel hypnose als de Mayakalender. En op zijn jarenlange ervaring als kinderarts en taoïst, niet te vergeten. Een unieke combinatie, zeg dat wel; in een jaar tijd had hij al verbluffende resultaten geboekt. Hij bracht die kinderen een volledig nieuw tijdsbegrip bij dat niet lineair – hier fulmineerde hij een tijdje tegen de politiek van Thatcher en Reagan – maar circulair van aard was. Pas over een decennium of twee kon je de werkelijke impact van de behandeling overzien, maar de vooruitzichten waren alleszins gunstig.

'Maar u belt me vast niet om zomaar wat bij te kletsen. Hoe staat het met de kleine Minnie? Hoe oud is ze nu, een jaar of zeven?'

'Daar belde ik over,' zei Minnies moeder. 'Ik heb uw hulp nodig.'

In grote lijnen deed ze het verhaal uit de doeken, maar zonder te vermelden van wie die vierde portemonnee was. Niet alles wat relevant leek hoefde dat te zijn.

'Opmerkelijk,' mompelde Johnstone toen ze klaar was. Aan de andere kant van de lijn hoorde ze hem driftig met een pen op een stuk papier krassen. 'Precies aan de vooravond van het jaar dat een nieuwe k'atun begint. Uiterst interessant.'

'Katoen?'

'De grootste cyclus in een mensenleven behelst, bij benadering, een periode van twintig jaar,' verklaarde Johnstone. 'Al op de lange telling van de Mayakalender gold deze cyclus, de zogenaamde k'atun, als een belangrijke tijdseenheid. Het toeval, nu, wil dat het komende jaar volgens de Mayakalender het jaar is van de start van een heel bijzondere k'atun: de laatste van de dertiende en laatste b'ak'tun, die met twintig k'atun de grootste tijdseenheid is op de lange telling. Verder in de toekomst gaat de Mayakalender niet. Sommige mensen denken daardoor dat over iets meer dan twintig jaar, in 2012, de wereld zal vergaan. Onzin, obviously.'

Minnies moeder begon er steeds minder van te begrijpen, en ergens had ze het vermoeden dat dit precies zijn bedoeling was.

'Wat stelt u voor?' vroeg ze, zonder het na te laten daarbij een luide zucht te slaken.

'Ik neem haar in behandeling,' zei Johnstone direct. 'Ik wist al vanaf het begin dat het een bijzonder geval is, dat kind van u, vrij uniek zelfs, naar mijn inschatting. Ik zal haar niet genezen in de reguliere zin van het woord, maar uw kind is dan ook niet ziek. In deze tijd worden afwijkende gedragingen meteen gepathologiseerd, maar dat is volstrekt onnodig, om niet te zeggen doodzonde. Ieder stel hersenen is uniek, sommige kronkels maken wat meer omtrekkende bewegingen dan andere, zo moet u het zien. Het is alleen de kunst om de omtrekkende bewegingen niet te laten ontsporen, ziet u? Uw dochter hoeft nu ook weer geen getrainde kruimeldief te worden, of erger, natuurlijk.'

Minnies moeder zag dat typische armgebaar van hem voor zich, en ondanks zichzelf stelde alleen de gedachte daaraan haar al gerust. Ze maakten een afspraak voor een intakegesprek, dezelfde week nog. Oké, dacht ze toen ze ophing, daar gaan we weer. Toen had ze diep ademgehaald en het nummer van het hotel gedraaid dat op het kaartje van de vierde portemonnee stond. 'Kamernummer 106,' zei ze. 'Ik wil graag worden doorverbonden met kamernummer 106.'

Toen de receptioniste had gevraagd naar wie ze op zoek was, sprak ze voor het eerst in acht jaar zijn naam hardop uit. Opnieuw klonk een kiestoon. In de hotelkamer strekte zijn arm zich uit naar de hoorn.

ZO RUSTIG MOGELIJK liep ze terug naar het hotel. Ze had geen zin zichzelf belachelijk te maken door hijgend en struikelend binnen te vallen. Tot haar ergernis zweette ze. Het was verdomme vijfentwintig graden buiten en ze had zo nodig een zwarte pantalon met een bijpassend zwart jasje moeten aantrekken. Straks dacht hij nog dat ze bij het hotelpersoneel hoorde.

De deur werd voor haar opengezwaaid door een figuur wiens beroep dat was. Links waren de receptie en de toiletten, rechts de ingang naar de lobby. De receptionist knikte haar vriendelijk toe. *Hospitality* noemden ze dat, een woord dat vreemd genoeg bijna hetzelfde klonk als *hostility*. Ze had eens ergens gelezen dat in de allereerste talen geen onderscheid werd gemaakt tussen dingen die elkaars tegenhanger waren; negatie en confirmatie werden aangeduid met een en hetzelfde woord. Pas later, met de opkomst van religies, was de mens de wereld gaan zien als een geheel van conflicterende grootheden. Het had vast iets te maken met de verdrijving van Adam en Eva uit het paradijs, zoals alles daar iets mee te maken had.

Net op tijd realiseerde ze zich dat die troep nog altijd op haar gezicht zat. In de toiletten maakte ze met water en wc-papier de ergste schade ongedaan – goddank was de Super Feminine XXLashes Waterproof-mascara in tegenstelling tot wat de verpakking beloofde in de verste verte niet bestand tegen water. Ze keek naar haar spiegelbeeld. Het gewrijf rond haar ogen had rode plekken achtergelaten maar verder zag ze er redelijk normaal uit. Hier moest ze het mee doen. Ze gooide de mascara in de vuilnisemmer, rechtte haar rug en liep als zichzelf de toiletten uit. Met een discreet geluid van luchtverplaatsing viel de deur achter haar dicht. In dit soort hotels diende alles gedempt te zijn. Dat was waar de klant voor betaalde.

Het was rustig in de lobby. Met dit weer was iedereen buiten; als de zon scheen werden mensen daartoe genoodzaakt, of ze daar nu zin in hadden of niet. Het contrast met het buitenlicht was zo groot dat het de eerste seconden moeilijk was om meer te zien dan de schemerige contouren van fauteuils en tafeltjes. Desondanks herkende ze hem direct, en hij haar, want hij kwam onmiddellijk overeind uit zijn stoel.

Ze bleven een tijdje tegenover elkaar staan en glimlachten nogal schaapachtig, zonder hun tanden te laten zien – een teken dat ze elkaar niet met huid en haar zouden verslinden. Hij zag er min of meer uit als op zijn pasfoto, maar alleen zoals mensen er min of meer uitzien als hun eigen pasfoto: de gelaatstrekken waren herkenbaar, maar betekenden in de driedimensionale ruimte toch iets heel anders dan platgedrukt op die paar vierkante centimeter. Zijn haar was nog altijd sluik en bruin, zijn ogen donker, zijn postuur slank. Al met al zag hij er netter uit dan vroeger, al zou het hem nooit lukken door te gaan voor een brave burgerman, zo dat zijn ambitie was, wat ze betwijfelde. Er zat iets wilds in hem, wat ook in het kind zat. Zulke dingen konden hoogstens gekanaliseerd worden.

'You haven't changed,' zei hij, een uitspraak die natuurlijk belachelijk was. Ze hadden elkaar al acht jaar gezien noch gesproken. Toch moest ze, hem in zich opnemend, toegeven dat het opvallend was: hoeveel een mens kon meemaken zonder dat dit grote veranderingen in zijn uiterlijk teweegbracht. Het deed vermoeden dat een persoon in de kern dezelfde bleef, al kon je daar net zo goed tegen inbrengen dat uiterlijk een volkomen misleidende factor was.

Ze voelde de aandrang hem meteen in de armen te vallen, alle zijpaden ongedaan te maken, te geloven dat zoiets mogelijk was. Vlug stak ze haar hand naar hem uit, een idioot gebaar waar ze onmiddellijk spijt van had, maar de hand hing al in de lucht, ze kon hem niet zomaar weer langs haar lichaam laten vallen. Aan de kleine zenuwtrek bij zijn linkeroog herkende ze onmiddellijk dat hij verrast was door het gebaar – als je iemand kent, ken je hem blijkbaar voor altijd – maar hij herstelde zich in een fractie van een seconde. Alsof het volkomen normaal was stak hij zijn arm naar haar uit. Een tattoo die ze niet kende kwam onder de mouw van zijn linnen hemd vandaan. Een tweekoppige draak in rood en groen, vuurspuwend over zijn pols. Zijn hand voelde stevig, en hij schudde de hare zoals je dat doet wanneer je een deal sluit.

*

Hij had een glas bier besteld, zij thee (en vervloekte zichzelf, ze wilde helemaal geen thee, ze had het al bloedheet), ze hadden een paar inwisselbare zinnen uitgesproken over het weer en de Europacup en de Lauda Air Boeing 767 die de dag daarvoor was geëxplodeerd boven een oerwoud in Thailand. Aan de telefoon had ze hem verteld over de portemonnee, maar alleen in vage termen, die ze op een papiertje had geschreven om te voorkomen dat ze andere dingen zou zeggen. Toen ze hem voorstelde het ding langs te brengen, was het even stil gebleven aan de andere kant van de lijn. 'Jesus,' had hij toen uitgebracht, 'I don't understand at all what is happening, but yes, surely, yes.'

Nu legde ze de portemonnee voor hem neer, zoals juf Anneke dat een paar dagen geleden bij haar had gedaan.

'Het is een vreemd verhaal,' begon ze. 'Of in elk geval een vreemd toeval.'

Hij pakte de portemonnee van tafel, leek hem te wegen in zijn hand, maar maakte hem niet open.

'Een buurmeisje kwam ermee aanzetten. Ze had hem een paar straten verderop gevonden. Ik liep toevallig net de deur uit.'

Hij keek haar afwachtend aan.

'Dat was het eigenlijk,' zei ze. Ze voelde hoe ze begon te blozen. Hij prikte natuurlijk dwars door haar heen, ze was een slechte leugenaar, en dat moest hij zich herinneren.

Ze had hem ontmoet in de herfst van 1981, tijdens een lang weekend in Londen. Ze was meegesleept door een vriendin die zich sinds kort associeerde met de punkbeweging en koste wat het kost naar Londen wilde om het allemaal 'van binnenuit' mee te maken. Minnies moeder had geen idee gehad waarom de vriendin juist háár had meegevraagd, ze was van geen enkele beweging lid en al helemaal geen punker, maar in een impuls zei ze ja. De week daarvoor had ze haar toenmalige vriendje – een waardeloos type dat al tien jaar rechten studeerde en zichzelf nog altijd beoordeelde als 'veelbelovend' – uit haar huis gezet, en na alle consternatie was elke vorm van afleiding welkom.

Nachtenlang hadden ze door de straten van Londen gezworven, het grootste deel van de tijd door de stromende regen. Haar vriendin was onvermoeibaar en had een hele waslijst opgesteld aan punkclubs, kelders en andersoortige groezelige etablissementen die ze 'absoluut niet mochten overslaan'. Ze hingen rond bij optredens van obscure bandjes die luisterden naar namen als Fuck The C.I.A., The Sucks en Porno Squad en ook zo klonken. Na afloop van dit geweld belandden ze bij mensen thuis die grote, tochtige panden kraakten in gevaarlijke delen van de stad en links-anarchistisch waren maar verrassend vaak ook volkomen apolitiek.

In zo'n pand had ze hem ontmoet. Het was de laatste avond van hun slopende vierdaagse, ze zag ernaar uit om op de boot terug naar huis te zitten, te slapen, stilte. Achteraf bleek dat hij haar gelatenheid en afwijkende (want normale) kleding had geïnterpreteerd als een statement. In elk geval waren ze in gesprek geraakt. Hij vertelde haar dat hij oorspronkelijk uit Manchester kwam en muzikant was maar eigenlijk van de hele punkscene niets moest hebben. Die was sowieso alweer over zijn hoogtepunt heen. Zijn muziek was eerder te vergelijken met de nieuwe richting die Siouxsie and the Banshees waren ingeslagen, veel eclectischer, melodieuzer, minder *hard-line*. Hij werkte nu aan zijn eerste studio-album, heel lowbudget allemaal maar als ze wilde kon hij wel eens wat laten horen. Toen ze tegen de ochtend samen op een dubieus gevlekt, aftands matras belandden was ze verliefd.

Maandenlang reisde ze iedere paar weken naar Londen om bij hem te zijn. In dezelfde tijd begon ze als receptioniste bij het kankerfonds. De weekends in Londen waren een parallel universum, en juist dat maakte ze verslavend. Hij introduceerde haar bij zijn vriendengroep, die bestond uit muzikanten, schrijvers en kunstenaars die praatten over hun werk alsof het hun hele leven was, een hogere roeping. In haar stille en relatief onopvallende verschijning zagen deze mensen tot haar verbazing iets mysterieus en exotisch. Angstvallig wachtte ze het moment af dat ze door de mand zou vallen, dat hij zou realiseren hoe gewoon ze was, hoe weinig ze wist, hoezeer ze niet bij elkaar pasten.

Op een middag waren ze langsgegaan bij een oude kunstenaar die een atelier in de stad had en min of meer aan lagerwal was geraakt, maar eigenlijk een groot en beroemd schilder was. Het benauwde pand verkeerde in apocalyptische staat. Duizenden verfpotten stonden in grillige formaties door de ruimte, een grote ronde spiegel, kwasten, uitgescheurde boekpagina's, tijdschriften, lp's, kledingstukken, een gipsen kop van een dode dichter – geen vierkante centimeter was niet besmeurd met verf of bedolven onder een laag troep. De kunstenaar, die zo te zien zijn ochtend was begonnen met minstens een fles wijn, leek er zelf uitstekend mee uit de voeten te kunnen. Ze keek naar de vreemde, duistere doeken die tegen de muur en op schildersezels stonden. De meeste waren onaf, sommige waren half uit elkaar gereten, ze deden haar denken aan kadavers en hadden een groot onbehagen bij haar losgemaakt. Ze was opgelucht toen ze weer buiten stonden, en op de weg terug naar huis bekende ze in een zeldzaam moment van eerlijkheid dat ze er niets van begreep dat dít kunst was, of kunst in het algemeen, of zijn kunstenaarsvrienden in het bijzonder. Hij had fel gereageerd, haar uitgemaakt voor oppervlakkige burgertrut, en hoewel hij later zijn excuses maakte wist ze op dat moment dat het begin van het einde was ingezet.

Terug in Nederland had ze zich moe en prikkelbaar gevoeld, vage klachten totdat haar huisarts opkeek van de testresultaten en haar feliciteerde met haar zwangerschap.

*

Hij nam een slok van zijn tweede biertje, zij van haar eerste glas wijn. De alcohol had hen iets ontspannener gemaakt. Hij had verbaasd gelachen om het ongelooflijke toeval met die portemonnee en gezegd dat hij blij was haar op deze manier weer te ontmoeten.

Hij vertelde dat hij sinds enige tijd musiceerde onder de artiestennaam Fast Forward. Het was nog steeds behoorlijk underground allemaal, maar hij had een trouwe internationale schare fans opgebouwd en het lukte hem ervan rond te komen. Met enige regelmaat kwam hij naar Nederland om op te treden, momenteel deed hij een kleine tour door het land vanwege zijn nieuwe album. Vijf jaar geleden was hij getrouwd met een schrijfster van kinderboeken. Sinds twee jaar hadden ze een dochter.

'Ik hoop dat je niet schrikt,' zei hij, 'maar we hebben haar Minnie genoemd.'

Toen, in 1982, had ze hem niets willen vertellen over de zwangerschap. Ze wist zelf niet eens of ze een kind wilde, ze had zichzelf nog nooit als moeder voorgesteld. Maar alsof hij het had voorvoeld, stond hij een paar dagen later ineens voor haar deur. Met een zee tussen hen in de waarheid verzwijgen was nog iets anders dan recht in zijn gezicht liegen, en dat was dan ook niet gelukt. Tot haar verrassing was hij blij geweest met het nieuws, en in de weken die volgden begon ze, aangestoken door zijn enthousiasme, langzaam aan het idee te wennen dat ze een gezin zouden vormen, dat ze het mis had gehad toen ze dacht dat het geen stand zou houden. Een paar maanden later was hij bij haar ingetrokken. Muziek, zei hij, kon hij overal maken. Het kind zou een meisje worden, dat hij Minnie wilde noemen, naar zijn kunstzinnige oudtante, waarmee zij instemde omdat ze geen steekhoudende argumenten tégen kon vinden, en bovendien zelf geen beter alternatief had. In de achtste maand was het kind plotseling gestopt met bewegen. In het ziekenhuis bleek dat de navelstreng zich om het voetje had gewikkeld waardoor de voedingstoevoer was gestaakt. De weeën werden kunstmatig opgewekt, en een paar uur later beviel ze van een puntgaaf maar levenloos kind.

'En jij?' vroeg hij voorzichtig. 'Heb jij een man, kinderen?'

Even aarzelde ze. Ze kon het hem vertellen, hier, nu. Maar hoe moest je zoiets vertellen?

Na de doodgeboorte was het tussen hen steeds slechter gegaan. Ze begrepen elkaars verdriet niet, dat hetzelfde hoorde te zijn maar het niet was. Na drie maanden had hij zijn tas gepakt en de boot terug naar Engeland genomen. Pas een paar weken daarna ontdekte ze dat ze opnieuw zwanger was. 'U krijgt een nieuwe kans, mevrouw Panis,' had haar huisarts gezegd, 'grijp die.' Met haar fiets aan de hand wankelde ze naar huis. Bij een telefooncel hield ze halt. Ze moest het hem vertellen, ze moest het hem nú vertellen, niet wachten tot ze thuis was. Ze gooide al haar muntgeld in de telefoon, draaide zijn nummer en wachtte. De telefoon ging drie keer over, vijf keer, tien keer, en pas toen begreep ze dat hij er niet was. Toen ze de hoorn terug op de haak legde, wist ze dat het moment voorbij was en dat het niet meer zou terugkomen.

Hoe kon je zoiets aan iemand vertellen? Hoe kon ze vertellen dat ze het kind niet had gewild? Dat ze, had ze het minuscule embryo in haar hand gehad, het zeker had fijngeknepen? En hoe kon ze uitleggen dat ze het alsnog had gehouden, niet omdat ze het wilde maar omdat ze niet geloofde in rechtvaardigheid of onrechtvaardigheid. Dat hij nóg een dochter had rondlopen die Minnie heette (het was komisch), die inmiddels zeven jaar oud was, zijn uiterlijke kopie en, precies zoals hij, wild vanbinnen. Dat die dochter zíjn portemonnee had gevonden en dat dit iets betekende, ook al weigerde ze in zulke dingen te geloven – hoe werd ze verondersteld daar woorden voor te vinden?

Ze schudde haar hoofd. 'Nee,' zei ze, 'geen man, geen kinderen, alleen ik.'

Een dikke, langharige kat sprong naast hen op de vensterbank. Het viel haar nu pas op dat er zachte muziek uit een luidspreker klonk. Geen klassieke pianomuziek, zoals je zou verwachten in een hotellobby waar een kop thee vijf gulden kostte, maar popmuziek.

Dance, dance, dance, dance, dance to the radio.

Hij duwde de kat weg en snoot zijn neus in een stoffen zakdoek die hij uit zijn broekzak haalde.

'Allergisch,' zei hij. Ze waren even stil.

'Ik had het je gegund,' zei hij toen. 'Je zou een goede moeder zijn geweest.'

'Dat betwijfel ik,' zei ze, en nam een grote slok van de chardonnay, die zuur smaakte en helemaal niet 'fris en fruitig' zoals de ober had verkondigd.

Je zou een goede moeder zijn geweest. De herinnering die ze de afgelopen tijd zo zorgvuldig had onderdrukt duwde zich naar boven.

Het was een stralende, warme zaterdag geweest en Minnie had al dagen aan haar hoofd gezeurd over het buitenzwembad, waar alle kinderen uit haar klas met hun ouders naartoe gingen. Dat kind was gek op zwemmen. In korte tijd had ze een hele trits zwemdiploma's gehaald die in groen, blauw en rood boven haar bed hingen. Moeiteloos zwom ze hele stukken onder water. Voor haar laatste diploma had ze zelfs met kleren aan onder een kunstwak door moeten zwemmen, wat ze dapper onderging, om trots en proestend weer boven te komen.

Het was een helse drukte bij het zwembad. Geen vierkante centimeter was onbedekt, met handdoeken, parasols, koelboxen, complete stereo-installaties. Kinderen renden gillend over het terrein, alles spetterde, glibberde, botste tegen elkaar op. Wolken frituurvet stegen heet op uit de frietkraam, klodders roze aardbeienijs vermengden zich met het chloorwater, er werd gepiest tussen de struiken, tegen het hek en zonder twijfel vooral in het zwembadwater zelf, want alle wc's waren verstopt met grote natte proppen wc-papier. Minnies moeder gruwde van dit soort vormen van vrijetijdsbesteding, maar het kind – en dit had het gemeen met de rest van de kinderen – werd er in het geheel niet door ontmoedigd.

Helemaal aan de rand van het grasveld hadden ze een hoekje gevonden om hun spullen neer te leggen. Minnie was zo ongeveer uit elkaar geknapt van ongeduld en stond al in haar badpak te oefenen hoe ze het water in zou duiken. Vlug had ze een foto gemaakt. Wanneer haar dochter moest poseren verstarde ze volledig. Sinds een tijdje was Minnies moeder daarom begonnen met een methode waarbij ze haar zo onopvallend en 'spontaan' mogelijk vastlegde.

'Ga maar,' zei ze tegen haar dochter, die zich dat geen twee keer liet vertellen en als een kikkervisje wegschoot, behendig zigzaggend tussen mensen en handdoeken. Haar groen met rode Speedobadpak was goed zichtbaar, ook toen ze ermee vanaf de duikplank in het water dook. Een tijdje bleef ze kijken naar het spelende kind, dat klein en tenger mocht zijn, maar iets totaal onverschrokkens in zich had. Toen had ze zich achterover laten vallen op haar handdoek, ogen gesloten in een poging haar omgeving zo veel mogelijk uit te bannen en alleen nog maar de aanraking van de warme zon op haar huid te voelen.

Ze moest half in slaap zijn gevallen, want ze schrok op toen de constante grondtoon van uitbundigheid veranderde in een opgewonden geroep. Ze kwam overeind en zag twee badmeesters bij de rand van het bad staan, omgeven door tientallen kinderen en volwassenen. Koortsig zocht ze met haar ogen naar het groen met rode badpak van haar dochter, maar kon het nergens meer vinden.

Ze waren er maar net op tijd bij geweest, vertelden de badmeesters haar na afloop, toen ze met het kind strak in twee handdoeken gewikkeld in de personeelskamer zat. Dwars door de handdoeken heen had ze het lijfje onophoudelijk voelen rillen. Ze had geprobeerd niet te letten op het piepende geluid dat het meisje maakte, met daaronder een monotone zoem.

'Mensen denken dat kinderen die verdrinken daar een hoop herrie bij maken,' zei de ene badmeester, de oudste van de twee. 'Dat ze spartelen en schreeuwen, maar het tegendeel is waar. Ze worden zo stil en bewegingloos dat ze dus zelfs kunnen verdrinken in een overvol zwembad. Binnen een paar minuten kan zoiets al gebeurd zijn. Gelukkig zag mijn collega ineens iets drijven.'

'Dat felle badpak heeft haar gered, mevrouw,' zei de ander.

'Ik snap er niks van,' was het enige wat Minnies moeder kon uitbrengen. 'Ze heeft vier zwemdiploma's.'

De badmeesters haalden synchroon hun schouders op.

'Ook heel goede zwemmers kunnen verdrinken. Het kan allerlei oorzaken hebben. Misschien was ze te lang in het water en is ze vermoeid of onderkoeld geraakt. Misschien kreeg ze zwemmerskramp. Misschien werd ze per ongeluk kopje-onder geduwd door grotere kinderen, wie zal het zeggen.'

Hierop staarden ze gedrieën een poosje naar het kind, maar net als op de behandeltafel bij dokter Johnstone bijna zeven jaar eerder, gaf het niets prijs, en net als toen moest Minnies moeder de aandrang onderdrukken het door elkaar te schudden, te schreeuwen, net zo lang tot het weer aanwezig zou zijn.

'U moet uw kind echt beter in de gaten houden in dit soort situaties,' zei de oudste van de twee. 'Een dood kind is uiteindelijk voor niemand leuk.'

Wat hij eigenlijk had willen zeggen kwam aan alle kanten door zijn woorden heen gesijpeld, plakkerig als gesmolten ijs in de zon: welke moeder laat nou haar kind verdrinken?

*

Ze had haar wijn vlug opgedronken. Er was niets meer te zeggen, ze wisten allebei dat het een vergissing was geweest elkaar te ontmoeten.

'Het was echt goed je te zien,' zei hij voor de derde keer, en stak zijn hand naar haar uit.

'Ja,' zei ze tegen de drakentattoo op zijn onderarm.

'Misschien zien we elkaar in de toekomst nog eens.'

Toen was ze het hotel uit gelopen, het zonlicht weer in. Het was een moment om te huilen, maar er kwam niets, tranen waren als product helaas uit de handel genomen.

2012

NADAT JOHNSTONE HAAR uit het water had gevist was Minnie nog twee nachten in zijn gastenverblijf gebleven. Bob had om onduidelijke redenen twee keer per dag schone handdoeken in de badkamer gelegd en ze had de Ritualsproducten uitgeprobeerd totdat ze er een vond dat haar niet al te misselijk maakte: Lao Tze Foot Cream.

Lao Tze, of Lao Tse, of Lao Zi, vertelde Johnstone, was een Chinees denker uit de zesde eeuw v.Chr. tijdens de Periode van Lente en Herfst en wordt algemeen beschouwd als de grondlegger van het taoïsme. De legende gaat dat Lao Tze door het land trok om mensen wijze raad te geven waar niemand naar wilde luisteren. Teleurgesteld besloot hij zich terug te trekken uit de bewoonde wereld. Bij de westgrens van China kwam hij een poortwachter tegen die hem alsnog overhaalde zijn ideeën op papier te zetten. Dat werd de *Tao Te Ching*, oftewel *Het boek van de Tao en de innerlijke kracht*.

'Leuk dat er een voetenbalsem naar hem vernoemd is,' zei Johnstone. 'Dat had hij zesentwintighonderd jaar geleden vast niet kunnen voorvoelen.'

Op de ochtend van de tweede dag vertelde Johnstone haar over de behandeling. Van juni 1991 tot februari 1992 was ze eens per week voor een uur naar het centrum gekomen. Uit de archieven had Johnstone haar voortgangsverslagen opgedoken, die ze vluchtig doorbladerde. 'Minnie vertelt dat ze nog steeds bang is voor een bom in haar school,' las ze ergens, en: 'Minnie heeft geen zin om te praten vandaag. In plaats daarvan maakt ze een tekening van mijn gezicht, die ze ondertekent met de woorden "kut dokter".'

Ook waren er bandopnamen van de sessies waarbij ze onder hypnose was gebracht, door Bob gedigitaliseerd. Johnstone haalde haar over ernaar te luisteren en zette haar weer op de fauteuil in de studio.

Ze hoorde haar eigen stem als zevenjarige door de boxen, helder, onaangetast door de tijd. De jonge versie van zichzelf beschreef tot in het kleinste detail hoe ze in trance raakte en hoe ze werd aangestuurd door de stem op het cassettebandje. Ze vertelde over beelden die ze in de verte zag, die niet minder echt leken dan de werkelijkheid maar op een andere manier echt. Ook gaf ze nauwkeurige locaties door van de vindplekken van de vier portemonnees. In alle gevallen bleek dat ze, waarschijnlijk in een kort moment van onoplettendheid van hun eigenaren, onbewaakt in het zicht hadden gelegen, waarop het kind ze kon wegpakken zonder daar veel inspanningen voor te hoeven verrichten.

'Waarom denk je dat ik dat deed?' vroeg ze hem de tweede avond. Ze liepen door een met groene ledlampen verlicht stadspark, Frank Lloyd Wright cirkelde kwispelend voor hen uit. 'Die portemonnees wegpakken, bedoel ik. Van alles lijkt een zekere logica uit te gaan, maar dit begrijp ik niet.'

'Nee,' zei Johnstone. 'Eerlijk gezegd ben ik daar ook nooit achter gekomen. Zelf heb je de portemonnees nooit geopend. Ik ben destijds met je schooljuf gaan praten. Die vertelde dat drie van de vier portemonnees door de school werden geretourneerd aan de eigenaren. Na even aandringen gaf ze me hun namen. Die hadden met jou noch met elkaar te maken. De laatste portemonnee was van een buitenlander. Die had je moeder op eigen initiatief teruggebracht naar het hotel waar hij volgens een visitekaartje in de portemonnee verbleef. Het was op weg naar haar werk, had ze tegen de juf gezegd, het had geen moeite gekost. Maar het blijft vreemd, ja. Ik heb het altijd te willekeurig gevonden.'

Minnie wist niet of ze boos moest zijn op haar moeder, die haar nooit iets had verteld. Niet over de maanden in de couveuse, niet over haar zorgwekkende stilte als baby, niet over de bommelding en de portemonnees zeven jaar later. Er was vast méér dat ze niet wist, maar dat liet haar min of meer onverschillig. Het was te lang geleden, het maakte niet meer uit nu. Ze had haar eigen leven en haar moeder het hare, niemand hoefde gered, ze waren mensen die zichzelf konden redden.

Johnstone wierp een tennisbal in de lucht, waar Frank in de verste verte geen interesse voor had.

'Domme hond,' zei Johnstone. 'Al is hij op een bepaald niveau ook intelligent. Zo cirkelt hij niet steeds dezelfde kant op, maar alterneert hij tussen links- en rechtsom, zodat hij de beweging op een bepaalde manier opheft.'

'Geloof je echt in die cycli?' vroeg Minnie.

Verbaasd had hij haar aangekeken.

'Denk je dat ik me al meer dan twintig jaar bezighoud met iets waarin ik niet gelóóf?'

*

Haar huis voelde kil toen Minnie er weer terugkeerde na die dagen bij Johnstone. Alsof het afstand van haar had gedaan, dacht ze, terwijl ze wat spullen oppakte en weer terugzette, maar zonder daarbij de kloof te dichten. Haar leven leek ineens opgesplitst in het deel vóór en het deel ná de val.

Nog ruim een maand was ze geketend aan haar eigen project. Ze bracht veel tijd door voor het raam, turend naar het raam aan de overkant, waar ze af en toe iets meende te zien bewegen. Bij vlagen voelde ze weer de opwinding van die eerste dag, toen ze zijn aanwezigheid had gevoeld, in dat café aan de waterkant waar ze een kop koffie had besteld en zich de rol had aangemeten van lezende vrouw, maar voor het grootste deel wende ze eraan. Die serveerster/kunstenares uit New York had gelijk gehad: op een gegeven moment, als je lang genoeg een bepaalde rol aannam, vloeide die samen met wie je was. Misschien was dit wel het tegenovergestelde van een performance, dacht ze: niet aanwezig zijn als performer, uitvlakken tegen de achtergrond van je eigen leven.

Ze had een boek gekocht dat *De zwangerschap van week tot week* heette, misschien in de hoop dat de fotograaf het zou zien. In het boek zag ze hoe het ongedefinieerde klompje leven razendsnel veranderde in een wezen met menselijke kenmerken. In de achtste week, las ze, was het twee centimeter lang. Het bestond alleen nog uit kraakbeen, maar het begin van het skelet was gevormd. Ook de geslachtsorganen begonnen zich te ontwikkelen en in het relatief grote hoofd was de eerste hersenaanzet zichtbaar.

De aanvallen van misselijkheid verminderden, maar daarvoor in de plaats kwam een chronische vermoeidheid die haar bijna deed terugverlangen naar de braaksessies boven de wc-pot. Middagenlang sliep ze op de bank, om verdwaasd te ontwaken wanneer de zon achter de horizon zakte. Vervolgens bleef ze hele nachten rusteloos wakker, om vroeg in de ochtend uitgeput in slaap te vallen, waarna de hele ellende weer van voor af aan begon. Meerdere keren had ze op het punt gestaan de straat over te steken en net zo lang bij het appartement aan te bellen totdat de fotograaf de deur voor haar zou openen. Hij was de vader, zij hoefde verdomme niet de enige te zijn die doodsangsten uitstond.

Een week na de redding stond Bob voor haar deur. Johnstone had hem gestuurd om haar uit te nodigen voor een diner bij hem thuis, diezelfde avond. Het was de start van een wekelijks terugkerend ritueel: bij het licht van de menora (het enige erfstuk dat hij van zijn vader bezat) aten ze kabritu stobá en coupes vanille-ijs. Daarna liepen ze een rondje met Frank, door stille straten en parken die in Minnie een drang om te praten losmaakten. Ze vertelde over de déjà vu's van de afgelopen weken, de schaatstocht met de twee lammeren, het vreemde stilleven in de schuur van boombast en bloempotten en hoe de schaduwen zo specifiek tussen de daksparren vielen. Johnstone knikte op gezette tijden, maar deed verder weinig uitspraken. Dit was dus wat therapeuten doen, dacht Minnie: hun mond houden en knikken, net zo lang tot hun patiënten zichzelf begrijpen, of zich althans iets minder een vreemde van zichzelf voelen.

Na de wandelingen bracht Bob thee naar de studio, waar Minnie en Johnstone luisterden naar obscure bandjes, om te eindigen met een paar nummers van Beyoncé, voor wie Johnstone, moest hij toegeven, een ongekend groot zwak had.

'Wist je dat Beyoncé alles laat vastleggen,' zei hij na afloop van zo'n sessie. 'Iedere foto, létterlijk iedere foto die van haar bestaat is opgeslagen in een reusachtig archief. Je zou haar een controlfreak kunnen noemen, maar ik zie het graag als een kunstwerk; de reconstructie van een leven die bijna groter is dan het leven zelf.'

Minnie moest denken aan het atelier van Francis Bacon dat ze eens had bezocht in Dublin. Oorspronkelijk had het zich in Londen bevonden maar een paar jaar na Bacons dood was het in zijn geheel overgeheveld naar zijn geboortegrond. Het landschap, want een landschap was het, dat zich in de loop van decennia op min of meer natuurlijke wijze had gevormd, was tot de laatste kruimel heropgebouwd. Er was een heel team van restaurateurs en archeologen aan te pas gekomen. Zelfs het stof was gelabeld, in dozen gestopt en verscheept. Alles wat je kon zien was terug te vinden en omschreven in een gigantische database. Een monsterklus, vooral als je wist dat iedere vierkante centimeter van het atelier was besmeurd met verf of bedolven onder de rotzooi. Minnie had niet geweten wat ze absurder vond: de post-apocalyptische staat waarin het atelier verkeerde of het feit dat deze onuitsprekelijke chaos een letterlijke herschepping van het origineel was. Was het een ironisch commentaar op archiveringsdrang en authenticiteit? De uiterste consequentie van kunstmatigheid? Of een serieuze poging om het omvangrijkste kunstenaarsarchief ter wereld aan te leggen? Zonder twijfel had de grote Bacon er vanaf zijn troon in het dodenrijk smakelijk om kunnen lachen.

'Dat van Beyoncés archief is natuurlijk absurd,' zei Johnstone, 'maar het zegt wel iets over de wereld waarin we leven.'

Hij vertelde dat hij zich tegenwoordig intensief bezighield met surveillance en privacy, zaken die hij beschouwde als dé filosofische onderwerpen van deze tijd.

'Iedereen wordt in de gaten gehouden,' zei hij, 'of beter gezegd: iedereen láát zich in de gaten houden. Bijna niemand heeft er problemen mee zijn privéleven op internet te gooien, en niemand maakt zich druk om beveiligingscamera's die inmiddels overal hangen. Er lijkt geen echte angst te bestaan; een factor die de meeste sciencefictionschrijvers van weleer helemaal over het hoofd hebben gezien. Ik wacht de dag af, en die zal ongetwijfeld gauw komen, dat er een grote onthulling wordt gedaan waardoor in één klap duidelijk wordt dat we al die tijd door onze eigen overheden zijn bespied, afgetapt, gearchiveerd. Vreemd genoeg zullen naar mijn inschatting zelfs dán de meeste mensen nog niet echt bang zijn. Daarvoor moet er misschien iets nog groters gebeuren, iets wat elke afzonderlijke burger aangaat, ik breek er momenteel mijn hoofd over wat dat zou kunnen zijn.'

Bijna had Minnie hem verteld over haar project. Hij had het vast kunnen waarderen: een kunstenares die werd gevolgd door een fotograaf, die zonder het te weten de vader was van het kind in haar buik, en het archiveerde voordat het goed en wel ter wereld was gekomen.

*

Met 21 maart was de lente en de laatste dag van het project aangebroken. Zware, grijze wolken hingen laag boven de stad, de dag was zo donker als een nacht, of misschien was het alleen maar haar gemoed waar het weer zich naar modelleerde. Ze telde de minuten af tot haar afspraak met Specht. In gedachten ging ze voor de honderdste keer na wat ze daar mogelijkerwijs zou aantreffen. Misschien had de fotograaf dozen vol foto's afgeleverd, misschien wel geen één ('een zelf te bepalen aantal foto's', zo had ze het laten opstellen in de akte. Pas later was het haar gaan dagen dat het er dus ook nul konden zijn).

Om acht uur 's avonds drukte ze op de koperen bel van Prinsengracht 997.

'Kom binnen,' zei Specht, die zo vlug opendeed dat ze vermoedde dat hij pal achter de deur had staan wachten op haar komst. Ze volgde de kleine teckelman naar zijn kantoor, dat tot haar verbazing bijna helemaal leeggehaald was. Waar eerder een zware eikenhouten tafel had gestaan, stond nu een strak wit designgeval met twee dito stoelen. De talloze archiefkasten waren nergens te bekennen.

'Mijn nieuwe vriendin is interieurontwerpster,' zei Specht, die Minnie bijna van haar stoel liet vallen met deze uitspraak, die niet alleen persoonlijk was, maar bovendien was opgesteld in de ikvorm. Die vriendin deed hem vast goed, dacht ze, kijkend naar Specht, die inderdaad een zeer ontspannen indruk maakte.

'Hoe dan ook,' zei hij, zijn rug rechtend, zichtbaar gegeneerd door zijn al te spontane uitlating van zojuist. 'Met de fotograaf had ik gisterochtend een afspraak staan, maar die is hij niet nagekomen. Later op de dag vond ik evenwel deze envelop in mijn brievenbus.'

Hierop schoof hij een envelop van A3-formaat over de tafel, die hij rechtstreeks uit de muur had getrokken. Pas toen ze beter keek zag Minnie dat de hele muur in feite bestond uit onzichtbare lades. Wie die vriendin van hem ook was, ze verstond haar vak.

'Ik zal nu de ruimte verlaten,' zei Specht, 'zodat u rustig kunt kijken naar de inhoud.'

In de envelop zat een kleinere envelop, met daarin een handgeschreven brief, die ze openvouwde en een paar keer gladstreek op het tafelblad, alsof ze daarmee ook de inhoud, wat die ook mocht zijn, kon ontdoen van oneffenheden.

Amsterdam, 20 maart 2012

Lieve Minnie,

Om te beginnen moet ik mijn excuses maken. Ik ben de afspraken niet nagekomen. Ik heb je niet drie weken lang gevolgd met mijn camera, maar slechts een paar uur. Het bedrag waarvoor je me inhuurde, jouw deel van de *Vogue*-shoot in feite, alsook de verschuldigde som bij het plegen van contractbreuk, staat vanmiddag op je rekening. Het onderstaande is een verslag van de gebeurtenissen, geen poging die te rechtvaardigen.

Op zaterdag 11 februari, toen je tegen het einde van de ochtend je huis verliet, ben ik je gevolgd, langzaam, in een auto, al mijn lenzen op de achterbank. Toen ik merkte dat je naar die grote plas liep, heb ik de auto geparkeerd in een straat om de hoek. Vanaf dat punt ben ik je verder te voet gevolgd.

Door mijn telelens zag ik je een koffie bestellen in dat café en vervolgens een boek openslaan. Toen je met gevoel voor drama je koffiekopje tegen de grond liet kletteren, voelde ik me toeschouwer van een Hitchcockiaans mysterie. Wie is die vrouw, dacht ik, en wat is er met haar aan de hand? Zoals ik al zei: het leek net alsof ik naar een film keek. Er moest een plot zijn, beeldde ik me in, een samenzwering van enig soort. Je rende het zicht uit, ik zag hoe de serveerster haar hoofd schudde en met geroutineerde bewegingen de scherven van de grond begon te vegen. Ze zette een nieuw kopje op tafel, waar je – mijn telelens is uitstekend – een paniekerige blik op wierp, alsof je geloofde dat het kopje uit zichzelf was gereïncarneerd. Er vond een korte uitwisseling tussen jou en de serveerster plaats, en toen zag ik je naar buiten stormen, opgejaagd alsof de duivel je op de hielen zat.

Je liep een heel eind van het café vandaan, recht op de waterkant af. Een tijdje bleef je staan, helemaal alleen tegenover die grote plas, een mens en de elementen. Met de telelens kon ik je zo dichtbij halen dat ik je zag fronsen, alsof binnen in dat hoofd verschillende grootheden hevig met elkaar in gevecht waren. Plotseling kwam het in me op dat ik van je hield, al was het moeilijk te zeggen wie jij op dat moment was, los van de actrice die een rol speelde in de film die zich aan me ontvouwde.

Ik schrok niet meteen toen je die eerste stap op het ijs zette. Daarvoor had ik mezelf te zeer gedistantieerd van het tafereel. Maar toen zette je nog een paar stappen, en daarmee ging je door tot je minstens drie meter van de kant verwijderd was. Wat vreemd, dacht ik, dat ijs is overduidelijk veel te dun. Pas toen hield ik rekening met de mogelijkheid dat je er daadwerkelijk doorheen zou zakken.

Ik dacht erover naar je te roepen, maar ik kon het niet, net zozeer als jij was ik onderdeel van het script. Daar kon ik niet zomaar uitstappen: alleen als we ons allebei aan de regels hielden had het een kans van slagen – niet voor niets hadden we dat nauwkeurig opgesteld in een contract. Ook kwam het in me op dat je het expres deed, om me te testen. Zelfs toen het ijs scheurde en je eronder verdween dacht ik nog dat het niet helemaal echt was. Dwangmatig bleef ik door mijn lens kijken, klikkend, zoomend, de reflexen van een fotograaf.

Toen je na een seconde of tien nog altijd niet boven was, drong de werkelijkheid mijn bewustzijn binnen. Dit was geen film, je was aan het verdrinken. Verlamd bleef ik staan en toen, in plaats van je te redden, ben ik omgedraaid en weggerend.

Als een robot reed ik terug naar het appartement tegenover het jouwe, waar ik sinds twee dagen bivakkeerde. Daar aangekomen stortte ik in. Mijn lichaam verviel in een oncontroleerbaar trillen, en het enige wat ik kon denken was: mijn god, mijn god, ik heb haar laten verdrinken.

Uren bleef ik op en neer lopen langs het raam, in de hoop dat het licht in je woonkamer zou aanspringen en jij je entree zou maken. De hele nacht bleef ik kijken, maar mijn hoop op je terugkeer leek steeds onrealistischer en tegen de ochtend was ik ervan overtuigd dat je dood was. Dood en blauw en bevroren, gevonden door een jogger. De dag en de nacht daarna bleef ik in het appartement, het internet afspeurend naar berichtgeving over een ongeval.

De dag erop, aan het einde van de ochtend, kwam je thuis. Ik was doorwaakt en half doorgedraaid, maar daar was je. Je droeg een merkwaardig rood pak, maar je zag er goed uit, gezond, steviger dan ik me je herinnerde. Aanweziger, op de een of andere manier.

En nu het vreemde: ik geloofde het niet meer. Ik had mezelf ervan overtuigd dat je verdwenen was, en zelfs je terugkeer kon me niet meer werkelijk op een andere gedachte brengen. Op een bepaald niveau wel natuurlijk, rationeel gezien wist ik dat je nog bestond, maar dat was van weinig significantie.

Ik heb mijn spullen bij elkaar gepakt en ben naar mijn huis teruggekeerd. Drie dagen later kreeg ik een telefoontje van de Italiaanse *Vogue*. Of ik nú op het vliegtuig kon stappen voor een shoot in Rome, hun eigen fotograaf had een acute blindedarmontsteking. Zonder te aarzelen ben ik erheen gegaan. Na drie dagen in een roes van sets, modellen en rondrennende productieassistenten ben ik nog twee weken alleen in Rome gebleven. Wezenloos dwaalde ik door de oude stad, iedere kerk, ieder paleis, ieder museum waar ik langsliep ging ik binnen, iedere letter in iedere folder las ik, ik vulde mijn hoofd met informatie over alle koningen, keizers, coups, kerkvaders en kunstenaars die de stad had gekend. Zes keer bezocht ik de Sixtijnse Kapel, waar ik naar het plafond tuurde tot mijn nek zeer deed en ik langzaam werd fijn geplet door mijn medetoeristen, die net als ik een ervaring zochten om op te tellen bij andere ervaringen, zodat ze niet hoefden te sterven zonder eerst te hebben geleefd.

Ik heb je die middag dood laten gaan. Ik ben een mens dat in staat is een ander mens te laten sterven. Dat is iets waarmee ik zal moeten leren leven, zoals iedereen vroeg of laat iets over zichzelf ontdekt waarmee hij zal moeten leren leven.

Het ga je goed, kiddo.

DE RIJ VOOR de incheckbalie was lang en bestond uit een mix van Nederlanders, Russen en Chinezen. Via Moskou en Beijing zou Minnie over iets meer dan vijfendertig uur aankomen in Ürümqi, de hoofdstad van de noordwestelijke autonome regio Sinkiang. Vanuit daar zou ze per trein verder westwaarts trekken. Op Google Maps had ze gezien dat het stuk China tussen Ürümqi en de grens van Kazachstan desolaat was en reisblogs in comic sans bevestigden dit: eindeloze dorre vlaktes met af en toe een verweesd dorp, waar de reiziger maar het best zo snel mogelijk doorheen kon op weg naar opwindender oorden.

Bij de Ritualswinkel op Schiphol Plaza had Minnie gezocht naar de Lao Tze Foot Cream.

'We moeten hem hebben,' zei de winkelmanager met een stem waarin paniek doorklonk. 'Het is onze passie om dagelijkse routines te veranderen in mooie rituelen.'

Hij verdween in het magazijn, waar hij tien minuten later verslagen van terugkeerde. 'Geen Lao Tze,' zei hij. 'Het spijt me verschrikkelijk. Misschien kan ik u blij maken met een ander bijzonder luxeproduct.'

Vooral om hem uit zijn lijden te verlossen had ze een fles Wu Wei Bath Foam gekocht, die hij koste wat het kost als een cadeau wilde inpakken.

'Een goede keuze,' zei hij bij overhandiging. 'Wu wei betekent in de tao zoveel als: handelen door niet te handelen.'

'Een semantische paradox,' zei Minnie.

'Een gevoel van pure ontspanning,' zei de manager.

De foto droeg ze bij zich in haar handbagage. Hij was genomen op het moment dat het ijs scheurde, de minieme splinter in tijd die alles had doen kantelen. Ze stond met haar gezicht van de fotograaf afgewend, haar armen gespreid als vleugels, alsof ze op het allerlaatst nog had geprobeerd op te stijgen, te ontsnappen aan iets wat al onvermijdelijk zijn wending heeft genomen.

Het is een bekend gegeven uit boeken en films: mensen die hun hele leven achterlaten, spoorloos verdwijnen, opnieuw beginnen. De mogelijkheid is aantrekkelijk: een leven op *rewind*, alles in omgekeerde volgorde zodat het zichzelf uitwist, totdat je weer een schone baby bent, of zelfs nog minder dan dat, een foetus zonder opperhuid, zonder vet, zonder skelet, zonder hersenkronkels. Een wezen dat nog niets heeft gekozen, nog niets heeft gelaten, nog niet is overvallen door botte pech en al even onzinnige momenten van geluk. Vanuit daar opnieuw beginnen. Zonder ouders om je verkeerd op te voeden, zonder kinderlijke angsten, zonder navigatie-blunders. Zelf een naam uitzoeken, niet langzaam worden wie je bent maar het al zíjn, een bouwpakket zonder ontbrekende onderdelen, misrekeningen of constructiefouten. Geen willekeur. Geen verplichtingen. Niemand zijn, nergens zijn. *Het enige wat de vis hoeft te doen, is zich verliezen in het water.*

De rij was al tien minuten niet meer in beweging gekomen. De mensen om haar heen werden onrustig, ze wilden vooruit, vooruit, maar konden alleen nog maar opzij. Armen en benen staken uit de rij, koffers, rugzakken, kleine kinderen. Ze zochten naar de randen van hun kooi en beukten ertegen, net zo hard tot ze vrij waren, de illusie koesterend dat hun gebeuk daartoe had bijgedragen.

VERANTWOORDING

Ik ben – direct en minder direct – schatplichtig aan een heleboel auteurs. Echo's van hun werk weerklinken door het boek en kunnen door de lezer zelf worden opgevangen. Voor de weerklank van twee auteurs wil ik op deze plaats toch graag verantwoording afleggen. Verspreid door het boek staan enkele citaten uit Samuel Becketts *Happy Days* (in de vertaling van Jacoba van Velde). Daarnaast heb ik geciteerd uit het gedicht 'In ons leven tallozen', van Fernando Pessoa / Ricardo Reis (in de vertaling van August Willemsen).